데이터 사이언티스트 되기

인공지능과 챗GPT 활용

오진호 지음

자유아카데미

머리말

인공지능(AI)과 빅데이터는 더 이상 특별한 기술이 아니라 일상에 깊숙이 자리 잡고 있다. 스마트폰, 컴퓨터, 그리고 다양한 디지털 기기에서 AI는 끊임없이 학습하고 발전하며, 필요한 정보를 예측하고 복잡한 문제를 해결하는 역할을 한다. 이러한 변화 속에서 AI, 빅데이터, 그리고 챗지피티(ChatGPT)와 같은 기술의 개념과 원리를 이해하고 효과적으로 활용하는 능력, 즉 통계적 리터러시(statistical literacy)는 미래 사회를 주도할 데이터 과학자(data scientist)에게 필수적인 역량이 되고 있다. 이에 맞춰 이 책은 고등학생, 대학생, 그리고 일반 교양인들이 이러한 역량을 갖출 수 있도록 돕기 위해 기획되었다.

1장에서는 빅데이터의 정의, 속성, 종류를 살펴보며, 빅데이터가 어떻게 수집되고 AI의 학습 자료로 활용되는지를 설명한다. 과거에는 빅데이터의 수집과 분석이 기업과 연구소에 국한되었지만, 오늘날에는 누구나 정형, 반정형, 비정형 데이터를 생성하고 활용할 수 있다. 또한, 개인정보 보호의 중요성을 다루며, 가명정보, 비식별 처리, 재현자료 등의 개념을 소개하고, 공공빅데이터 개방을 통해 데이터댐 시대에서 핵심 역할을 하는 행정자료에 대해서도 설명한다.

2장에서는 AI의 개념과 원리를 소개한다. 인공지능의 아버지라 불리는 앨런 튜링(A. M. Turing)의 튜링 테스트(Turing Test)를 시작으로, AI 개념의 발전 과정과 핵심 원리를 살펴본다. AI의 탄생 배경과 학습 원리를 설명하며, 특히 머신러닝(Machine Learning)과 최적화(Optimization) 개념을 심층적으로 다룬다. 또한, 머신러닝과 딥러닝(Deep Learning)의 기본 원리를 설명하고, AI 모델이 학습하고 예측하는 과정에서 직면하는 한계와 도전에 대해서도 구체적으로 분석한다. 이를 통해 독자들이 AI 모델의 핵심 개념을 쉽게 이해할 수 있도록 구성하였다.

3장에서는 최근 많은 관심을 받고 있는 ChatGPT와 같은 대규모 언어 모델(Large Language Model, LLM)의 활용 방법을 소개한다. ChatGPT는 단순한 대화형 AI를 넘어 질문에 대한 답변을 제공하고, 창의적인 콘텐츠를 생성하며, 복잡한 문제 해결을 돕는 등 다양한 분야에서 활용되고 있다. 이 장에서는 ChatGPT를 학습과 연구에 효과적으로 활용하는 방법을 안내하며, 프롬프트 작성법(Prompt Engineering)과 다양한 응용법을 제시한다. 또한, 질문 기술(questioning skills)의 중요성을 강조하며, AI를 신중하고 책임감 있게 활용하는 방법을 익힐 수 있도록 돕는다. AI는 강력한 도구이지만, 잘못된 사용은 오히려 문제를 초래할 수 있기에 올바른 활용법을 배우는 것이 필수적이다.

4장에서는 AI 모델의 학습 과정과 평가 방법을 다룬다. AI 모델이 데이터를 학습하고 성능을 평가하는 과정은 AI 연구와 개발에서 매우 중요한 요소이다. 모델의 성능이 얼마나 신뢰할 수 있는지, 새로운 데이터에서도 일관된 성능을 유지할 수 있는지를 평가하는 과정은 AI 기술의 실효성을 결정짓는다. 이 장에서는 AI 성능 평가를 위한 다양한 방법을 소개하며, 평가 결과가 의미하는 바를 정확히 이해할 수 있도록 설명한다. 이를 통해 독자들은 AI 모델의 정확성과 신뢰성을 판단하는 능력을 기를 수 있다.

마지막 5장에서는 AI 기술의 발전 역사와 미래 전망을 다룬다. AI의 탄생부터 현재까지 주요 발전 과정을 살펴보며, AI가 사회와 산업에 가져온 변화를 분석한다. 또한, AI 기술이 앞으로 어떤 영향을 미칠지, 그리고 윤리적 문제와 AI와 인간의 관계에 대해 논의한다. AI가 단순한 기술을 넘어 인간을 돕는 지속 가능한 도구로 자리잡기 위해서는 책임 있는 개발과 활용이 필수적이다. 이에 대한 가치와 방향성을 제시하며, 독자들이 AI 기술을 보다 깊이 있게 이해할 수 있도록 돕는다.

이 책은 AI와 빅데이터를 처음 접하는 고등학생, 대학생, 그리고 일반 교양인들도 쉽게 이해할 수 있도록 구성하였다. 각 장에서는 실제 사례와 개념 설명을 포함하여 독자들이 AI와 빅데이터를 체계적으로 학습할 수 있도록 돕는다. 또한, 이를 통해 데이터 사이언티스트로 성장하는 데 필요한 창의적이고 비판적인 통계적 사고력과 통계적 리터러시 역량을 키울 수 있도록 하였다. AI와 빅데이터의 기초 개념부터 고급 응용까지 폭넓게 다루며, 이 책이 데이터 사이언티스트가 되기 위한 학습 여정에서 든든한 길잡이가 되기를 바란다.

최선을 다해 집필하였지만, 부족한 점이 있을 수 있다. 이 점은 양해를 부탁드리며, 추후 나올 수 있는 수정사항 등은 자유아카데미 홈페이지(www.freeaca.com) 자료실을 통해 제공할 예정이니 참고하기를 바란다.

끝으로, 이 책을 통해 인공지능과 빅데이터를 깊이 이해하고, 이를 바탕으로 미래를 준비하는 데이터 사이언티스트로 성장하는 데 큰 도움이 되기를 기대한다. 여러분의 도전을 응원한다. 내일의 주인공은 바로 여러분이다.

2025년 2월

오진호

차례

1장

빅데이터 진화

1.1 빅데이터 정의와 분류

진화(evolution)는 물체나 생물이 변화하는 것을 말한다. 우리에게 익숙한 다윈의 진화론은 다양한 개체가 무작위로 출현하고, 그중 생존에 유리한 개체만 살아남아 우월한 유전자를 이어가는 과정을 설명한다. 즉, 진화란 다른 개체와 경쟁하여 살아남고 후대에 우월한 무언가를 남기는 것을 뜻한다. 하지만 '자료 진화'는 경쟁과 생존의 의미보다는, 단순한 숫자의 집합을 넘어 오늘날 바코드, QR코드, 그림, 동영상처럼 다양한 형태로 넘쳐나는 자료의 변화에 초점을 맞춘 개념이다. 이번 절에서는 이러한 '빅데이터 진화'를 다룬다.

1. 자료에서 빅데이터로 진화

자료(data)는 관심 있는 주제나 조사를 위한 바탕이 되는 재료이다. 자료는 특정 주제에 대해 단순한 사실이나 정보를 나열한 것으로, 과거에 비해 숫자, 그림, 영상 등 더 다양한 형태로 나타난다. 네이버 지식백과에 따르면, 자료는 가공되지 않은 상태의 여러 가지 정보로, 연구나 조사의 기초가 되는 것으로 정의된다. 연구자는 보통 관심 있는 주제에서 문제를 인식하고, 이에 대한 관련 정보를 찾기 위해 다양한 자료를 분석한다.

그렇다면, 이렇게 모인 자료가 많아지면 그것을 "빅데이터(Big data)"라고 부를 수 있을까? 2000년대 초반 등장한 빅데이터는 다양한 정의를 가지고 있다. 이를 〈그림 1.1〉을 통해 설명할 수 있다.

〈그림 1.1〉에서는 '1'이라는 숫자가 10개로 구성된 자료, 이어서 '1, 2, ..., 10'처럼 숫자가 확장된 자료, 그리고 더 나아가 이미지, 영상, QR코드, 바코드, 스캔 코드 등으로 확장된 자료를 보여준다. '1'이 10개 있는 자료보다는 '1, 2, ..., 10'처럼 다양한 숫자로 구성된 자료에서 더 많은 정보를 얻을 수 있다. 그리고 이미지나 영상이 포함

되면 얻을 수 있는 정보의 양은 비교할 수 없을 만큼 증가한다. 이처럼 자료로부터 도출할 수 있는 정보의 양이 점점 많아지는 현상을 본서는 '빅데이터 진화'라고 정의한다.

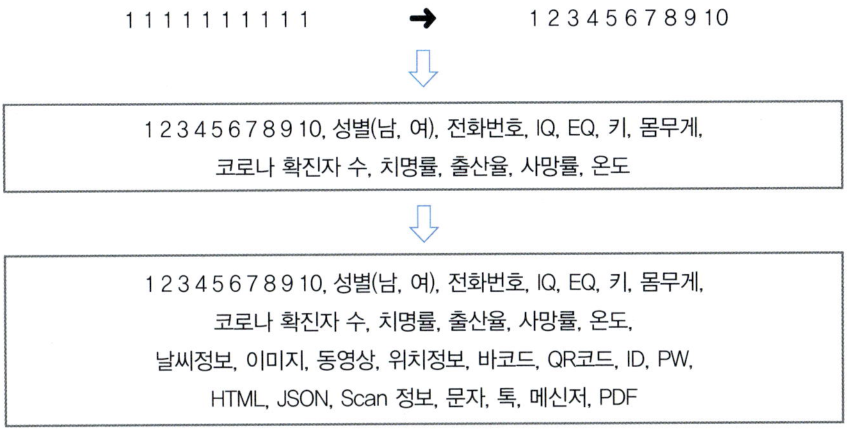

그림 1.1 자료의 진화

먼저 〈그림 1.1〉을 보면, '1'이 10개 있는 자료보다 '1, 2, ..., 10'과 같은 자료가 더 다양한 연산 결과를 표현할 수 있다. 또한, '1, 2, ..., 10'보다 성별, 전화번호, 확진자 수, 치명률, 온도 등의 수치 자료가 포함된 자료는 숫자 형태로 구조화(structured)되어 있어 정형 자료로 정의된다. 정형 자료는 다양성(variety) 측면에서 더 많은 연산과 정보를 제공한다.

다음으로 마트(Mart), 다이소(Daiso), 슈퍼마켓(Supermarket), 편의점(Convenience store) 등에서 자주 사용하는 바코드, QR코드, 스캔 코드 등은 특수한 기계를 통해 정형 자료의 숫자로 변환된다. 이를 통해 소비자에게 물품 정보를 보여준다. 또한, 인터넷에서 사용하는 아이디(ID)와 비밀번호(PW)는 숫자, 문자, 특수문자로 조합된 개인 정보이다. 이런 자료는 연산은 불가능하지만, 기계를 통해 특정 정보를 파악할 수 있어 반정형(semi-structured) 자료로 분류된다.

마지막으로 인터넷 사용자가 여러 플랫폼에서 업로드하는 이미지, 동영상, 위치 정보, 문자 메시지, 메신저 등은 숫자로 구조화하기 어려운 비정형(unstructured) 자료이다. 이러한 자료는 요즘과 같은 글로벌 시대와 국경 없는 인터넷 환경에서 매우 빠르게 실시간(real-time)으로 생산되고 있다. 예를 들어, 맛집 리뷰, 명소 소개, 숏츠 영상, 위치 정보 등 다양한 비정형 자료가 메타, 인스타그램, 트위터와 같은 플랫폼에 업로드되고 있다. 비정형 자료는 정형 및 반정형 자료에 비해 생산 속도가 훨씬 빠르게 증가하고 있다.

빅데이터는 이렇게 정형, 반정형, 비정형이라는 세 가지 유형으로 나눌 수 있다. 한글로 표현하면 '3형제'로 비유할 수 있으며, 이에 대해서는 3절에서 자세히 설명한다.

2. 빅데이터 정의와 역사

21세기 4차 산업혁명의 도래와 학문 간 경계가 허물어지는 빅블러(Big Blur) 현상으로 인해 융합 학문이 등장했다. 과거와 달리, 오늘날 빅데이터는 실시간으로 생산되고 있다. 이로 인해 데이터 과학(Data Science), 인공지능(AI), 기계 학습(Machine Learning), 딥러닝(Deep Learning)과 같은 다양한 분석 방법이 개발되었고, 이는 실생활에 큰 영향을 미치고 있다.

빅데이터는 크게 세 가지 특징을 가진다. 첫째, 데이터의 크기(Volume)는 과거와 비교할 수 없을 만큼 방대하다. 둘째, 실시간으로 데이터가 생성되는 빠른 생산 속도(Velocity)를 가진다. 셋째, 다양한 종류의 데이터(Variety)를 포함한다.

데이터의 크기가 커질수록 신뢰성이 더욱 중요해진다. "Garbage in, Garbage out (GIGO)"라는 말처럼, 잘못된 데이터(쓰레기)가 입력되면 잘못된 결과(쓰레기)가 나오는 문제가 발생할 수 있다. 따라서 믿을 수 있는 양질의 데이터(Veracity)를 확보하는 것이 필수적이다. 이처럼 데이터의 크기, 생산 속도, 다양성, 신뢰성을 포함한 네 가지 속성을 가진 데이터를 4V 빅데이터라고 한다.

최근에는 변화 속도가 더 빨라지면서 빅데이터의 속성에 추가 개념이 도입되고 있다. 예를 들어, 데이터의 가치(Value)와 시각화(Visualization)가 추가되면서 빅데이터는 5V, 6V의 속성으로 확장되고 있다.

결론적으로, 빅데이터는 실시간으로 생산되며 4V, 5V 등의 다양한 속성을 가진 거대한 데이터이다. (〈그림 1.2〉 참조)

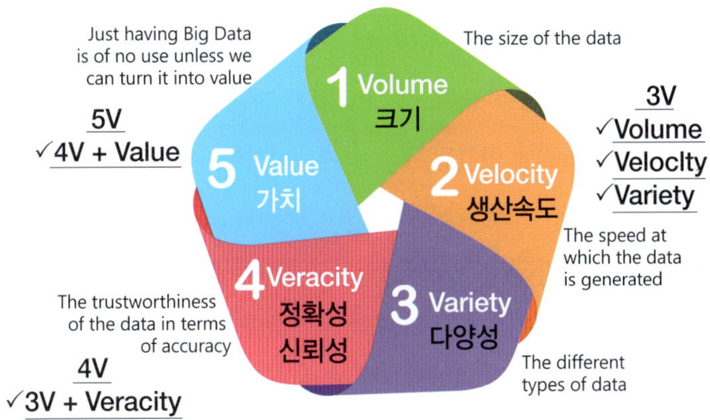

그림 1.2 빅데이터 속성 5V

빅데이터라는 용어는 Bryson 외(1999)의 논문에서 처음 학술적으로 등장했다. 이 논문에서 'Big Data for Scientific Visualization'이라는 용어를 사용하면서 큰 규모의 데이터를 분석해 과학적인 시각화를 구현해야 한다고 강조했다(박성현 외, 2021).

2000년대 빅데이터 연구는 경영학의 비즈니스 데이터 분석학과 생물학과 통계학이 결합된 바이오정보학(Bioinformatics)에서 두드러지게 나타났다. 데이터 과학 발전과 컴퓨터 저장 능력의 혁신이 맞물리면서, 빅데이터는 21세기 데이터 활용 기술의 주인공으로 부각되었다.

2000년대 초기에 빅데이터의 구축 사례를 살펴보면, 2004년에 구글(Google)은 주요 학술 도서관에 소장된 2,000만 권 이상의 책을 디지털화하여 인터넷으로 열람할 수 있는 구글 북스 서비스를 시작하였다. 2006년에는 대표적인 분산 병렬 처리 프레임워크인 아파치 하둡(Hadoop)의 0.1 버전이 발표되어 빅데이터 분석을 어느 정도 용이하게 하였고, 2007년에는 웹 2.0 시대(참조 O'Reilly(2007))가 열려 대부분의 콘텐츠가 사용자에 의해 제작 · 공급되기 시작하면서 본격적인 빅데이터 시대가 열렸다고 볼 수 있다. 이처럼 구글은 빅데이터 활용에서 선두를 달리고 있다. 2009년부터 미국에서 자율주행 테스트를 통해 대규모 데이터를 축적해 왔으며, 2016년 11월 기준으로 약 234만 마일(약 376만 km)에 대한 데이터를 축적했다고 보고되었다.

Cisco(2016)의 보고서에 따르면, 2030년까지 약 5천억 개의 장치가 사물인터넷(Internet of Things, IoT)에 연결될 것으로 예측되었다. 각 장치는 센서(sensor)를 내장해 데이터를 수집하고, 주변 환경과 상호작용하며, 네트워크를 통해 다른 장치와 통신할 수 있다. 이러한 기술 발전은 빅데이터의 새로운 활용 가능성을 열고 있다.

2022년 11월 말, OpenAI는 ChatGPT를 공개했다. ChatGPT는 2021년까지의 빅데이터를 학습한 대규모 언어 모델(Large Language Model, LLM)이다. GPT는 'Generative Pre-trained Transformer'의 약자로, 방대한 데이터를 미리 학습(Pre-trained)해 이를 기반으로 문장을 생성(Generative)한다.

그림 1.3 OpenAI의 ChatGPT

ChatGPT는 대화형 구조의 AI 모델이다. 사용자가 채팅창에 자연어로 질문하면, AI 기반 GPT가 이를 인식해 학습된 결과를 자연어로 답변한다. 〈그림 1.3〉은 ChatGPT의 사이트, 가입 방법, 채팅 히스토리(Chatting History), 그리고 채팅창(Chatting Window)을 보여준다.

3. 빅데이터 종류

우리 주변에서 흔히 접할 수 있는 데이터에는 코로나 검사 수, 확진자 수, 사망자 수, 치명률(코로나 확진자 중 사망 비율), 미세먼지 농도, 자외선 지수, 몸무게, 키, 온도와 같은 수치 데이터가 있다. 또한 성별, 전화번호, 운동선수 번호, 지하철 출구 번호, 상품 라인 번호 등도 숫자로 표현된다. 이런 데이터는 수치화가 가능하기 때문에 정형 데이터(structured data)라고 부른다.

기초통계학 수준에서 다루는 정형데이터는 크기와 평균 비교 등이 가능한 양적 데이터와 선호와 데이터 라벨(label)과 같은 순위, 명목만을 나타내는 질적 데이터로 구분한다.

양적 데이터는 대소 비교가 가능하고 평균처럼 데이터를 대표할 수 있는 지표를 만들어 제시한다. 수치로서 측정되는 관측값을 의미하고 수치형 자료(numerical data) 또는 정량 자료라고도 한다. 반면 질적 데이터는 대소 비교가 불가능하고 식별이나 라벨(label) 정도의 정보를 제공하는 수준이고, 관측 결과가 몇 개의 범주(category) 또는 항목의 형태로 나타나는 자료로서, 관측값의 크기가 아니라 내용이 관심의 대상이 되는 자료이다.

한편, 복잡한 사회, 복지, 정치, 선호도, 정책 찬반 등에 대해 통계를 수집할 경우를 생각해 보자. 더 나아가 인구, 사회문제에서 연구 대상의 행동을 어떻게 측정해서 분석 데이터로 사용할 수 있을까? 이런 경우 척도(scale)라는 개념을 활용해 자료화한다. 예를 들어 '키'라는 데이터를 얻고 싶으면 길이 척도 cm을 사용하고, 몸무게라는 데이터를 얻고 싶으면 무게 척도 kg을 활용하는 것과 같은 이치이다. 이들 척도는 명목, 순위, 등간, 비율척도가 있다.

그럼, 척도와 정형데이터의 양적, 질적 데이터와는 어떤 관련성이 있을까? 이제 양, 질적 데이터에 척도의 개념을 적용해 보자.

키, 체중, 온도, 개최 주기와 같은 양적 데이터를 측정하고자 한다면 길이(cm), 무게(kg), 온도(℃), 년(year)의 척도를 사용한다. 길이, 무게와 온도 척도의 차이는 비율과 배의 개념이 적용 가능한지 여부이다. 길이와 무게는 비율과 배의 개념이 적용되지만, 온도, 시간, 아이큐(IQ), 올림픽 개최주기(4년 간격 또는 2002, 2006, 2010, …, 2018)처럼 속성 간의 차이를 동일 간격으로 균일하게 분할하여 측정하는 등간 데이터가 있다. 이 자료는 비율이라는 몇 배의 개념을 적용할 수 없는 한계점이 있다. 즉, 해당 속성의 절대 영점이 없다는 것으로, 예를 들어 아침 온도가 2도였는데 오후는 10도로 온도가 상승하면, '8도 정도 높아졌다'로 표현하지 '5배 상승하였다'라고 표현하지 않는다. 이처럼 온도, 시간, 주기 등은 간격이 일정한 등간척도(ordinal scale)를 도입한다. 반면 길이, 무게, 부피, 압력 등과 같이 비율 개념이 적용 가능하면 비율척도(ratio scale)를 사용한다.

그리고 남, 여와 같은 이름 또는 명목척도(nominal)를 사용하는 성별, A, B, C, D, F와 같은 평가점수에 학점 라벨의 척도를 부여하는 학점, '매우 좋음, 좋음, 보통, 안 좋음, 매우 안 좋음'과 같은 일종의 리커트척도(Likert scale)를 사용하는 상품 선호도 또는 인지도 등은 질적데이터에서 자주 사용된다. 이처럼 명목과 라벨을 부여하는 척도를 명목척도(nominal scale), 순위와 심리정도를 나타내는 리커트척도는 순위척도(ordinal scale)로 구분한다.

〈표 1.1〉는 정형데이터가 양적자료와 질적자료로 구분되는 것을 보여주고, 양적자료는 비율척도와 등간척도와 관련 있고, 반면 질적데이터는 순위척도와 명목척도를 적용하여 수치화한다.

표 1.1 정형데이터 분류

자료(data)		척도(scale)	예
양적자료	연속형	비율	연령, 몸무게, 키, 치명률, 출산율, 사망률, 실업률, 자외선 지수, 미세먼지 농도, 국제이동률, 코스피 지수 부피, 면적
		등간	온도, 시간, 아이큐(IQ), 감성지수(EQ), 주기(cycle) 달력 날짜
	이산형	비율	사고 건수, 불량 건수, 성공 횟수, 코로나 확진자 수
질적자료	범주형	순위	선호도, 우선순위, 평가척도 (나쁨, 보통, 좋음) 교육의 질 (탁월, 양호, 보통, 부실, 불량),
	범주형 이진형	명목	지역, 직업, 혈액형, 성별, 휴양지, MBTI 교통수단, 결혼상태(미혼, 유배우), 전화번호, 학번

이제 양적변수와 질적변수간의 관계를 살펴본다. 양적 데이터는 그룹화하여 질적 데이터로 변환할 수 있다. 예를 들어, 25명의 초등학교 6학년 학생의 몸무게를 40kg 이하와 40kg 초과로 나누어 그룹1, 그룹2로 정의하고 각 그룹의 빈도를 계산할 수 있다. 이는 양적 데이터를 명목 척도 형태로 변환한 사례이다.

반면, 질적 데이터는 양적 데이터로 변환할 수 없다. 이는 데이터가 가진 정보량의 차이(information of data) 때문이다. 양적 데이터는 대소 비교와 평균 계산 등 다양한 분석이 가능하지만, 질적 데이터는 이런 표현이 제한적이다. 따라서 질적 데이터는 양적 데이터에 비해 정보량이 적다고 말할 수 있다.

〈그림 1.4〉는 정형 자료의 속성과 집계 방법을 정리한 것이다. 점선 부분은 양적 비교가 가능하며, 등간척도와 비율척도가 해당된다. 이 경우 평균, 분산, %, %p 등으로 데이터를 요약한다. 반면, 파선 부분은 양적 비교가 불가능하며, 순위척도와 명목척도가 여기에 속한다. 이 경우 자료를 단순히 빈도로 집계하거나, 두 자료 간의 관계를 살펴보기 위해 교차표 형태로 데이터를 요약한다.

반정형 자료에 대해 알아보자. 우리가 인터넷에서 원하는 정보를 검색하거나 특정 사이트를 방문할 때, 인터넷 주소창에 "WWW.0000.0000"과 같은 주소를 입력한다. 이런 주소를 HTML이라고 한다. HTML은 "HyperText Markup Language"의 약자로, 다음과 같은 의미를 가진다. HyperText는 문서와 문서가 링크로 연결되어 있음을 뜻하고, Markup은 정보를 정의하는 형식으로, 태그(tag)로 구성된다. 태그는 세탁소에서 옷이나 모자에 태그를 붙여 구분하는 것처럼 정보를 담는 역할을 한다. 그리고 Language는 언어를 의미한다.

<table>
<tr><th>자료의 종류</th><th>속성</th><th>분류</th><th>자료의 표현
집계, 분석</th></tr>
<tr><td>코스피 지수, 사망률, 출산율, 치명률, 키, 연령, 부피, 면적, 증감률, 성장률, 소비자물가지수, 연비, 가격, 미세먼지 지수</td><td rowspan="3">양 비교 가능</td><td>양적 자료
비율 자료</td><td>연속형
평균, 분산
(배, %, %p)</td></tr>
<tr><td>온도, 시간, IQ, EQ, 주기</td><td>양적 자료
등간 자료</td><td>연속형
차이</td></tr>
<tr><td>사고 건수, 불량 건수, 성공 횟수</td><td>양적 자료
이산 자료</td><td>연속형
(배, %, %p)</td></tr>
<tr><td>선호도, 우선순위, 지역, 직업, 혈액형, 휴양지, 평가 척도(4점~10점 척도), 교육의 질(탁월, 양호, 보통, 부실, 불량)</td><td rowspan="2">양 비교 불가</td><td>질적 자료
범주형 자료</td><td rowspan="2">빈도
빈도표, 교차표
빈도 차이 비교</td></tr>
<tr><td>성별, 결혼 상태(미혼, 유배우)</td><td>질적 자료
이진형 자료</td></tr>
</table>

그림 1.4 정형데이터 속성과 집계 방법

따라서 HTML은 태그를 사용해 문서와 문서를 연결하는 언어이다. 태그는 문서 간 연결을 담당하는 키(key) 역할을 한다. HTML은 수치 형태로 구성된 정형 데이터와는 다른 방식으로 정보를 표현한다.

또한, 전자 우편이나 온라인 쇼핑, 도서 회원 가입 등에서 사용하는 ID와 PW도 숫자와 특수문자를 조합해 자신만 알 수 있는 정보를 제공하는 반정형 데이터의 예이다.

코스트코(Costco), 홈플러스(HomePlus), 이마트(e-Mart)와 같은 대형마트나, 이디야(EDIYA), 스타벅스(Starbucks) 같은 커피숍에서 결제에 사용되는 바코드(Barcode), QR코드(QR Code), 스캔코드(Scan Code)도 반정형 데이터에 해당한다. 이들은 검은 세로 줄무늬나 흑백 격자무늬 패턴으로 정보를 나타내는 매트릭스 형식의 이차원 코드이다(〈그림 1.5〉 참조).

이러한 코드들은 기계장치를 통해 읽히며, 결과적으로 수치 형태로 계기판에 나타난다. HTML과 이들 코드는 모두 반정형 데이터의 대표적인 사례이다.

그림 1.5 반정형 데이터

HTML, 바코드, QR코드, 스캔 정보, ID와 PW 등은 수치형 데이터는 아니지만, 정보를 구조화된 형식으로 변환할 수 있다. 이런 이유로 반정형 데이터(semi-structured data)라고 한다. 즉, 수치 형태는 아니지만, 구조화 과정을 거치면 정보나 수치 형태로 전환이 가능하다는 점에서 정형 데이터와 구분된다.

이제 비정형 데이터를 소개한다. 〈그림 1.6〉은 ORI에서 제시한 정형 데이터와 비정형 데이터의 구분을 보여준다. 정형 데이터는 주로 수치 형태로 구성된 반면, 비정형 데이터는 채팅, 전자 우편 내용, 소셜 미디어(Social Media), 문서(PDF), 이미지, 음성, 영상, 소셜 네트워크 댓글, 텍스트 등으로 구성된다. 비정형 데이터는 수치형 데이터와는 다른 특징을 가진다.

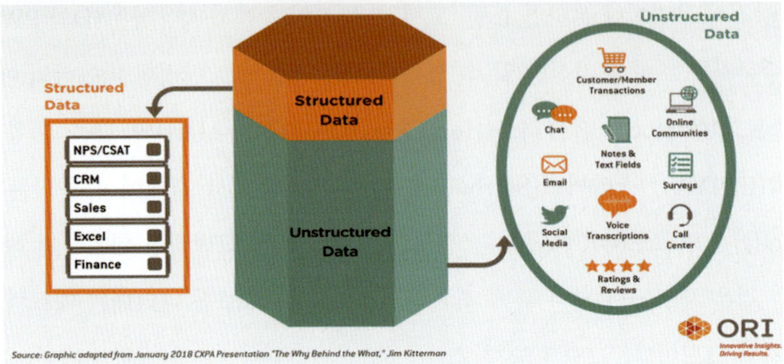

그림 1.6 정형과 비정형 데이터

자료: ORI(https://www.oriresults.com/who-we-are/#our-story)

출근길에 접하는 여러 데이터 중 신호등도 비정형 데이터의 예이다. 신호등은 빨간색, 노란색, 녹색, 방향 표시(→, ←)로 정보를 제공한다. 빨간색은 정지를, 초록색은 통행 또는 횡단을, 노란색은 속도를 줄이고 곧 정지하라는 의미를 전달한다. 이렇게 영상과 음성으로 운전자와 보행자에게 정보를 알려주는 것이 비정형 데이터의 대표적인 사례이다. 알람 소리 역시 비정형 데이터에 해당한다. 알람 소리는 아침 기상, 출발, 또는 행동의 시작을 알려주며, 특정 행동을 요구하는 정보로 작용한다. 이런 이유로 알람 소리도 비정형 데이터로 분류된다.

4차 산업혁명의 도래로, 정형, 반정형, 비정형 데이터가 우리 주변에서 실시간으로 생산되며 다양한 정보를 제공한다. 특히 비정형 데이터는 성장 속도가 매우 빠르며, 현재 빅데이터의 약 80~85%를 차지한다고 알려져 있다. 나머지는 정형과 반정형 데이터로 구성된다.

〈표 1.2〉는 빅데이터의 세 가지 유형(정형, 반정형, 비정형)과 정보량의 관계를 정리한 것이다. 최근 빅데이터와 관련된 주요 연구 주제는 비정형 데이터를 빠르게 처리하고 분류하며, 생성하는 알고리즘에 초점이 맞춰져 있다. 음성, 텍스트, 그림 등의 비정형 데이터를 기계 학습(machine learning), 딥러닝(deep learning), 인공 신경

망(Artificial Neural Network) 등으로 처리해 정형 데이터로 변환하고 분석하는 연구가 활발하다.

4차 산업혁명 시대에는 비정형 > 반정형 > 정형 순으로 데이터가 실시간으로 생성된다. 특히 비정형 데이터의 생산 속도는 과거 정형 데이터가 주류였던 시기와는 비교할 수 없을 정도로 빠르다.

지금까지 살펴본 빅데이터 정의를 바탕으로 〈그림 1.1〉의 자료를 분류해 보자. 〈그림 1.1〉은 정형 자료에서 시작해 반정형 자료와 비정형 자료로 확장된 구조를 보여준다. '1'이 10개 있는 자료보다 '1, 2, ..., 10'과 같은 자료가 더 다양한 연산 결과를 표현할 수 있다. 그리고 '1, 2, ..., 10'에 성별, 전화번호, 확진자 수, 치명률, 온도와 같은 수치 자료를 추가하면 정형 자료가 된다. 정형 자료는 다양한 연산과 정보를 제공할 수 있다.

표 1.2 빅데이터 삼 형제와 성장 속도

정형 데이터		반정형 데이터		비정형 데이터	
수치 형태 양적, 질적자료	↑	Web pages (HTML, XML, JSON)	↑	오디오(Audio), 음성	↑
		로그, 센서, ID. PW QR code, Bar code Scan Code		이미지(Image)	
				동영상(Video)	
				자연어 (Natural Language)	
				실시간 생산 웹 문서 (Web Documents)	

*↑는 상대적 성장 속도

자료: 박성현 외 2인(2022), 데이터 사이언스의 매력 제2판

마트, 다이소, 슈퍼마켓, 편의점에서 사용하는 바코드(Bar code), QR코드, 스캔

코드는 기계 장치를 통해 수치로 변환될 수 있는 자료로, 반정형 자료에 해당한다. 또한, 인터넷 메일 로그인에 사용되는 ID와 PW는 숫자, 문자, 특수문자로 조합된 자신만의 정보를 담고 있으며, 이것도 반정형 자료로 분류된다.

마지막으로, 이미지, 동영상, 위치 정보, 문자, 톡, 메신저 등은 수치로 변환이 어렵고 숫자나 문자로 단순히 조합되지 않는 자료로, 비정형 자료이다.

결론적으로, 빅데이터는 수치화 가능 여부에 따라 정형(structured), 비정형(unstructured)으로 나뉜다. 그리고 이 둘 사이에 반정형(semi-structured) 자료가 있다. 〈그림 1.7〉은 〈그림 1.1〉의 자료를 정형, 반정형, 비정형으로 구분한 결과를 보여준다.

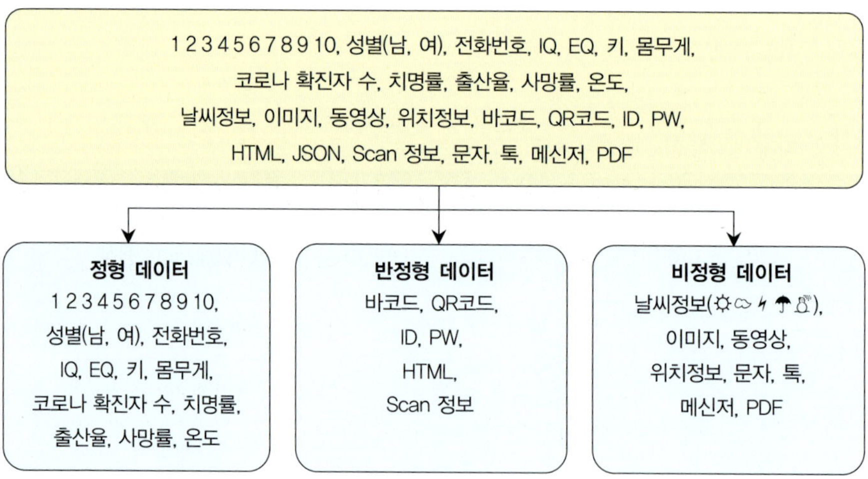

그림 1.7 빅데이터 분류

1.2 빅데이터와 통계

자료는 영어로 데이터(data)라고 한다. 우리가 세상에서 관심 있는 대상이나 연구를 진행할 때, 관련된 자료를 수집한다. 일반적으로 자료는 다양한 방법으로 모은 숫자들의 집합이다.

많은 사람들이 자료와 통계(statistics)를 같은 개념으로 생각하지만, 두 개념에는 차이가 있다. 통계는 사회 변화를 파악하고, 미래의 불확실성(uncertainty)을 바탕으로 앞으로 일어날 일을 예측할 수 있는 객관적인 자료를 의미한다. 네이버 사전에서는 통계학(statistics)을 "사회 현상을 통계로 관찰하고 연구하는 학문"으로 정의하며, 수학의 한 분야로 설명한다. 이러한 의미에서 통계는 사회의 창이자, 미래를 향한 나침반이라고 할 수 있다.

데이터 기술(Data Technology, DT)은 데이터의 측정, 수집, 축적에서 시작해 데이터의 전송, 분석, 해석, 정보와 지식의 창출, 통계적 모델링, 미래 예측 기술 등을 포함하는 과학적 · 기술적 방법론을 말한다(박성현, 2010). 21세기는 지식 사회, 정보화 사회, 가상공간 사회로 묘사되며, 이러한 사회에서는 창의적인 지식 창출이 국가 경쟁력의 원천이 된다.

박성현(Park(2003), 박성현(2010))은 지식과 지혜 창출 과정을 제시했다. 이 과정은 먼저 편의(bias) 없는 정확한 사실(현상, fact)을 파악하고, 이를 바탕으로 자료(data)를 측정하는 것에서 시작한다. 이후, 자료를 분석해 정보를 얻고, 이 정보를 가공해 필요한 지식(knowledge)을 도출한다. 마지막으로, 지식에서 더 높은 수준의 지혜(wisdom)를 추출한다. 이 과정은 다음 단계로 표현된다.

사실(fact) → 자료(data) → 정보(information) → 지식(knowledge) → 지혜(wisdom)

이 과정에서 데이터 기술(DT)은 정보와 지식의 창출 과정에서 중요한 역할을 한다.

자료는 사실을 숫자로 표현한 것이다. 이 숫자를 통해 정보를 얻고, 지식을 도출하며, 최종적으로 지혜를 얻는 과정이 바로 통계이다. 〈그림 1.8〉은 통계가 단순한 자료에서 시작해 지혜를 제공하는 포괄적인 근거를 만들어 가는 과정을 보여준다. 따라서 자료는 통계의 필수적인 기초이며, 가장 기본적인 사실에서 도출된 숫자라고 할 수 있다.

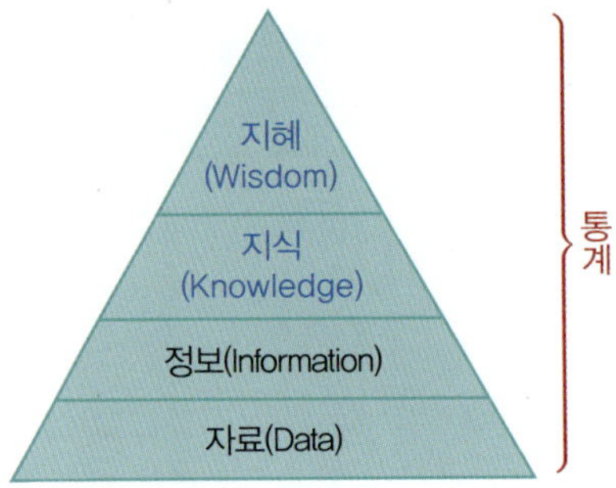

그림 1.8 자료와 통계

요즘 빅데이터(Big data)라는 말이 대세이며, 빅데이터는 '21세기의 원유'라고 불릴 정도로 중요한 가치를 지니고 있다. 이를 활용하기 위해 민간과 국가가 앞다투어 선두 자리를 차지하려고 노력하고 있다.

그런데 통계법[1]에 따르면 통계는 〈그림 1.9〉과 같이 「통계작성기관이 정부 정책의 수립 · 평가 또는 경제 · 사회 현상의 연구 · 분석 등에 활용할 목적으로 산업, 물가, 인구, 주택, 문화, 환경 등 특정의 집단이나 대상 등에 관하여 직접 또는 다른 기관이나 법인 또는 단체 등(이하 "기관 등"이라 한다)에 위임 · 위탁하여 작성하는 수량적 정보를 말한다. 다만, 통계작성기관이 내부적으로 사용할 목적으로 작성하는 수량적 정보 등 대통령령으로 정하는 수량적 정보는 제외한다.」라고 정의하고 있다. 이 법률에 따르면 통계가 수량적 정보 수준에 머물러 있음을 의미한다.

1) https://www.law.go.kr/%EB%B2%95%EB%A0%B9/%ED%86%B5%EA%B3%84%EB%B2%95

통계법

[시행 2024. 3. 26.] [법률 제20408호, 2024. 3. 26., 일부개정]

통계청(통계정책과), 042-481-2426
기획재정부(경제분석과), 044-215-2736

제1장 총칙

□ **제1조(목적)** 이 법은 통계의 작성 · 보급 및 이용과 그 기반구축 등에 관하여 필요한 사항을 정함으로써 통계의 신뢰성과 통계제도 운용의 효율성을 확보함을 목적으로 한다.

□ **제2조(기본이념)** ①통계는 각종 의사결정을 합리적으로 수행하기 위한 공공자원으로서 사회발전에 기여할 수 있도록 작성 · 보급 및 이용되어야 한다.
②통계는 정확성 · 시의성 · 일관성 및 중립성을 확보할 수 있도록 과학적인 방법에 따라 작성되어야 한다. <개정 2016. 1. 27.>
③통계는 개인이나 법인 또는 단체 등의 비밀이 보장되는 범위 안에서 널리 보급 · 이용되어야 한다.

□ **제3조(정의)** 이 법에서 사용하는 용어의 정의는 다음과 같다. <개정 2009. 4. 1., 2012. 12. 18., 2016. 1. 27., 2020. 6. 9., 2023. 7. 18.>
1. "통계"란 통계작성기관이 정부정책의 수립 · 평가 또는 경제 · 사회현상의 연구 · 분석 등에 활용할 목적으로 산업 · 물가 · 인구 · 주택 · 문화 · 환경 등 특정의 집단이나 대상 등에 관하여 직접 또는 다른 기관이나 법인 또는 단체 등(이하 "기관등"이라 한다)에 위임 · 위탁하여 작성하는 수량적 정보를 말한다. 다만, 통계작성기관이 내부적으로 사용할 목적으로 작성하는 수량적 정보 등 대통령령으로 정하는 수량적 정보는 제외한다.
2. "지정통계"란 제17조에 따라 통계청장이 지정 · 고시하는 통계를 말한다.
3. "통계작성기관"이란 중앙행정기관 · 지방자치단체 및 제15조에 따라 지정을 받은 통계작성지정기관을 말한다.
3의2. "통계등록부"란 통계청장이 통계작성기관의 통계작성을 지원하기 위하여 통계자료 및 행정자료 상의 개인, 법인 또는 단체 등에 관한 분야별 모집단의 기본정보를 수록하여 관리하는 자료를 말한다.
4. "통계자료"란 통계작성기관이 통계의 작성을 위하여 수집 · 취득 또는 사용한 자료(데이터베이스 등 전산자료를 포함한다)로서 통계등록부를 제외한 것을 말한다.
5. "공공기관"이란 중앙행정기관, 지방자치단체 및 다음 각 목의 기관을 말한다.
가. 「공공기관의 운영에 관한 법률」에 따른 공공기관
나. 「지방공기업법」에 따른 지방공사 및 지방공단
다. 「유아교육법」, 「초 · 중등교육법」, 「고등교육법」, 그 밖의 다른 법률에 따라 설립된 각급 학교
라. 특별법에 따라 설립된 특수법인
마. 「신용정보의 이용 및 보호에 관한 법률」 제25조에 따라 금융위원회의 허가를 받은 종합신용정보집중기관
6. "통계종사자"란 통계작성기관에서 통계의 작성 또는 보급에 관한 사무에 종사하는 사람을 말한다.
7. "행정자료"란 공공기관이 직무상 작성 · 취득하여 관리하고 있는 문서 · 대장 및 도면과 데이터베이스 등 전산자료로서 통계등록부 및 통계자료를 제외한 것을 말한다.

그림 1.9 통계법 제3조 '통계'

자료: www.law.go.kr

정리하면, 저자는 통계가 단순히 수량적 정보 수준에 머무르지 않고, 21세기 지성인이 갖추어야 할 통계적 사고와 통계적 해석 능력을 키우기 위해 지식과 지혜를 아우르는 통계로 발전하기를 희망한다.

1.3 빅데이터 수집과 인공지능 학습자료

최근 인공지능의 발전은 인간의 지능을 위협할 수준에 이르렀다고 한다. 예를 들어, 인간의 시각 정확성은 약 95%로, 100개의 이미지를 보면 95개를 정확히 구분할 수 있다. 그런데 2015년 구글은 인간 시각 정확성을 뛰어넘는 이미지 인식 인공지능을 개발했으며, 이 인공지능의 정확도는 98~99%에 달한다고 알려져 있다.

그렇다면, 인공지능은 어떻게 이미지를 인식하고 분류할까? 이 질문에 답하기 위해, 빅데이터 수집 방법, 인공지능 학습자료를 만드는 데이터 라벨링, 라벨링 방식,

그리고 실제로 존재하지 않지만, 원하는 자료를 생성할 수 있는 재현 기술과 그 자료에 대해 살펴본다.

1. 빅데이터 수집

정형, 반정형, 비정형 데이터는 실시간으로 생산되기 때문에 실시간으로 수집할 수 있다. 과거에는 데이터를 수집하기 위해 설문조사, 현장조사, 면접조사, 전화조사와 같은 방법이 사용되었다.

그러나 빅데이터 시대에는 인터넷 사용자의 급증으로 인해 실시간으로 생성되는 데이터의 양과 속도가 엄청나게 증가했다. 이러한 데이터를 기존의 조사 방식으로 수집하는 데는 분명한 한계가 있다.

그렇다면 빅데이터는 어떻게 수집할까? 과학기술정보통신부에서 제공하는 빅데이터 활용 단계별 업무 절차 및 기술 활용 매뉴얼과 네이버 지식백과에 다양한 수집 방법이 소개되어 있다. 대표적인 방법으로는 웹 크롤링(web crawling), FTP, RSS, Open API, Streaming, Log Aggregator, RDB Aggregator 등이 있다. 이 책에서는 이 중에서 웹 크롤링, FTP, Open API, Streaming을 다룬다.

웹 크롤링(web crawling)

인터넷은 정보의 홍수를 이루고 있으며, 이들 정보는 주로 SNS, 뉴스, 웹 형태로 제공된다. 인터넷 발달로 인해 웹 정보를 수집하는 방법 중 하나가 웹 크롤링(web crawling)이다. 웹 크롤링은 〈그림 1.10〉처럼 자동화 봇(bot)인 웹 크롤러(web crawler)가 정해진 규칙에 따라 여러 웹페이지, 서버, 데이터베이스(DB) 등을 검색(브라우징, browsing)하며 데이터를 수집하는 기술이다. 웹 크롤링과 비슷한 기술로 웹 스크래핑(web scraping)이 있다. 웹 스크래핑은 웹상에서 원하는 정보를 추출하는 기술을 말한다.

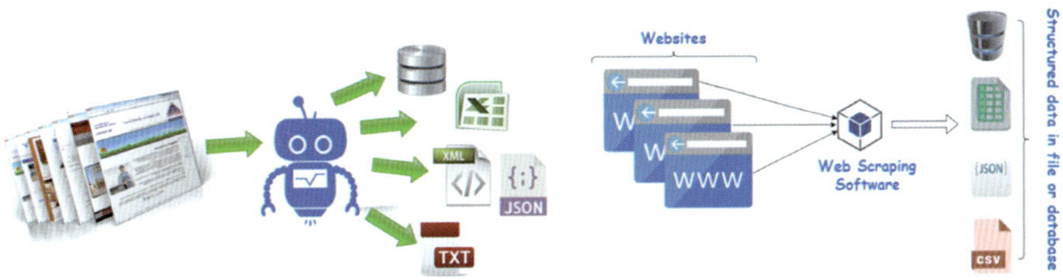

웹 크롤링 웹 스크래핑

그림 1.10 웹 크롤링과 웹 스크래핑

자료: medium.com, webharvy.com

〈그림 1.10〉은 웹 크롤링과 웹 스크래핑의 차이를 보여준다. 웹 크롤링은 정해진 규칙에 따라 링크를 따라 연결된 페이지를 브라우징하며 데이터를 수집하는 기술이다. 반면, 웹 스크래핑은 웹 크롤러가 수집한 페이지에서 특정 위치의 원하는 데이터를 추출하는 기술이다. 쉽게 말해, 두 기술 모두 '웹 정보를 가져오는 방법'으로 이해할 수 있다.

FTP(file transfer protocol)

인터넷 주소창에 http://www.~를 입력하면 문자, 사진, 음원, 동영상 자료 등을 쉽게 얻을 수 있다. 하지만 이 방식은 대용량 파일을 송수신하는 데 한계가 있다. 이런 한계를 해결하기 위해 파일 전송 규약(File Transfer Protocol, FTP)이 사용된다.

FTP는 대량의 파일을 정해진 규칙에 따라 네트워크를 통해 송수신할 수 있도록 만든 파일 전송 방식이다. FTP는 서버와 사용자가 네트워크 통신 포트를 설정해 정보를 주고받는다. 서로 다른 서버 간에 정보를 주고받을 경우, 보안을 위해 전용 네트워크를 구축해야 할 수도 있다. FTP를 사용하려면 ftp://~ 형태의 주소를 입력해 접속한다.

최근 널리 사용되는 FTP 프로그램으로는 파일질라(FileZilla), 다 FTP, CUTE FTP, 알 드라이브, Raidrive 등이 있다. 각 프로그램은 장단점이 뚜렷하므로 컴퓨터 사양, 전송 파일의 크기와 종류에 맞게 선택하는 것이 중요하다. 〈그림 1.11〉은 파일질라(FileZilla) 설치 후 초기화면과 인터넷 사용자가 접속하는 FTP 사이트를 보여준다.

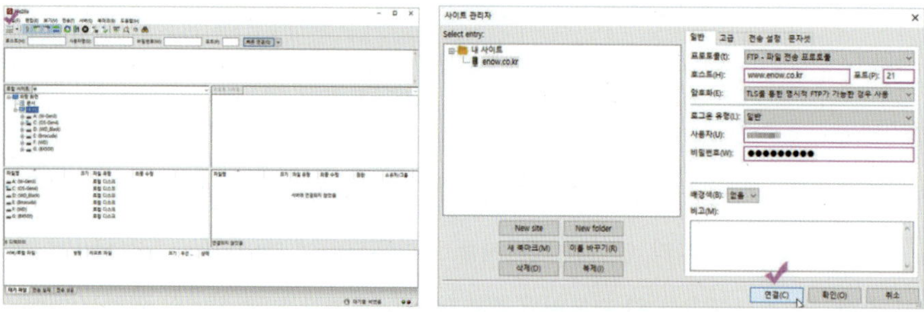

초기화면 접속 FTP 사이트

그림 1.11 파일질라 FTP

Open API(Application Programming Interface)

예를 들어, 한 고객이 맛집 식당에서 메뉴판을 보고 음식을 주문하면, 주방에서는 요리사가 그들만의 조리법으로 음식을 만든다. 잠시 후, 주문한 음식이 고객에게 제공된다. 여기서 주방은 라이브러리이고, 메뉴판은 주방에서 만든 음식을 고객과 연결해 주는 매개체이다.

도서관에서 필요한 책을 찾아볼 수 있는 것처럼, 주방은 모든 음식을 만들 수 있는 라이브러리 역할을 하고, 메뉴판은 고객이 음식을 선택할 수 있도록 정보를 제공한다. 이때 메뉴판은 API와 같다. 만약 API가 공개된다면, 이를 Open API라고 한다.

Open API는 공개된 응용 프로그램 연결 환경을 의미한다. 즉, 메뉴판이 주방(라이브러리)과 음식을 연결해주는 것처럼, Open API는 개발자나 사용자가 응용 프로그램과 서비스를 개발할 수 있도록 연결 환경을 제공한다. 매경 시사용어 사전에서는 Open API를 "인터넷 이용자가 단순히 웹 검색 결과나 사용자 인터페이스를 제공받는 것을 넘어, 직접 응용 프로그램과 서비스를 개발할 수 있도록 공개된 API"라고 설명한다.

예를 들어, 포켓몬 고(Pokemon GO)는 구글 지도 Open API를 활용한 사례이다. 금융권에서도 Open API를 활용해 지급, 결제, 송금 등의 서비스를 제공하고 있다. 이러한 Open API는 실시간 데이터 수집에도 널리 사용된다. 〈그림 1.12〉는 Open API를 활용한 공공데이터포털(data.go.kr)의 예를 보여준다. 그리고 배달 앱(App)에서 메뉴를 선택하고 주문하면, 이 정보가 식당으로 전달되고, 식당은 주문을 받아 음식을 준비한다. 배달 앱과 식당은 서로 다른 시스템(프로그램)을 사용하지만, 주문 정보를 주고받을 수 있는 이유는 Open API 덕분이다. Open API는 배달 앱이 식당의 시스템과 연결될 수 있도록 공통 언어를 제공한다. 또한 독자분이 사용하는 날씨 앱은 기상청이나 민간 기상 서비스에서 제공하는 데이터를 받아온다. Open API를 통해 기상 데이터를 요청하면, 필요한 정보를 받아와 사용자에게 보여준다. 덕분에 앱 개발자는 복잡한 기상 데이터를 직접 처리하지 않고도 날씨 정보를 표시할 수 있다.

Open API의 장점은 데이터를 직접 수집하거나 시스템을 개발할 필요 없이, API를 통해 필요한 정보를 얻을 수 있고, 데이터를 직접 관리하지 않아도 되므로 개발 시간과 비용이 줄어든다. 동시에 다양한 서비스와 연동해 새로운 기능을 추가할 수 있고, 누구나 사용할 수 있으므로 창의적인 서비스 개발이 가능하다.

결국 Open API는 응용 프로그램과 서비스를 서로 연결할 수 있도록 제공되는 공개된 인터페이스를 의미한다. 쉽게 말해, Open API는 다양한 프로그램들이 서로 소통할 수 있도록 만들어 주는 다리 역할을 한다. Open API는 현대 디지털 생태계의 연결고리이다. 이를 통해 서로 다른 시스템과 프로그램이 쉽게 소통하고 협력하며, 새로운 서비스를 창출할 수 있으며, 우리의 일상을 더욱 편리하게 만들어 주는 중요한 기술이다.

〈그림 1.12〉는 공공데이터포털의 OpenAPI를 보여준다. 2022년 1월 기준 주제별로 차별화된 68,323건 종류의 데이터를 제공하고 있다. 각종 정책 연구기관, 정부 출연 연구기관 등은 공공데이터포털에서 제공되는 빅데이터를 다운로드하여 관심 분야의 동향과 추이를 파악하고, 올바른 정책을 유도하기 위해 각종 보고서를 출간하고 연구에 매진하고 있다.

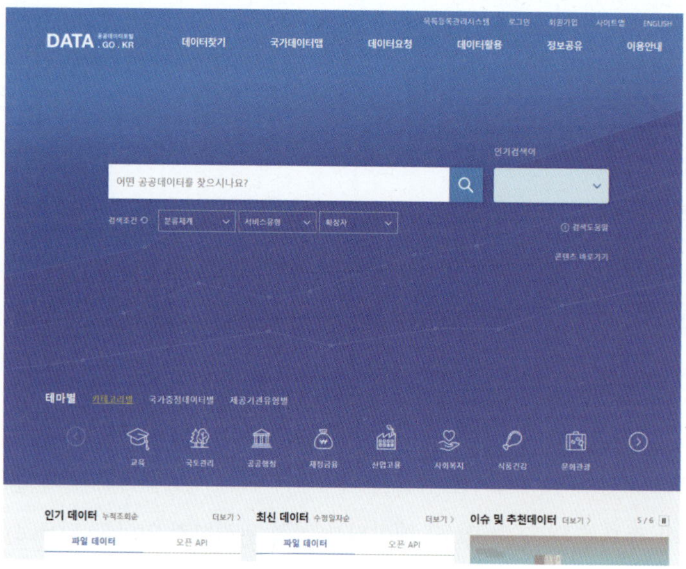

그림 1.12 공공데이터포털의 Open API

자료: https://www.data.go.kr

스트리밍

스트리밍(streaming)은 재생을 의미하며, 온라인에서 음성, 오디오, 비디오 등을 실시간으로 보여주는 기술이다. 과거에는 동영상을 재생하려면 파일을 100% 다운로드한 후에야 동영상 플레이어에서 재생할 수 있었다. 하지만 스트리밍 방식은 동영상을 개별적으로 다운로드하지 않아도, 인터넷에 연결되어 있다면 실시간으로 재생할 수 있다. TV를 시청하다가 화면이 멈추고 '스트리밍 중입니다'라는 메시지를 본 적이 있을 것이다. 이는 스트리밍 기술이 데이터를 실시간으로 전송하고 있다는 것을 의미한다. 유튜브와 같은 인터넷 동영상 서비스도 스트리밍 방식에 포함된다.

이처럼 온라인이나 인터넷에서 음성, 오디오, 비디오 데이터를 실시간으로 수집하고 재생하는 기술을 스트리밍이라고 한다.

또한, OTT(over-the-top media service, Over-The-Top, '기존 범위를 넘어서'라는 의미)는 인터넷을 통해 방송 프로그램, 영화, 교육 등 다양한 미디어 콘텐츠를 제공하는 서비스이다. OTT 서비스는 언제 어디서나 시청 가능한 사용자 중심적인 서비스로, 스트리밍 방식을 적용한다. 대표적인 OTT 서비스로는 넷플릭스(Netflix), TVING, 쿠팡플레이, 왓챠, Hulu, Apple TV+, 디즈니+, 아마존 프라임 등이 있다.

최근 조사[2)]에 따르면, 국내 OTT 사용자 수는 최근 3년 동안 23% 증가했다. 공중파, 케이블 TV, IPTV 등 제한된 플랫폼을 넘어, 동영상 스트리밍이 가능한 모든 기기에서 즐길 수 있는 OTT가 콘텐츠 시장의 최상위 플랫폼으로 자리 잡았다.

〈그림 1.13〉은 2023년 7월 OTT 애플리케이션 순위를 보여준다. 현재 넷플릭스(Netflix)가 시장을 주도하며 1위를 차지하고 있다. 그 뒤를 이어 TVING, 쿠팡플레이, Wavve 등 국내 OTT 업체들이 2위 자리를 놓고 치열한 경쟁을 벌이고 있다.

2) https://jmagazine.joins.com/forbes/view/338319

순위	애플리케이션	사용자 수
1	넷플릭스(Netflix)	11,745,325
2	티빙(TVING)	5,221,802
3	쿠팡플레이	5,198,554
4	웨이브(Wavve)	4,008,499
5	디즈니+(Disney+)	1,929,021
6	왓챠(Watcha)	689,381
* 2024.7. 월간 활성 사용자 수(MAU) 기준 * 조사 대상: 유튜브를 제외한 전체 유료 구독형 OTT		

그림 1.13 2023년 7월 OTT 애플리케이션 순위와 사용자 수

자료: jmagazine.joins.com

이처럼 빅데이터는 다양한 형태로 존재하며, 데이터의 종류에 따라 수집 기술도 다양하다. 〈표 1.3〉은 빅데이터의 형태별 수집 기술을 정리한 내용이다.

표 1.3 데이터 형태에 따른 수집 기술

데이터 형태	데이터 수집 기술	데이터 종류
정형 데이터	OPEN API, FTP	〈표 1.1〉 참고
반정형 데이터	OPEN API, FTP	로그, 신호, 센서
비정형 데이터	OPEN API, 웹 크롤링, 스트리밍, FTP	소리, 영상, 텍스트, 자연어 등

2. 데이터 라벨링

우리는 어릴 때 부모님과 선생님을 통해 다양한 책으로 교육을 받았다. 예를 들어, 부모님과 선생님이 그림책에 나오는 동물을 보여주며 '이것은 000이다'라고 설명하거나, 동화책이나 소설책을 읽어주면서 다양한 지식을 전달했다. 이때 그림책, 동화책,

소설책에 담긴 정보는 자녀에게 학습용 자료가 된다.

인공지능(AI)도 이와 비슷한 방식으로 학습한다. 처음에는 다양한 자료를 보여주며 '이것은 ○○○이다'라고 지도[3)]한다. 그런데, 이런 학습자료는 어떻게 만들어질까? 이 질문에 대한 답이 바로 데이터 라벨링(data labeling)이다.

데이터 라벨링은 이미지, 영상, 텍스트 등의 데이터에 사람이 데이터를 가공해 인공지능이 학습할 수 있도록 정보를 입력하는 작업을 말한다. 즉, 라벨링 과정을 통해 만든 학습용 자료(training data)를 인공지능이 학습하게 된다. 이 과정에서 데이터 분류와 데이터 어노테이션(Annotation, 주석 달기)[4)]도 함께 이루어진다.

우리 주변에는 그림, 영상, 소리 등 다양한 형태의 학습용 자료가 존재한다. 특히 빅데이터 시대에는 이러한 자료가 실시간으로 빠르게 생산된다. 하지만 초기 단계의 인공지능 학습에서는 반드시 라벨링된 학습용 자료가 필요했다. 라벨링된 자료는 '이 데이터는 무엇이다'라는 정보를 제공해 인공지능이 데이터를 정확하게 분석하고 분류하며 예측할 수 있도록 돕는다.

라벨링된 학습자료는 인공지능과 기계학습 모델의 정확성을 높이는 데 매우 중요한 역할을 한다. 양질의 학습자료를 제공하면 AI는 더 정확한 결과를 도출한다.

데이터 라벨링 방식은 크게 수동 라벨링과 자동 라벨링으로 나뉜다. 수동 라벨링은 사람이 직접 데이터를 확인하고 라벨을 부여하는 방식이다. 이는 초기 학습자료를 만들 때 주로 사용되는 방법이다.

이 방식은 사람이 하나하나 데이터를 확인하며 라벨을 붙이는 과정 때문에 'AI 눈

3) 지금은 방대한 학습용 자료를 통해 이미지 인식, 음성인식, 그리고 처음 보는 이미지와 영상도 구분하는 제로샷 학습(Zero-shot Learning), 텍스트, 이미지, 음성, 영상 등 다양한 형태의 정보를 통합적으로 이해하고 활용하는 멀티모달(multi Modal) AI가 등장하고, 인터넷 연결 없이도 실시간으로 외국어를 번역하거나 간단한 질문에 답변하는 생성형 AI인 온 디바이스(On-Device) AI로 진화되고 있다. 이는 처음 방대한 학습용 자료를 지도학습으로부터 시작해 비지도학습, 강화학습, 심층학습을 거쳐 제로샷 학습(Zero-shot Learning)으로 이어지는 과정에서 탄생한 결과이다.

4) Appen: https://kr.appen.com/blog/data-annotation

알 붙이기'라고 불리기도 한다. 수동 라벨링은 사람이 직접 작업하기 때문에 정확도가 높다는 장점이 있다. 그러나 많은 시간과 인력이 필요하다는 단점도 있다. 반면, 자동 라벨링은 AI나 머신러닝 모델을 이용해 데이터를 자동으로 라벨링하는 방식이다. 자동 라벨링은 수동 라벨링보다 작업 속도가 훨씬 빠르지만, 정확도가 떨어질 가능성이 있다. 따라서 자동 라벨링을 완료한 후, 사람이 이를 검수하는 작업이 필요하다.

지금까지 데이터 라벨링의 의미와 방식에 대해 살펴보았다. 이제 라벨링 과정에서 주의해야 할 사항을 소개한다.

첫째 라벨링 정확성과 가이드라인 제공이다. 라벨링은 명확한 기준과 가이드라인에 따라 수행해야 한다. 무분별한 라벨링은 학습용 자료로 적합하지 않으며, 결과적으로 AI의 학습 정확도를 떨어뜨릴 수 있다.

둘째 데이터 분포와 균형이다. 라벨링 자료는 원본 데이터의 분포를 잘 반영해야 한다. 예를 들어, 메타 AI가 흑인 남성을 영장류로, 구글 AI가 고릴라로 잘못 분류한 사례나, 영국 내무부의 비자 심사 AI가 특정 인종에 대해 불공정하게 작동한 사례는 데이터 편향(Bias) 문제에서 비롯되었다. 이런 편향은 인공지능의 학습과 결과의 정확성을 심각하게 저하시킬 수 있다. 최근 유행하는 '할루시네이션(Hallucination, 환각)' 현상도 이와 관련이 있다. 이는 생성형 AI가 거짓 정보를 사실처럼 생성하거나, 맥락을 잘못 이해해 잘못된 정보를 전달하는 현상이다. 이런 문제 역시 편향된 학습 자료에서 비롯될 가능성이 크다.

셋째 확정성과 일반성이다. 라벨링 작업에서는 가능한 다양한 상황과 케이스를 고려해야 한다. 다양한 학습자료를 포함하면 AI가 보다 정확하고 일반화된 결과를 도출할 수 있다.

넷째 일관성이다. 유사한 자료에는 항상 동일한 라벨이 부여되어야 한다. 일관성 없는 라벨링은 AI의 일반화 능력을 떨어뜨릴 수 있다.

다섯째 중복제거이다. 동일한 데이터가 중복 라벨링 되지 않도록 해야 한다. 중복된 데이터는 학습 효율을 저하시킬 수 있기 때문이다.

이 다섯 가지 외에도 데이터 라벨링 과정에는 여러 가지 주의사항이 있다. 핵심은 인공지능에 양질의 학습용 자료를 제공하여 정확한 분류와 예측 결과를 도출하는 것이다. 데이터 라벨링은 이 과정에서 매우 중요한 역할을 한다.

3. 데이터 라벨링 방법

데이터 라벨링 방법은 크게 이미지 라벨링, 텍스트 라벨링, 음성 라벨링으로 나뉜다. 이미지 라벨링은 사진이나 영상에서 객체나 장면을 식별해 라벨을 부여하는 작업이다. 텍스트 라벨링은 텍스트 데이터를 분석하여 감정, 주제, 키워드 등을 추출하고 이를 라벨링하는 과정이다. 음성 라벨링은 음성 데이터를 텍스트로 변환하거나 음성 데이터를 분석해 특정 명령어를 인식하도록 라벨링하는 작업이다.

이미지 라벨링[5)]은 박스로 묶기(Bounding Box), 이미지 분류(Image Classification), 시멘틱 분할(Semantic Segmentation)로 구분한다.

그중 이미지 분류는 가장 쉽고 빠른 라벨링 방법이다. 이 방식에서는 이미지 전체에 하나의 태그만 적용한다. 예를 들어, 축구, 농구 경기 이미지 사진 한 장을 '축구'나 '농구'로 분류하거나, 식료품점 선반 이미지를 보고 '탄산음료가 있다/없다'를 식별할 수 있다. 이미지 분류는 추상적인 정보를 캡처하거나 자동차의 사진에서 시간을 분류하는 등 이미지 필터링에 적합하다. 하지만 이미지 내에서 객체의 정확한 위치를 나타내지 못한다는 단점이 있다. 이를 보완하려면 다른 라벨링 방식을 사용할 필요가 있다.

박스로 묶기는 객체 감지(Object Detection)라고도 하는데 박스형(2D Bounding Boxes), 큐브형(Cuboids와 3D Bounding Boxes), 다각형(Polygonal Segmentation), 선과 곡선(Lines과 Splines)형으로 구분한다. 박스형(2D Bounding Boxes)은 작업

5) 다양한 방법은 https://blog.testworks.co.kr/data-labeling 참조

자는 직사각형과 정사각형을 적용하여 대상 객체의 위치를 정의한다. 이것은 이미지 라벨링 분야에서 가장 널리 사용되는 기술 중 하나이다. 큐브형(Cuboids와 3D Bounding Boxes)은 작업자는 큐브를 대상 객체에 적용하여 객체의 위치와 깊이를 정의한다. 다각형(Polygonal Segmentation)은 대상 개체가 비대칭이고 상자에 쉽게 맞지 않는 경우 라벨링 작업자는 복잡한 다각형을 사용하여 위치를 정의한다. 선과 곡선(Lines과 Splines)은 작업자는 이미지의 주요 경계선과 곡선을 식별하여 영역을 구분한다. 예를 들어 자율주행 자동차 이미지 라벨링을 위해 고속도로의 다양한 차선에 레이블을 지정할 수 있다.

〈그림 1.14〉는 AIWorks 플랫폼상에서 기본 가이드에 따라 블랙올리브(blackolive) 가공 도구에서 사용되고 있는 데이터 라벨링 8가지를 보여준다. 박스, 큐브, 다각형, 선, 신체 부위 또는 형상(body, face, Hands)과 관련된 다양한 형상 라벨링 방식을 포함하고 있다.

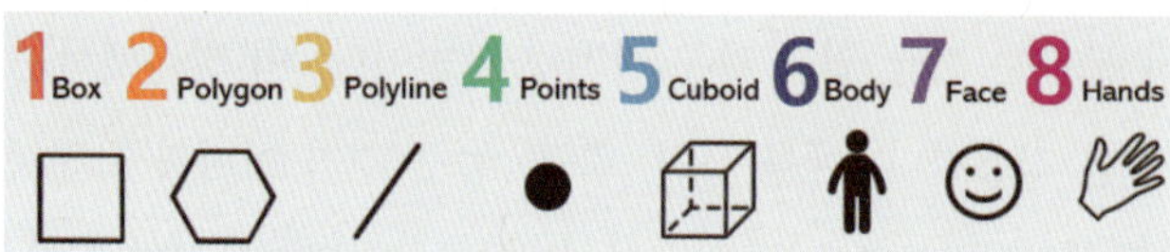

그림 1.14 블랙올리브 라벨링 8가지 기능

자료: https://www.testworks.co.kr/contents/blackolive.html

박스로 묶기(Bounding Box)는 객체 감지(Object Detection)로도 불리며, 대상 객체를 식별하고 위치를 정의하는 기술이다. 이 방식은 크게 네 가지로 구분된다. 첫째 박스형(2D Bounding Boxes)이다. 이것은 작업자가 직사각형이나 정사각형을 사용해 대상 객체의 위치를 정의한다. 이는 이미지 라벨링에서 가장 널리 사용되는 기술이다. 둘째 큐브형(Cuboids와 3D Bounding Boxes)이다. 작업자가 큐브 형태를 적용해 객체의 위치뿐만 아니라 깊이까지 정의한다. 셋째 다각형(Polygonal

Segmentation)이다. 대상 객체가 비대칭이거나 상자에 쉽게 맞지 않는 경우, 작업자는 복잡한 다각형을 사용해 위치를 정의한다. 넷째 선과 곡선(Lines와 Splines)이다. 작업자가 이미지 내 주요 경계선과 곡선을 식별하여 영역을 구분한다. 예를 들어, 자율주행 자동차의 이미지 라벨링에서는 고속도로의 다양한 차선에 레이블을 지정할 수 있다.

시맨틱 분할(Semantic Segmentation)은 이미지의 모든 구성 요소가 하나의 클래스에만 속하도록 처리하여 객체 감지에서 발생할 수 있는 중첩 문제를 해결한다. 이 방법은 픽셀 수준에서 수행되며, 작업자가 각 픽셀에 범주(예: 보행자, 자동차, 표지판 등)를 할당한다. 이를 통해 AI 모델은 물체가 일부 가려져 있어도 인식하고 분류할 수 있게 된다. 예를 들어, 쇼핑 카트가 주황색 탄산음료의 일부를 가리고 있는 이미지에서 시맨틱 분할은 픽셀 단위로 주황색 음료의 모양과 색상을 식별하여 모델이 이를 '주황색 음료'로 인식할 수 있도록 도와준다. 최근 스마트폰에서 촬영 이미지에서 일부 부분을 삭제하고자 할 때 객체 제거(Object Removal) 기술을 사용하는데, 이것은 시맨틱 분할로 해당 객체의 경계를 정밀하게 감지한 후, 이미지 인페인팅(Image inpainting)과 같은 기법으로 처리하는 것이다.

〈그림 1.15〉의 위쪽은 아마존웹서비스(AWS)에서 공개한 대표적인 데이터 라벨링 작업을 보여준다. 사진 속 물체를 '박스로 묶기', '이미지 분류', '시맨틱 분할' 방식으로 분류한 예를 제시한다. 아래쪽은 거리 풍경 사진에 적용된 데이터 라벨링 결과를 보여준다.

첫 번째 결과는 박스로 묶기를 사용해 차량 종류 등을 구분한 작업이다. 두 번째 결과는 시맨틱 분할을 통해 하늘, 도로, 차량, 초목 등을 픽셀 단위로 분류한 작업이다.

이외에도 동영상, 3D, 멀티모달 라벨링 등 다양한 데이터 라벨링 방법이 있다. 데이터 라벨링과 관련된 상세한 내용은 Appen 기업의 사이트에서 확인할 수 있으며, 관심 있는 독자들에게 방문을 권한다.

박스로 묶기
사진 속 물체를 박스로 표시

이미지 분류
해당 사진이 어떤 장면·사물인지 분류

시맨틱 분할
사진 내에서 픽셀 단위로 객체를 분류

(a) 박스로 묶기 방식

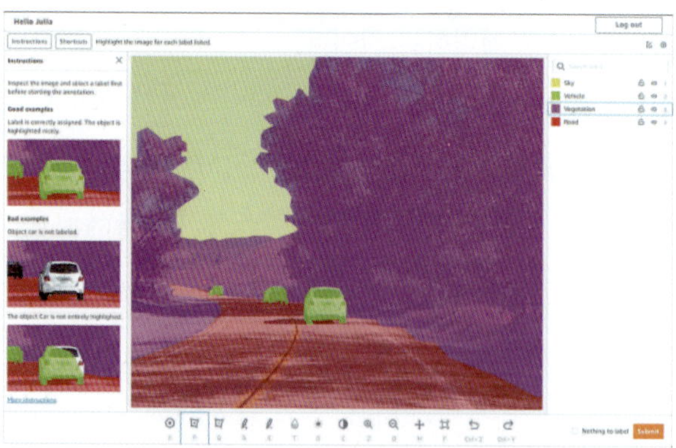

(b) 시맨틱 분할 방식

그림 1.15 이미지데이터 라벨링 작업 방법

자료: 아마존웹서비스(AWS)

1.4 개인정보보호 빅데이터

빅데이터를 활용하면서 다른 출처의 데이터와 결합할 때, 개인정보 노출과 오·남용을 방지하기 위해 가명(Pseudonymity) 처리와 익명(Anonymities) 처리가 중요하다. 이러한 처리는 개인정보를 식별하기 어렵게 가공하여 보호하는 방법으로, 최근 주요 이슈로 떠오르고 있다.

개인정보 노출 정도를 조절하고 제한하는 모든 기법을 통계적 노출 제어(Statistical Disclosure Control)라고 한다. 이 제어는 통계 기법뿐만 아니라 딥러닝과 AI 기술을 활용해 다양한 형태로 구현되고 있다. 이번 절에서는 이러한 기법을 기반으로 탄생한 가명자료, 익명자료, 재현자료의 개인정보보호(프라이버시 보호 데이터, Privacy-Preserving Data) 데이터를 소개한다.

1. 개인정보

개인정보는 살아 있는 개인에 관한 정보이다. 개인정보보호위원회의 가명정보처리 가이드라인(2022)에 따르면, 개인정보에는 〈표 1.4〉에 제시된 여러 유형의 정보가 포함된다.

표 1.4 개인정보 개요

- 성명, 주민등록번호 및 영상 등을 통하여 개인을 알아볼 수 있는 정보
- 해당 정보만으로는 특정 개인을 알아볼 수 없더라도 다른 정보와 쉽게 결합하여 알아볼 수 있는 정보

※ 이 경우 쉽게 결합할 수 있는지는 다른 정보의 입수 가능성 등 개인을 알아보는 데 소요되는 시간, 비용, 기술 등을 합리적으로 고려하여야 함.

- 가명 처리를 거쳐 생성된 정보로서 그 자체로는 특정 개인을 알아볼 수 없도록 처리한 정보(이하 '가명정보'라 함)

※ 개인정보에 대한 판단 기준은 개인정보처리자가 보유한 정보 또는 접근 가능한 권한 등 개인정보 처리 상황에 따라 다르게 판단되어야 함

자료: 개인정보보호위원회, 가명정보처리 가이드라인(2022)

위에서 언급한 개인정보에는 주민등록번호, 이름, 주소, 전화번호와 같은 일반 정보뿐만 아니라 통화 기록, IP 주소, GPS 등 위치 정보, 교육, 학력, 근로, 자격 정보와 같은 사회적 정보, 개인 기호, 정치적 성향, 신념, 사상과 같은 정신적 정보, 의료 및 건강 정보와 신체와 관련된 신체적 정보, 개인 자산, 부채, 신용 정보와 같은 재산 정보가 모두 포함된다.

이해를 돕기 위해 다양한 개인정보 사례를 소개한다.

첫째 CCTV 영상이다. CCTV 영상이 정보 주체의 외관을 정확히 구분할 수 있다면 개인정보에 해당한다. 둘째 치아 엑스레이 사진이다. 치아 엑스레이 사진 자체는 개인정보가 아니지만, 진료 기록 등 해당 정보와 연계되어 있다면 개인정보로 간주된다. 셋째 기업과 법인 정보이다. 통계조사를 위해 기업, 법인, 단체의 이름, 주소, 대표 연락처 등은 개인정보가 아니다. 하지만 기업이나 법인 소속 개인의 정보(예: 성명, 휴대전화 번호, 주소)는 개인정보로 해석될 수 있다. 넷째 사망자 정보이다. 사망자 정보를 기반으로 통계를 작성하는 자료는 개인정보가 아니다. 하지만 유족과의 관계를 파악할 수 있는 정보는 유족의 개인정보에 해당할 수 있다.

4차 산업혁명, 인공지능, 빅데이터 시대에는 다양한 자료를 연계하면 개인정보를 파악할 가능성이 높아지고 있다. 이러한 가능성은 개인정보 오남용 문제를 유발할 수 있으며, 이를 방지하기 위한 기술이 지속적으로 개발되고 있다.

최근 개발된 대표적인 기술로는 가명자료, 익명자료, 재현자료가 있다. 이들은 '21세기의 새로운 데이터 유형'으로 불리며, 다음 절에서 이들에 대해 자세히 다룰 것이다.

2. 가명, 익명자료

〈그림 1.16〉은 개인정보, 가명정보, 익명정보의 차이를 보여준다. 이 차이를 이해하기 위해 용어를 정의할 필요가 있다.

먼저 개인정보이다. 개인정보는 살아 있는 개인에 관한 정보로, 개인을 식별할 수 있는 정보를 의미한다. 여기에는 성명, 주민등록번호, 영상과 같은 정보가 포함된다. 개인식별정보는 해당 정보만으로 특정 개인을 직접 알아볼 수 있는 정보이다. 개인식별 가능정보는 해당 정보만으로는 개인을 알아볼 수 없지만, 다른 정보와 쉽게 결합하여 개인을 식별할 수 있는 정보이다. 이때 '쉽게 결합'은 다른 정보를 얻는 데 필요한 시간, 비용, 기술 등을 합리적으로 고려해야 한다.

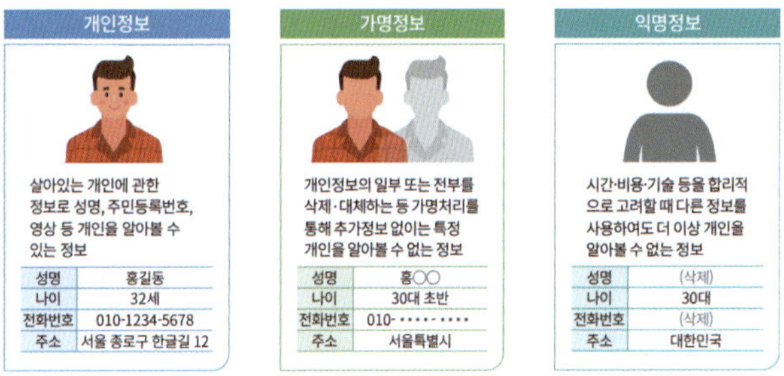

그림 1.16 개인정보, 가명정보, 익명정보

자료: 개인정보보호위원회, 가명정보처리 가이드라인(2022)

다음으로 가명정보이다. 가명정보는 개인정보의 일부 또는 전부를 삭제하거나 대체하여, 추가 정보 없이는 특정 개인을 식별할 수 없도록 처리한 정보이다. 추가정보[6]는 가명처리[7] 과정에서 생성되거나 사용된 정보로, 이를 이용하면 원래의 상태로 복원하거나 특정 개인을 식별할 수 있다. 가명정보는 개인정보의 일부를 대체하거나 삭제하는 방식으로 만들어지며, 개인정보와 결합하면 개인을 다시 식별할 수 있다.

끝으로 익명정보이다. 익명정보는 다른 정보를 활용하더라도 특정 개인을 식별할 수 없도록 처리된 정보이다. 시간, 비용, 기술 등을 고려했을 때 개인 식별이 불가능

6) 개인정보의 전부 또는 일부를 대체하는 가명처리 과정에서 생성 또는 사용된 정보로서 특정 개인을 알아보기 위해 사용·결합될 수 있는 정보(알고리즘, 매핑테이블 정보, 가명 처리에 사용된 개인정보 등).
* 가명 처리 과정에서 생성·사용된 정보에 한정된다는 점에서 다른 정보와 구분

7) 개인정보의 일부를 삭제하거나 일부 또는 전부를 대체하는 등의 방법으로 추가정보(이하 '추가정보'라 함)가 없이는 특정 개인을 알아볼 수 없도록 처리하는 것

하므로, 익명정보는 더 이상 개인정보로 간주되지 않는다. 따라서 익명정보는 개인정보보호법의 적용을 받지 않고 자유롭게 활용할 수 있다. 〈그림 1.16〉에 이들 정보 차이를 보여준다.

개인정보보호법의 적용 대상은 개인정보와 가명정보까지이며, 익명정보는 개인을 식별할 수 없기 때문에 이 법의 적용을 받지 않는다. 익명정보와 가명정보의 근본적인 차이는 식별 가능성과 활용의 자유로움에 있다.

〈그림 1.17〉은 다양한 통계적 노출 제어 가명처리 방법을 보여준다. 이는 성명, 연락처, 지번 등 개인을 식별할 수 있는 정보를 가명 처리하여 더 이상 개인을 알아볼 수 없게 만드는 처리 방법이다. 가명 처리 과정에서는 다음과 같은 기법이 사용된다.

① 식별정보 가명 처리: 성명, 연락처 등의 식별정보를 변환하거나 대체한다.

② 개인정보 삭제: 일부 개인정보를 제거해 식별 가능성을 줄인다.

③ 마스킹(Masking): 중요한 정보를 가리거나 숨기는 방식이다.

④ 의사난수 생성: 무작위 값을 생성해 정보를 대체한다.

⑤ 암호화 기법: 데이터를 암호화하여 원래 내용을 알아볼 수 없게 한다.

⑥ 형태 보존 암호화(FPE): 데이터의 원래 형식을 유지하면서 암호화하는 방법이다.

이러한 방법들은 개인정보를 보호하면서도 데이터를 활용할 수 있도록 설계된 기술이다.

〈그림 1.17〉에서는 식별정보를 가명 처리하는 과정, 일부 개인정보를 삭제하는 방법과 마스킹하는 방법, 의사난수 생성 또는 암호화 기법과 형태 보존 암호화 과정을 보여준다.

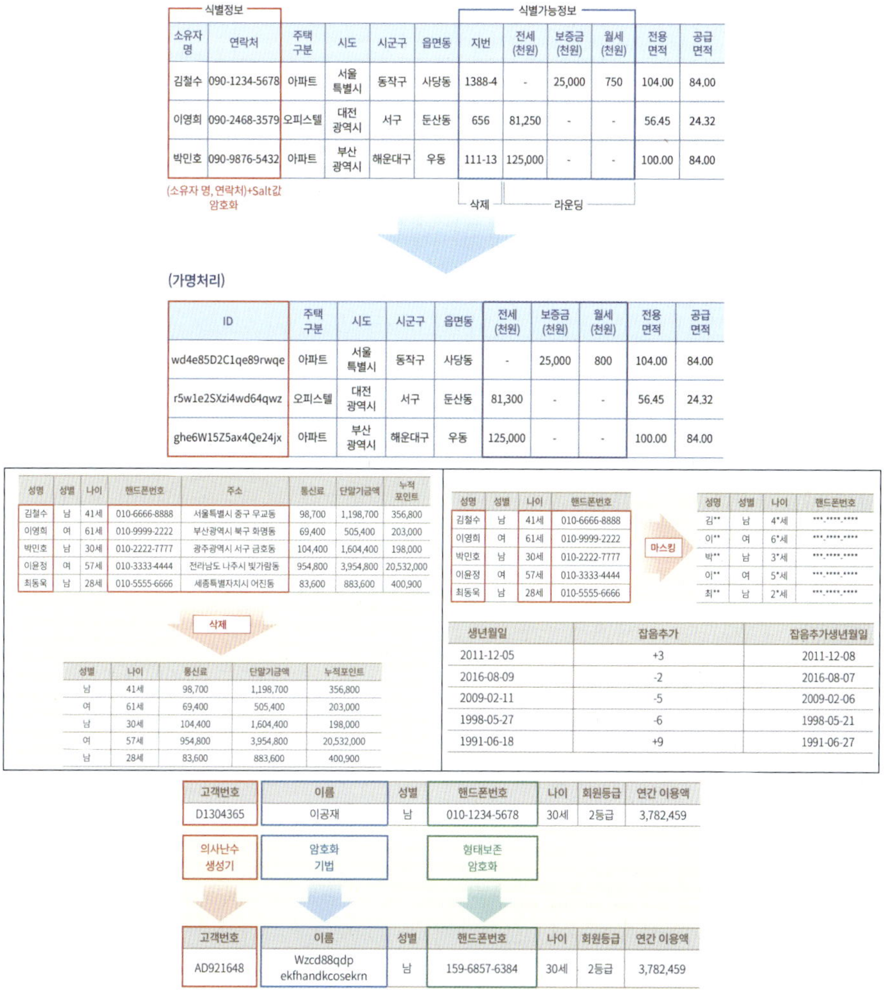

그림 1.17 식별정보 가명 처리

자료: 개인정보보호위원회, 가명정보처리 가이드라인(2022)

이들 정보를 활용하려면 개인정보의 분류와 법적 제한을 이해해야 한다.

개인정보는 특정 개인에 관한 정보로, 개인을 식별할 수 있다. 가명정보는 추가 정보를 사용하지 않는 한 특정 개인을 식별할 수 없는 정보이다. 익명정보는 익명 처리로 인해 더 이상 개인을 식별할 수 없는 정보이다. 이 분류에 따라 개인정보 보호법은 다음과 같은 활용 범위를 규정한다.

개인정보는 정보 주체의 동의를 받은 범위 내에서만 활용 가능하고, 가명정보는 정보 주체의 동의 없이도 통계 작성, 연구, 공익적 기록보전 등 상업적 목적을 포함하는 특정 조건에서 활용할 수 있다. 익명정보는 개인정보가 아니므로 자유롭게 활용할 수 있다.

3. 재현자료

4차 산업혁명과 함께 인공지능과 빅데이터 시대가 오면서 새로운 데이터 활용 방식이 필요해졌다. 빅데이터는 정형, 반정형, 비정형으로 분류되며 다양한 속성을 가지고 있다. 하지만 특정 자료를 찾거나 수집하는 데 한계가 있다. 예를 들어, 다음과 같은 자료를 수집하려 한다면 매우 어렵다. '달에서 춤추는 아기', '도로에서 갑자기 뛰어드는 자전거를 탄 사람', '정지선을 무시하고 상대 차선으로 돌진하는 차량' 등과 같은 사진이나 영상을 찾는 것은 쉽지 않다.

이처럼 실제로 존재하지 않는 자료는 현실에서 찾기 어렵지만, 필요성이 크다. 예를 들어, 자율주행차량은 축적된 교통 데이터를 기반으로 안전하게 운행한다. 그러나 이 데이터는 차량과 보행자가 교통법규를 준수하는 정상적인 상황을 중심으로 수집되었다. 문제는 '횡단보도가 아닌 도로에서 자전거를 탄 사람이 갑자기 뛰어드는 상황'이나 '정지선을 무시하는 차량'에 대한 학습자료가 없다면, 자율주행차량은 이런 상황에 적절히 대응하지 못할 수 있다.

따라서 이런 자료는 쉽게 실생활에서 수집하기 어려우므로 여러 이미지와 영상을 합성하여 재현하여야 한다. 이런 자료를 재현자료(synthetic data) 또는 재현정보라고 한다. 재현자료의 사전적 의미는 원본과 최대한 유사한(〈그림 1.18〉 참조) 통계적 성질을 보이는 가상의 데이터를 생성하기 위해 개인정보의 특성을 분석하여 새로운 데이터를 생성하는 기법이다. 다시 말해 실제 데이터 속성을 모방하여 모델이나 규칙 집합을 기반으로 생성된 인공 데이터이고, 원자료와 통계 분포와 값은 유사하나 통계적 추론을 통하여 가상으로 생성한 자료이다.

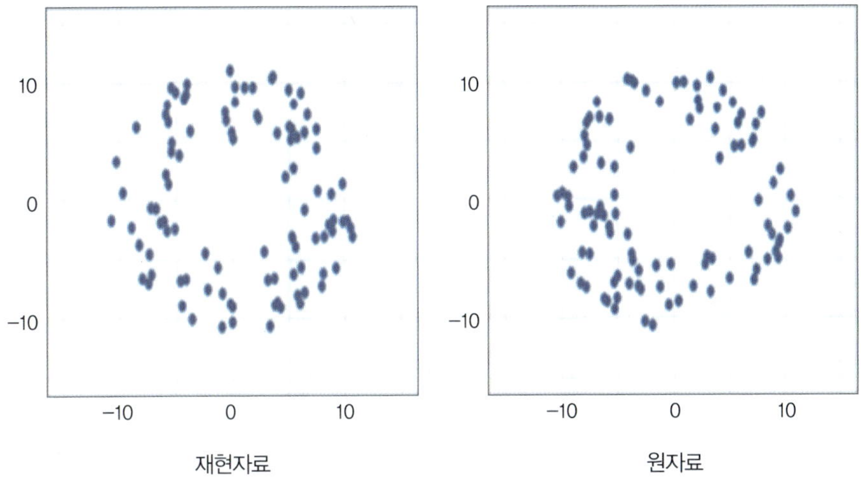

* 재현자료는 원자료 구조를 유지하지만 같은 자료는 아니다.

그림 1.18 재현자료와 원자료

자료: 통계청(2021),『통계적 노출제어 가이드라인』

재현데이터는 실제로 관측된 데이터(Real Data)를 생성하는 모형이나 모집단이 존재한다고 가정하고, 통계적 방법이나 머신러닝 방법을 사용해 만들어진 모의 데이터(Simulated Data)이다. 이 데이터는 개인정보 노출을 방지하는 효과적인 방법이며, 민감 정보를 활용할 수 있어 연구자들이 재현데이터를 통해 더욱 세밀한 분석을 진행할 수 있다는 장점이 있다. 현재 다양한 규제로 인해 데이터 활용이 제한되는 상황에서, 재현데이터는 개인정보 노출을 통제할 수 있는 효과적인 방법론으로 주목받고 있다.[8] 최근 재현데이터는 금융, 보험, 국가통계 등에 적용되어 활용 범위를 넓히고 있다.

8) 김현태, 장가영(2023). 데이터 가명, 익명처리 기법의 현황과 대안: 재현데이터를 중심으로, 보험연구원

재현자료의 이해를 돕기 위해 다양한 사례를 소개한다. 〈그림 1.19〉는 얼굴 앞면 인식의 개인정보를 가명정보, 익명정보, 재현정보로 구현된 차이를 보여주고, 〈그림 1.20〉은 ChatGPT에 '달에서 춤추고 있는 아기 사진을 그려줘', '도로에 갑자기 뛰어드는 자전거를 탄 사람을 그려줘', '정지차선을 무시하고 상대 차선으로 돌진하는 차량을 그려줘'와 같은 질문 프롬프트를 입력하여 생성한 재현자료이다.

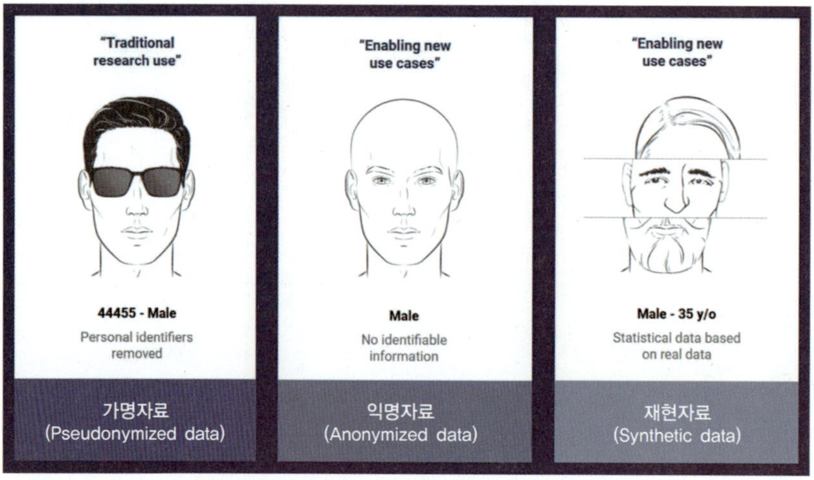

그림 1.19 가명자료, 익명자료, 재현자료 차이

(자료: https://veil.ai/blog)

그림 1.20 ChatGPT 3.5로 구현한 재현자료

4. 행정자료

앞에서 소개한 자료들은 모두 통계적 노출 제어 자료에 해당한다. 이번 절에서는 여러 출처의 자료를 연계하여 새로운 정보를 도출할 수 있는 행정자료(Administrative Data)를 소개한다. 행정자료는 정부와 공공기관이 관련 법령에 따라 정해진 서식대로 수집하는 자료를 말한다. 예를 들어 행정안전부의 주민등록자료, 국세청의 과세자료, 관세청의 수출입통관자료, 4대 보험(고용보험, 산재보험, 국민연금, 건강보험) 자료 등이 여기에 속한다. 이 자료들은 국민의 건강과 소득을 보장하기 위해 가입이 의무화된 제도와 관련된 데이터이다. 통계법 제3조에 따르면, 행정자료는 통계자료를 제외한 공공기관이 직무상 작성, 취득, 관리하고 있는 문서, 대장, 도면, 데이터베이스 등 전산자료를 의미한다. 정리하면, 행정자료는 통계 작성 목적이 아니라, 정부, 행정, 공공기관이 관련 법령에 따라 수집한 자료라고 볼 수 있다.

행정자료는 공공데이터나 통계자료와는 다른 개념이다.

공공데이터는 버스 운행 정보 데이터베이스(DB), 기상 관측 DB, 연도별 백서, 통계연보 등과 같이 공공기관이 법령에서 정한 목적을 위해 생성하거나 취득해 관리하는 전자적 방식으로 처리된 자료를 말한다.

반면, 통계자료는 통계 작성 기관이 통계를 작성하기 위해 별도의 비용, 시간, 인력을 투입해 수집하거나 취득한 자료를 의미한다.

행정자료를 활용해야 하는 이유는 통계조사와 수요 측면에서 변화하는 환경 때문이다. 1인 가구 증가와 사생활 보호 의식 강화로 인해 현장 통계조사 환경이 예전과 달라졌고, 인건비 상승으로 통계조사 비용이 증가하고 있다. 또한 각 행정기관의 중복 조사로 응답자의 부담이 커지고 있다. 이에 국제기구인 UN(국제연합)과 EU(유럽연합)에서도 이러한 문제를 해결하기 위해 행정자료 활용을 적극 권장하고 있다.

따라서 공공기관이 보유하고 있는 행정자료를 적극 활용하여 통계조사 항목을 대체하고 새로운 통계 작성에 적극 활용하여 통계의 생산성을 제고할 수 있다. 결과적으로 행정자료를 활용함으로써, 경제, 사회의 급속한 변화에 따라 다양한 새로운 통계 수요에 대응할 수 있는 통계 작성으로 시의성 있는 통계 제공이 가능하다.

통계청은 4차 산업혁명 시대에 맞춰 행정자료 활용을 활성화하기 위해 행정자료 우선 활용 제도를 도입했으며, 이 제도는 통계법령 개정에 따라 2018년 2월 20일부터 시행되었다. 행정자료를 활용해 통계를 작성할 수 있는지를 미리 판단하는 것이 이 제도의 목적이다. 그리고 통계청은 이 제도를 통해 통계 응답자의 부담을 줄이고, 통계 신뢰성을 높이고자 한다고 설명한다.

그런데 이런 유용성이 높은 행정자료를 활용할 때 고려해야 할 판단 기준 3가지가 있다.

첫째 적합한 행정자료의 유무이다. 적합한 행정자료 유무는 통계조사 목적에 적합한 행정자료인가, 행정자료의 데이터 접근과 주기적 데이터 수집이 가능한가, 그리고 타 출처 자료와 연계할 수 있는 연계키가 존재하는가이다. 애초에 행정자료는 통계조사 목적으로 생성한 자료가 아니므로 통계조사 목적과는 다른 면이 많다. 즉, 목표 모집단에 대한 행정자료 등록 존재 여부를 파악해야 한다. 그리고 행정자료의 법적 기술적 접근이 가능한지와 주민등록번호나 사업자등록번호와 같은 공통 식별키가 존재하는지가 중요하다.

둘째 행정자료의 신뢰성 평가와 오류이다. 행정자료 신뢰성 평가와 오류는 각 행정, 공공기관의 관련 법령에서 정한 서식대로 수집하는 자료이므로 조사 개념, 조사 기준, 변수 정의, 분류체계 등이 일치하지 않을 가능성이 높다. 그리고 관련 법령 서식에 의존하므로 법과 제도, 정책 변화에 민감하게 반응하는 자료이다.

셋째 행정자료의 품질(Quality)이다. 행정자료 품질은 통계적 품질관리의 구성요소가 동일하게 적용되는지를 살펴본다. 통계적 품질관리는 관련성(relevance), 정확성(accuracy), 시의성(timeliness), 비교가능성(comparability), 일관성(coherence), 접근성(accessibility)이다.

관련성은 '통계 이용자에게 얼마나 의미 있고 유용한 통계를 제공하고 있는가?'를 뜻한다. 행정자료는 변수 정의와 포괄 범위가 통계 목적보다는 행정체계에 적합하게 설계되어 있다.

정확성은 '측정하고자 하는 모집단의 특성이나 크기를 얼마나 정확하게 측정했는가!'를 의미한다. 이는 신뢰성(reliability)과도 연결된다. 행정자료는 수집 및 정리 과정에서 조사원 오류, 즉 비표본오차가 발생할 수 있다.

시의성은 '통계 작성 기준 시점과 결과 공표 시점 간의 차이를 최소화하고, 공표시기를 정확히 준수했는가!'를 나타낸다. 행정자료는 관련 법령에 따른 서식으로 빠르게 수집되며, 정해진 공표 시기에 맞춰 제공된다.

비교 가능성은 '시간과 공간이 다르더라도 동일한 개념, 분류, 측정 도구, 측정 과정을 사용해 통계자료를 비교할 수 있는가?'를 의미한다. 행정자료는 관련 법령에 따른 서식으로 수집되기 때문에 법과 제도의 변화에 민감하며, 시간이 지남에 따라 정의가 달라질 수 있다.

일관성은 '동일한 경제나 사회 현상에 대해 서로 다른 자료나 작성 방법, 작성 주기에 따라 작성된 통계들이 얼마나 유사한가!'를 평가하는 개념이다. 행정자료는 개별 법령에 따른 서식으로 정의되므로 공동 식별키가 존재할 수도, 존재하지 않을 수도 있다.

접근성은 '이용자가 통계자료에 얼마나 쉽게 접근할 수 있는가?'를 뜻한다. 행정자료는 관련 법령에 따라 수집되므로 개인 접근이 가능할 수도 있고, 불가능할 수도 있다. 접근성은 법령에 따라 달라지므로 일률적이지 않다.

정리하면, 행정자료는 비교 가능성, 일관성, 접근성 측면에서 일반 통계와는 차이가 있으며, 행정자료 사용에 의해 더 많은 영향을 받는다.

이러한 한계점에도 불구하고, 행정자료는 다양한 새로운 통계 수요에 대응할 수 있는 시의성 높은 통계 작성에 유용하다. 이는 주요국의 사례를 통해 확인할 수 있다. 〈표 1.5〉는 주요국에서 행정자료를 다양한 분야에서 활용한 사례를 보여준다. 이를 통해 행정자료가 여러 나라에서 광범위하게 활용되고 있음을 알 수 있다.

표 1.5 국가별 행정자료 생산과 활용

국가	작성형태	행정자료 생산 통계	행정자료 활용
미국	분산형	사업체모집단명부, 소규모사업체조사	국세청 사업체 명부, 경영실적자료 등
프랑스	분산형	기업통계, 인구통계, 가계소득통계	부가세, 기업 수익, 개인소득신고자료
호주	집중형	모집단구축, 사업체 생명통계	사업자등록번호, 기업소득세, 기업활동신고서
이탈리아		행정자료기반 센서스	조세대장, 전국인구지표, 고용자 명부, 학생DB
독일	집중형	행정자료기반 센서스	인구등록부
핀란드	집중형	등록센서스	주민정보, 부동산 정보
스페인		행정자료기반 센서스	인구등록부, 사회보장파일, 국세청자료, 토지 대장
스웨덴	집중형	등록부 기반의 인구, 사업체, 노동통계	인구등록부, 사업체등록부, 직업등록부, 토지등록부
덴마크	집중형	등록센서스, 등록부 기반 노동력 조사	주민등록부, 사업체등록부

자료: 통계교육원, 빅데이터와 행정자료의 이해(2022), 행정자료의 통계적 활용

행정자료에 관심이 있는 독자는 통계청 통계정책관리시스템[9]을 방문하면 행정자료우선활용 항목에서 행정자료를 검색할 수 있다. 〈그림 1.21〉은 통계정책관리시스템 화면을 보여준다. 화면 오른쪽 하단의 '행정자료우선활용 행정자료 검색' 버튼을 클릭하면 검색 창이 나타나며, 이를 통해 원하는 행정자료를 찾아볼 수 있다.

9) https://narastat.kr/pms/%20index.do#

그림 1.21 통계정책관리시스템과 행정자료 검색 화면

2장

튜닝 실험과 인공지능

이번 장에서는 인공지능의 아버지로 불리는 앨런 튜링(Alan Mathison Turing, 1912~1954)이 제안한 튜링 실험(기계가 인간처럼 생각할 수 있는지에 대한 질문)에서 시작한다. 인공지능의 태생과 발전 과정을 살펴보고, 학습 원리와 진화를 다룬다. 또한, 인공지능의 기계 학습에서 핵심이 되는 개념과 최적화 방법을 소개한다.

2.1 튜닝 실험

인공지능 연구는 컴퓨터가 탄생한 시기와 거의 동시에 시작되었다. 인공지능의 아버지로 불리는 영국의 수학자 튜링은 1950년 논문 '계산 기계와 지능(Computing Machinery and Intelligence[1])'에서 기계가 생각할 수 있는지 테스트하는 방법인 튜링 테스트, 지능적인 기계의 개발 가능성, 그리고 학습하는 기계에 대해 논의하였다. 이는 인공지능에 대한 최초의 연구로 평가된다. 〈그림 2.1〉의 왼쪽은 앨런 튜링의 논문 자료이고, 오른쪽은 젊은 시절의 튜링 사진이다. 〈그림 2.2〉는 튜링이 제안한 튜링 테스트의 방법을 보여준다.

1950년은 아직 컴퓨터 시대가 시작되던 초기였지만, 튜링은 시대를 앞서 '기계가 생각할 수 있는가?'라는 질문을 던졌다. 그는 '컴퓨터가 생각할 수 있다면 이를 어떻게 표현할 수 있는가?'라는 질문에 대해, '만약 질문자가 인공지능 기계와 사람의 반응을 구별하지 못한다면, 그 기계는 생각한다고 판단할 수 있다'고 주장하였다.

1) Computing Machinery and Intelligence, Author(s): A. M. Turing, Source: Mind, New Series, Vol. 59, No. 236 (Oct., 1950), pp. 433-460, Published by: Oxford University Press on behalf of the Mind Association, Stable URL: http://www.jstor.org/stable/2251299

VOL. LIX. No. 236.] [October, 1950

MIND

A QUARTERLY REVIEW

OF

PSYCHOLOGY AND PHILOSOPHY

I.—COMPUTING MACHINERY AND INTELLIGENCE

BY A. M. TURING

1. *The Imitation Game.*

I PROPOSE to consider the question, 'Can machines think?' This should begin with definitions of the meaning of the terms 'machine' and 'think'. The definitions might be framed so as to reflect so far as possible the normal use of the words, but this attitude is dangerous. If the meaning of the words 'machine' and 'think' are to be found by examining how they are commonly used it is difficult to escape the conclusion that the meaning and the answer to the question, 'Can machines think?' is to be sought in a statistical survey such as a Gallup poll. But this is absurd. Instead of attempting such a definition I shall replace the question by another, which is closely related to it and is expressed in relatively unambiguous words.

The new form of the problem can be described in terms of a game which we call the 'imitation game'. It is played with three people, a man (A), a woman (B), and an interrogator (C) who may be of either sex. The interrogator stays in a room apart from the other two. The object of the game for the interrogator is to determine which of the other two is the man and which is the woman. He knows them by labels X and Y, and at the end of the game he says either 'X is A and Y is B' or 'X is B and Y is A'. The interrogator is allowed to put questions to A and B thus:

C: Will X please tell me the length of his or her hair?

Now suppose X is actually A, then A must answer. It is A's

28 433

그림 2.1 계산 기계와 논문, 튜링(1912~1954)

그림 2.2 튜링테스트

자료: 박성현 외 2인, 데이터사이언스의 매력(2023)

〈그림 2.2〉와 같이 질문자가 텔레타이프를 통해 질문을 하면, 질문 대상인 사람(A)은 질문에 충실히 답변하고, 컴퓨터(B)는 사람처럼 답변한다. 만약 질문자가 어느 쪽이 사람이고 어느 쪽이 컴퓨터인지 구별하지 못한다면, 그 컴퓨터는 지능을 가진 인공지능 기계라고 할 수 있다.

이러한 테스트는 반세기가 넘는 시간 동안 인공지능 논의에서 도발적인 주제로 자리 잡아왔으며, 튜링 테스트는 여전히 인공지능 분야에 중요한 영향을 미치고 있다. 최근 튜링 테스트의 사례로, 아래의 두 기사를 소개한다. 두 기사 중 인간이 작성한 기사는 어느 것인가? 또는 아래 기사를 인간과 로봇 중 누가 작성했는지 한번 맞춰보기 바란다.

잉글랜드 프리미어리그 토트넘이 해리 케인의 결승 골에 힘입어 레스터를 꺾었다. 토트넘은 13일(한국시간) 영국 런던 웸블리 스타디움에서 열린 2017-2018 잉글랜드 프로축구 프리미어리그 최종라운드 레스터와 홈 경기에서 5-4로 승리했다.

토트넘은 전반 4분 먼저 실점했다. 리야드 마레즈의 어시스트를 제이미 바디가 헤딩 슈팅으로 토트넘의 골문을 열었다. 3분 뒤 토트넘의 해리 케인이 동점골을 뽑아냈다. 9분 뒤 리야드 마레즈의 슈팅이 골문 안으로 들어가며 레스터는 다시 리드를 잡았다. (중략)

손흥민은 무사 시소코의 교체 선수로 그라운드를 밟았다. 토트넘은 남은 시간을 잘 막아내며 승점 3점을 추가했다. 손흥민은 교체 출전 기회를 얻었지만 공격 포인트를 기록하지 못했다. 토트넘은 이날 펼쳐진 경기에서 승리를 거두며 3경기 연속 무승의 부진을 끊었다.

미국의 켄달 그레쉬가 11일 알펜시아 바이애슬론 센터에서 펼쳐진 2018 평창 동계패럴림픽대회 크로스컨트리 스키 여자 12km 좌식 경기에서 38분 15초 9의 기록으로 금메달을 획득했다. 독일의 앤드리아 에스카우가 38분 48초 3으로 은

메달, 미국의 옥사나 마스터스가 39분 04초 9로 동메달을 나눠 가졌다. 켄달 그레쉬의 중간 순위는 3지점을 통과할 때 1위와 5.7초 차 3위로 가장 안 좋았다. 구간별로 보면 0~0.75km에서 살짝 부진했지만 2.85~11.72km에서 1위의 성적을 내며 기록을 끌어올렸다.

자료: 월간조선, https://monthly.chosun.com/client/news/viw.asp?nNewsNumb=201807100041

위의 두 기사는 모두 인간 기자가 작성한 것처럼 보이지만, 실제로는 2017년 8월 14일에 공개된 사커 봇과 2018년 올림픽 봇이 작성한 기사이다. 이처럼 질문자나 실험자가 인간과 기계가 작성한 결과를 구분하지 못한다면, 해당 기계는 지능을 가진 것으로 판단할 수 있다. 이는 일종의 튜링 테스트에 해당한다.

튜링의 일대기를 살펴보면, 그는 1912년 영국 런던에서 태어났다. 학창 시절에는 캠브리지의 킹스 칼리지에서 수학을 전공하였고, 대학원에서는 1936년부터 미국 프린스턴 대학에서 수학과 암호학을 공부하였다. 1938년에 발표한 그의 박사학위 논문 '순서 숫자 기반의 논리 시스템(Systems of Logic Based on Ordinals)'은 프린스턴 대학에서 가장 우수한 논문 중 하나로 평가받고 있다. 1939년에 영국으로 돌아온 튜링은 정부 암호학교(Government Code and Cyber School)에서 연구하며, 제2차 세계대전 당시 독일군의 암호를 해독하여 영국의 승리에 크게 기여하였다. 이 공로로 1945년 영국 정부로부터 대영제국 훈장(Order of the British Empire)을 받았다.

1945년부터는 영국 국립물리연구소(National Physical Laboratory; NPL)에서 자동 계산 장치(Automatic Computing Engine; ACE) 설계에 참여하여 프로그램이 내장된 ACE 컴퓨터를 개발하며 현대 컴퓨터 개발의 기초를 다졌다. 그는 지능 기계와 신경회로망에 대해서도 선구적인 연구를 진행하였다. 1949년에는 맨체스터 대학 계산연구소로 옮겨 부소장으로 활동하며, 인공지능의 첫 논문인 '계산 기계와 지능'을 발표하였다. 암호학, 컴퓨터 제작, 인공지능 연구에 있어 그는 혁혁한 공적을 남긴 인물이다.

그러나 튜링의 말년은 비극적이었다. 1952년, 그가 40세였을 때, 맨체스터의 거리에서 만난 19세 실업자와 동성애 관계를 시작하였다. 당시 영국에서는 동성애가 불법이었고, 이로 인해 그의 비밀정보 취급 허가(security clearance)가 취소되었다. 또한, 영국 정부를 위한 암호화 자문직에서도 해임되었으며, 정부와 사회로부터 멸시와 비난을 받았다.

세계적인 석학이었던 튜링은 이러한 일련의 사건들로 인해 깊은 좌절을 겪었고, 1954년 6월 8일, 42세의 나이에 자살로 생을 마감하였다. 그의 자살 장소였던 방에서 청소부는 청산가리에 중독된 반쯤 먹은 사과를 발견했다고 전해진다.

흥미롭게도, 세계적인 기업 애플(Apple)의 로고가 한 입 베어 먹은 사과인데, 일부 사람들은 이 로고가 튜링이 먹고 죽은 사과를 상징한다고 해석한다. 또 다른 해석으로는 에덴동산에서 선악과를 베어 먹은 이브의 창조적 반란을 나타낸다는 의견도 있다.

이에 대해 애플 로고 디자이너인 롭 자노프(Rob Janoff)는 미국 IT 전문 채널 슬래시기어(SLASHGEAR, 미국 IT전문 채널, https://www.slashgear.com)와의 인터뷰에서 이에 대한 자신의 생각을 밝혔다.

"내가 진짜 이유를 설명하면 그것은 일종의 실망"이라며 "사람들이 체리라고 느끼지 않게 하기 위해 한 입 베어 물은 자국을 남긴 것"이라고 말했다. 게다가 깨문다는 뜻의 'bite'와 컴퓨터 용어인 'BITE'를 연결한 것은 천재적이었다는 인터뷰어의 말에 "당시에는 그 용어조차 알지 못했다"며 "단지 우연히 컴퓨터 용어이기도 했다"라고 답해 또 한 번 세간의 환상을 깼다. 이어진 인터뷰에서 원래 애플 로고에 있었던 여러 색의 가로무늬에 대해서도 이야기했다. 이는 앨런 튜링의 일화와 연결되어 다양성을 상징하는 색 조합으로 여겨져 왔다.

하지만 롭에 따르면 "그 로고는 단지 상자에 담긴 사과를 형상화한 것"이며, "로고가 잘 어울리지 않을 경우를 대비해 다양한 톤과 컬러도 제공한 것"이라고 설명했다.

그리고 그는 "스티브 잡스가 (사과가) 상자 밖에 있는 것을 좋아했기 때문에 가로무늬를 입힌 사과를 한입 베어 문 디자인 아이디어를 좋아했다"며 "회계 담당자의 이의 제기가 있었지만 무시됐고 로고는 오늘날까지 남아 있다"라고 회고했다.[2]

애플 로고 변천사는 〈그림 2.3〉과 같다.

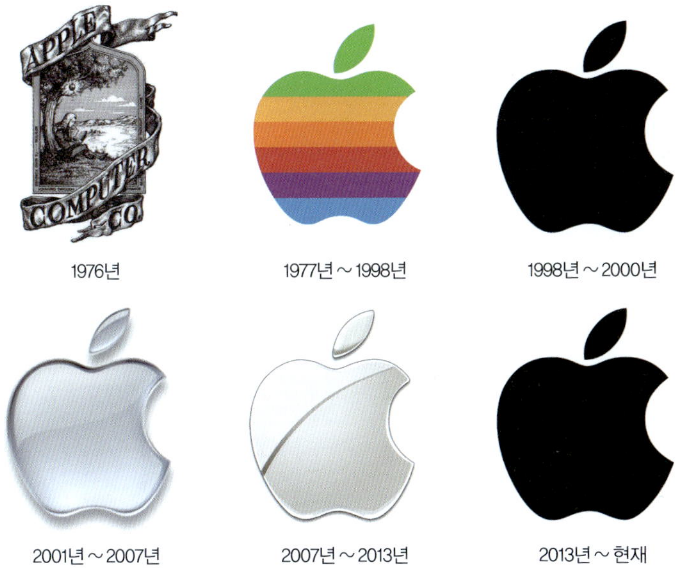

그림 2.3 애플 로고 변천사

자료: https://brunch.co.kr/@socialmkt

2) https://www.aitimes.com/news/articleView.html?idxno=145519

2.2 인공지능 태생과 학습 원리

1. 튜링머신에서 인간 공존 AI

인공지능(AI)의 탄생 배경은 20세기 중반에 시작된 컴퓨터 과학, 수학, 심리학 등 다양한 분야의 융합에서 비롯되었다. 인공지능의 아이디어는 수백 년 전으로 거슬러 올라가지만, 본격적인 연구는 20세기 초반부터 시작되었다. 특히 논리학, 수학, 컴퓨터 과학의 발전이 중요한 역할을 했다.

1930년대, 수학자 앨런 튜링(Alan Turing)은 논리적 사고를 기계적으로 수행할 수 있는 '튜링 머신'을 제안하였다. 이 모델은 오늘날 컴퓨터의 기초가 되었으며, 계산 가능한 문제와 해결 방식을 정의하며 인공지능 개념의 토대를 마련하였다. 또한, 쿠르트 게델(Kurt Gödel)은 1931년에 불완전성 정리(Gödel's Incompleteness Theorem)를 제시하였다. 이는 어떤 체계에서도 스스로의 모든 명제를 증명할 수 없다는 내용을 담고 있어, 기계적 사고로 인간 지능과 유사한 사고 체계를 구축할 수 있다는 논의를 확산시켰다.

1956년, 미국 다트머스 대학교에서 열린 학술회의는 인공지능 연구의 출발점이 되었다. 이 회의에서 존 매카시(John McCarthy), 마빈 민스키(Marvin Minsky) 등 다양한 학자들이 모여 '인공지능(Artificial Intelligence)'이라는 용어를 공식적으로 제안하였다. 또한, 기계가 인간처럼 생각하고 학습할 수 있는 방법에 대해 논의하였다.

1950~60년대 초기 인공지능 연구는 규칙 기반 시스템과 탐색 알고리즘을 중심으로 이루어졌다. 규칙 기반 시스템은 특정 규칙을 활용해 문제를 해결하는 프로그램으로, 체스 게임 프로그램이나 수학 문제를 푸는 초기 AI 모델이 이 방식을 사용하였다. 탐색 알고리즘은 목표에 도달하기 위한 경로를 찾으며 다양한 선택지를 시도하는 방식으로, 인공지능의 초석이 되었다.

초기 인공지능 연구는 추론과 탐색을 핵심으로 활발히 진행되었다. 1960년대에는 정리의 자동 증명, 게임 프로그램, 일반 문제 해결기(GPS), 수식의 미분, 적분, 인수분해 등을 자동으로 수행하는 수식 처리 프로그램 등 다양한 지능형 프로그램이 만들어졌다.

이 시기에는 인공신경망(Artificial Neural Network, ANN) 모델에 대한 연구도 활발히 진행되었다. 1957년, 프랑크 로젠블랏(Frank Rosenblatt)은 초기 인공신경망 모델인 '퍼셉트론(Perceptron)'을 제시하였다(참고 〈그림 2.4〉). 이 모델은 컴퓨터가 패턴을 인식하고 학습할 수 있다는 개념을 실증적으로 보여준 사례이다.

퍼셉트론은 14년 전인 1943년에 신경 생리학자 워렌 맥컬럭(Warren McCulloch)과 월터 피트(Walter Pitts)가 신경세포의 상호작용[3)]을 간단한 계산 모델로 정리한 '신경망' 이론을 실제 테스트에 적용한 것이다. 이로 인해 신경망 이론이 인공지능 연구에서 실제 구현 가능한 개념으로 자리 잡게 되었다.

〈그림 2.4〉는 뉴런과 시냅스의 정보 전달 방식을 모방한 인공신경망을 보여준다. 인공신경망은 뇌 신경계의 정보 처리 구조를 모방하여 만든 컴퓨터 계산 알고리즘이다. 뇌의 신경은 많은 신경세포(뉴런)가 연결되어 정보를 처리하고 전달하며, 신경세포는 신호를 입력받아 특정 기준을 초과하면 다음 신경세포 시냅스에 신호를 전달한다.

인공신경망 학습 과정에서는 여러 층의 레이어가 존재한다. 입력 레이어와 출력 레이어는 신경망의 앞뒤에 위치하고, 그 사이에 은닉 레이어가 배치된다. 이러한 구조는 인간 뉴런의 동작 방식, 즉 일정 강도 이상의 신호가 입력될 때만 다른 뉴런으로 전달되는 체계를 모방한 것이다.

---

3) 인간의 뇌는 250억 개의 신경세포로 구성되어 있다고 한다. 각각의 신경세포(뉴런, Neuron)는 신경망을 구성하는 신경세포 1개를 지칭한다. 이런 신경세포는 1개의 세포체(cell body)와 세포체의 돌기인 1개의 축삭(Axon or neurite) 및 보통 여러 개의 수상돌기(dendrite or protoplasmic process)를 포함하고 있다. 그리고 신경세포 간의 정보 교환은 시냅스라고 부르는 신경세포 간의 접합부를 통하여 전달되고, 이들의 전달체계는 신호 강도가 일정한 값(임계치, Threshold) 이상이 되어야 신호를 전달한다. 시냅스마다 연결 강도가 다르고 신호를 전달 여부를 결정한다. (자료: https://creativeprm.tistory.com/82)

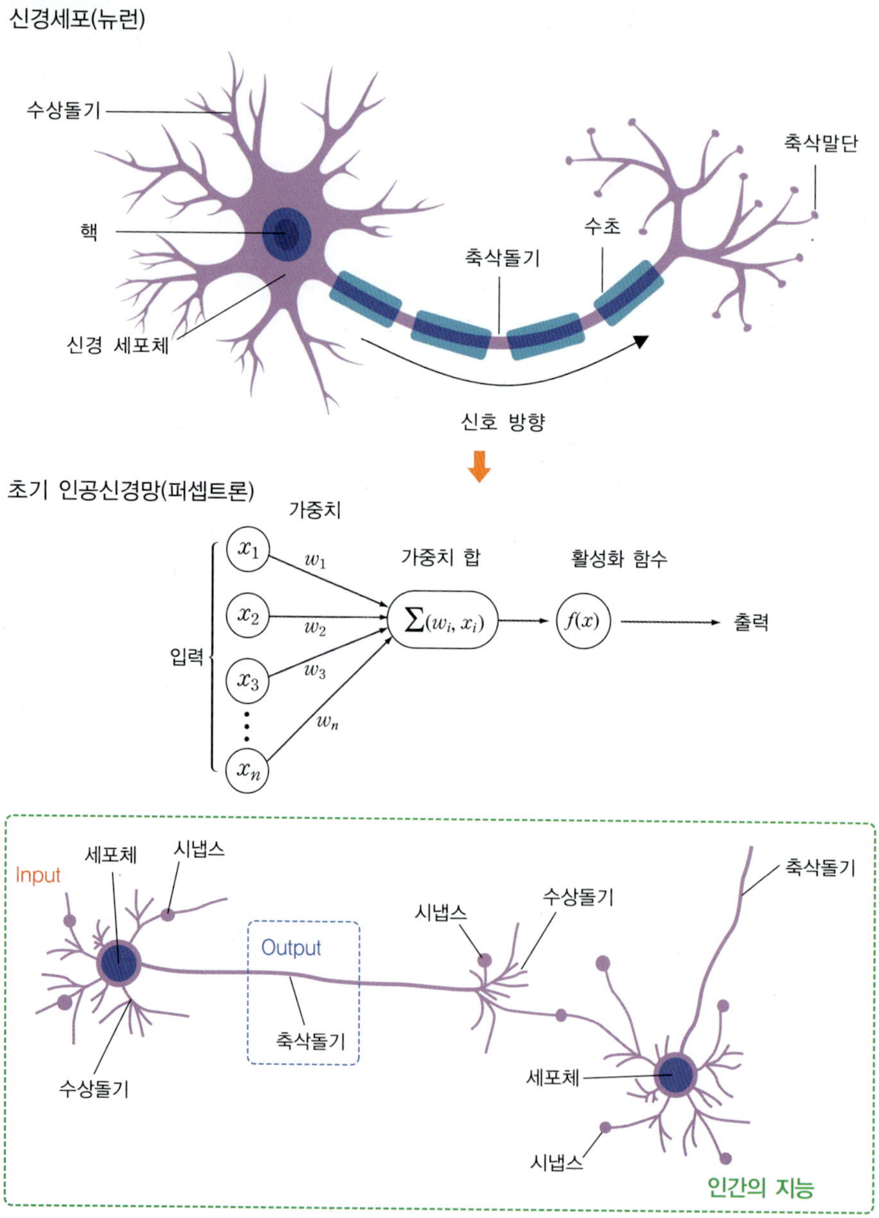

그림 2.4 초기 인공신경망(퍼셉트론)과 신경세포 상호작용

인공신경망의 작동 방식을 이해하려면 〈그림 2.5〉를 참고하면 된다. 입력되는 모든 자료가 똑같은 중요도를 가지지는 않기 때문에, 어떤 자료는 중요한 정보가 많고, 어떤 자료는 적다. 이를 초기 가중치로 표현한다. 입력 자료에 초기 가중치를 곱하여 신경망(뉴런)으로 보내면, 이 값이 특정 수준 이상일 때만 다음 뉴런으로 전달된다. 이때 신호가 충분히 강한지 판단하는 역할을 하는 수식을 활성화 함수(Activation Function)라고 부른다.

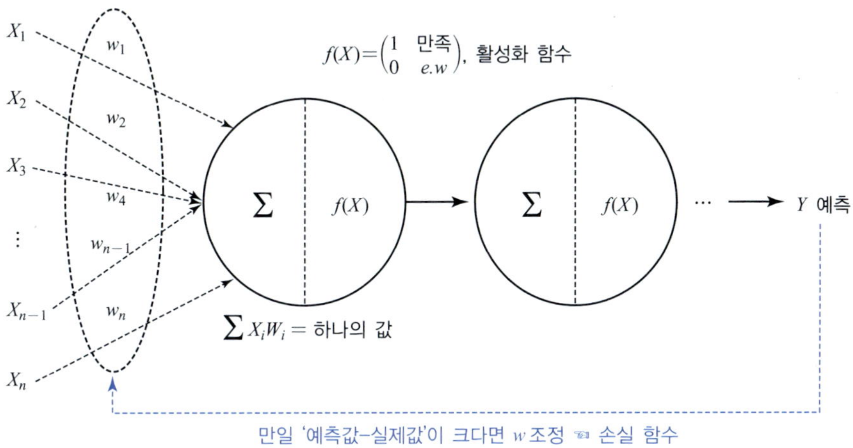

인공신경망 Key Point!

예측된 Y가 실제 Y(이미지 또는 값)와 차이가 있으면, w_i를 미세하게 조절하여 Y(이미지 또는 값)와 거의 유사한 이미지가 도출될 때까지 w_i를 조정(손실 함수 담당)

그림 2.5 인공지능 학습 과정

신경망은 입력 데이터를 처리하여 예측 결과를 만들어 내고, 이를 실제 값이나 이미지와 비교한다. 만약 차이가 크다면, 손실 함수(loss function)가 작동하여 초기 가중치 w_i를 조정하도록 지시한다. 이 과정을 반복하면 점점 더 정확하게 값을 예측하거나 이미지를 분류할 수 있다. 결국 특정 사물을 구별할 수 있는 최적의 가중치 w_i가 도출된다. 이렇게 도출된 가중치는 뉴런 간 연결마다 각각 다른 값으로 저장된다. 이 과정을 통해 인공지능은 사물을 구분하는 최적(optimal)의 가중치를 학습한다. 따라서 인공지능은 동물, 사물, 인간 등의 이미지를 구분할 때 학습한 가중치를 바탕으로 유사한 자료를 정확히 구별하고 결과를 보여준다.

1970~80년대에는 컴퓨터 성능이 향상되고 데이터 처리 능력이 높아지면서 단순 규칙에 의존하지 않는 기계 학습(machine learning)이라는 접근법이 등장하였다. 이 시기에 개발된 퍼셉트론(Perceptron) 알고리즘은 데이터를 바탕으로 패턴을 인식하고 학습하는 방법을 제시하였다. 퍼셉트론은 사람의 뉴런 구조에서 영감을 받은 단순 신경망 모델로, 특정 패턴을 인식하는 능력을 갖추었다.

하지만 퍼셉트론은 XOR 문제와 같은 비선형 문제를 해결하는 데 한계가 있었다. 이를 극복하기 위해 다층 퍼셉트론과 같은 심층 신경망이 발전하였다. 한편, 심볼릭 AI는 복잡한 규칙을 바탕으로 인간의 의사결정을 모방하는 방식으로 개발되었다. 특히 의료 진단과 같은 특정 분야에서 전문가 시스템이 만들어져 큰 주목을 받았다.

1970~80년대 후반부터 인공지능 연구의 한계가 드러나면서 연구 열기가 급격히 식었다. 이를 '인공지능의 겨울'이라고 부른다. 주요 원인은 세 가지이다. 첫째, 계산 능력의 한계로, 당시 컴퓨터 성능이 낮아 복잡한 알고리즘을 처리하지 못했다. 둘째, 이론적 한계로, 규칙 기반 시스템은 인간의 복잡한 사고방식을 완전히 모방하지 못했으며, 인공신경망도 비선형 문제를 해결하는 데 한계가 있었다. 셋째, 데이터 부족으로, AI 모델 학습에 필요한 데이터가 절대적으로 부족했다. 현실 세계의 복잡성과 예외적인 상황도 정해진 규칙만으로는 처리할 수 없었다.

1990년대 초반에는 데이터 축적과 이를 빠르게 분석하는 논리 알고리즘의 개발로 AI 연구가 다시 활기를 찾았다. 이 시기에 신경망(neural network) 기술이 발전하여 경험을 통해 배우고, 사례로부터 일반화하는 방식을 발견하게 되었다. 이를 통해 숨은 통계적 패턴을 찾아낼 수 있었고, 신경망 기술은 패턴 인식(pattern recognition)과 분류(classification)에 매우 유용하게 활용되었다.

1990년대 이후 인터넷이 발전하면서 데이터양이 급격히 증가하였고, 데이터 기반 접근법이 주목받기 시작했다. 2000년대 이후에는 빅데이터와 강력한 컴퓨팅 파워의 등장으로 인공지능이 더 복잡한 모델을 학습할 수 있게 되었다.

1997년에는 IBM의 슈퍼컴퓨터 딥블루(Deep Blue)가 세계 체스 챔피언 가리 카스파로프를 시간제한이 있는 정식 대국에서 이기며 큰 주목을 받았다. 1998년에는 소니에서 최초로 AI 기반 로봇 애완동물 아이보(Aibo)를 개발하였다.

2011년에는 IBM의 슈퍼컴퓨터 왓슨(Watson)이 미국 퀴즈쇼 제퍼디(Jeopardy)에서 우승하였고, 애플은 인공지능 음성인식 소프트웨어 시리(Siri)를 발표하였다.

2016년에는 구글 딥마인드(Google DeepMind)의 AI 바둑 프로그램 알파고(AlphaGo)가 한국의 이세돌 9단과의 공개 대국에서 4승 1패로 승리하였다. 2017년에는 바둑 세계 랭킹 1위인 중국의 커제 9단과의 대국에서도 3연승을 기록하며 AI가 인간을 능가했음을 입증하였다.

체스 챔피언 카스파로프가 Deep Blue에 지는 장면

〈그림 2.6〉은 지금까지 소개한 인공지능 주요 성과와 사건의 한 장면을 보여주고, 〈표 2.1〉은 알파고와 이세돌의 스펙 비교를 나타낸다.

딥블루(Deep Blue)

아이보(Aibo)

왓슨(WATSON)

알파고와 TPU(Tensor Processing Unit)

그림 2.6 인공지능 발전사의 중요 결과물

자료: Wikimedia, Google Cloud

알파고의 핵심 알고리즘은 심층학습(Deep Learning) 기술이다. 이 기술은 수십만 건의 바둑 기보(棋譜)를 학습하여, 인간과 거의 비슷한 방식으로 학습하고 기억하며 판단할 수 있도록 설계된 컴퓨터 프로그램이다. 심층학습은 빅데이터와 컴퓨터 알고리즘의 협업에서 탄생한 뛰어난 결과물이다.

IBM의 왓슨(Watson)은 자연어로 된 질문에 답할 수 있는 AI 컴퓨터 시스템이다. 왓슨은 종양학, 방사선학, 법학, 세금 규정, 소비자 서비스 등 매우 다양한 분야에서 사용된다. 각 분야에 맞는 전문적인 왓슨 시스템이 따로 만들어지며, 이는 각 시스템이 해당 분야에 적합한 데이터를 입력받아 정확하게 훈련될 수 있도록 하기 위함이다.

표 2.1 알파고와 이세돌의 스펙

이세돌(1983년생)	비교 항목	알파고(2015)
21년	프로경력	1년
1만 게임	경험	10만 게임
3만 시간	훈련	3만 시간(GPU 구동)
초당 100지점	검색	초당 10만 지점
인간 두뇌 (9단)	연산능력	1202 CPUs, 176GPUs
53승 27패 (인간)	2015년 성적	8승 2패(인간), 494승 1패(컴퓨터)
전투적, 실리형 바둑	특징	전략적, 안정적

자료: https://news.nate.com/view/20160312n02631?mid=n0000

심층학습으로 만들어진 인공신경망은 심층신경망(Deep Neural Network, DNN, 참고 〈그림 2.7〉)이라고 불린다. DNN은 복잡한 데이터를 처리하고 패턴을 학습하는 데 매우 효과적인 구조를 가지고 있다.

2020년 이후, 대화형 인공지능인 ChatGPT와 텍스트, 이미지, 음성, 영상 등 다양한 정보를 통합적으로 이해하고 활용할 수 있는 멀티모달(Multimodal) 생성형 AI가 등장하면서 인공지능은 우리 일상에 더 깊이 스며들고 있다.

예를 들어, ChatGPT 4o에서는 음식 재료 사진을 업로드한 뒤 '이 재료로 만들 수 있는 조리법을 추천해 줘'라고 요청하면, 재료 이미지를 분석해 적절한 조리법을 제안한다. 음식 주문 앱을 사용할 때 '매운 음식을 추천해 줘'라고 말하면, AI는 음식 사진과 설명을 분석해 사용자에게 맞는 매운 음식을 추천한다.

아파트 스마트홈 시스템에서는 날씨, 집안 온도, 사용자의 음성 명령, 실내 CCTV 영상 등을 종합적으로 분석한다. 이를 통해 사물인터넷(IoT) 방식으로 냉난방기, 공기청정기 등을 자동으로 제어하여 쾌적한 환경을 조성한다.

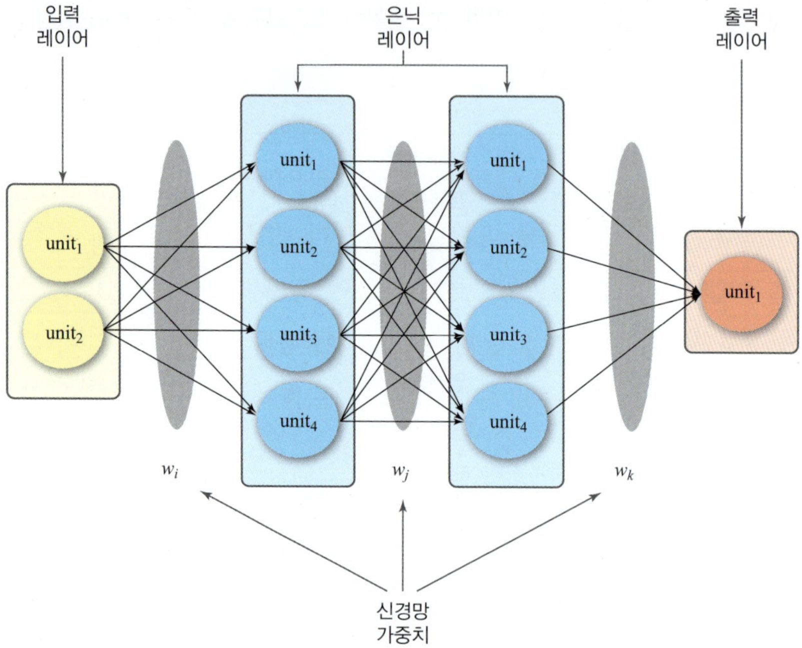

그림 2.7 심층신경망 구조

또한, ChatGPT 3.5 이상 버전에서는 실제 존재하지 않는 이미지를 요청할 경우, AI가 적절한 이미지를 생성해 준다. 최근 ChatGPT 4.0 버전에서는 이미지 생성 모델인 DALL · E와 DALL · E 3이 출시되어, 사용자가 원하는 그림을 단 몇 초 만에 그려준다.

이처럼 AI는 우리 생활의 모든 분야에 적용될 수 있다. 이를 활용하면 과거와는 비교할 수 없는 속도와 효율성으로 업무를 처리할 수 있으며, AI는 한계를 넘어 국가와 기업의 경쟁력을 좌우하는 핵심 요소가 될 것으로 보인다.

지금까지 AI의 태생부터 2020년 이후의 생성형 AI까지 소개하였다. 〈그림 2.8〉은 AI가 초기의 규칙 기반 시스템에서 전문가 시스템을 거쳐, 머신러닝과 딥러닝, 그리고 생성형 AI에 이르는 발전 과정을 시각적으로 보여주고 있다.

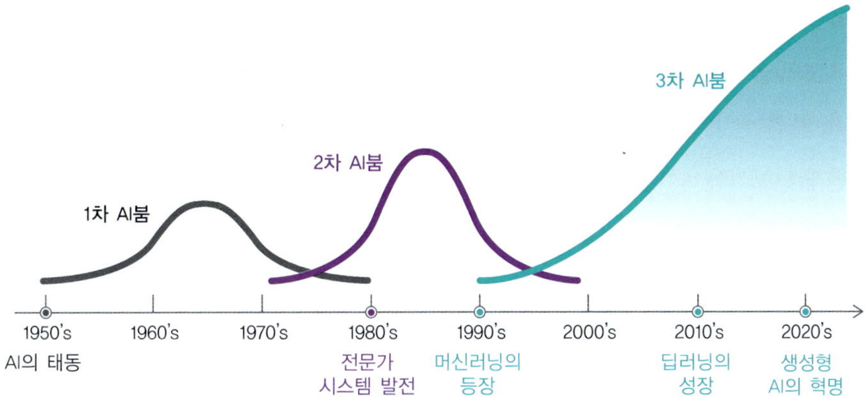

그림 2.8 AI 단계별 발전 과정

〈그림 2.8〉에 따르면, 인공지능(AI)의 발전 과정을 세 차례의 "AI 붐"을 통해 설명하고 있다. 각각의 시대별 특징은 다음과 같다.

먼저 1차 AI 붐(1950~1970년대)은 AI가 처음 태동한 시기로, 기초적인 개념과 기술이 개발되기 시작했다. 이 시기의 AI는 주로 규칙에 기반을 둔 시스템으로 작동했으며, 제한된 문제 해결 능력을 갖추고 있었다.

다음으로 2차 AI 붐(1980~1990년대)은 전문가 시스템이 발전하면서 AI에 대한 관심이 크게 증가했다. 하지만 1990년대 후반에 접어들며 전문가 시스템의 한계가 드러나면서 붐이 수그러들었습니다. 그런데 머신러닝 기술이 등장하며 새로운 가능성을 열었다.

끝으로 3차 AI 붐(2000년대 이후)은 2010년대부터 딥러닝 기술이 급격히 발전하면서 AI는 다양한 분야에서 혁신을 일으켰고 진행 중이다. 2020년대에는 생성형 AI가 등장하며, AI가 텍스트, 이미지, 음성, 영상 등 다양한 정보를 이해하고 생성할 수 있는 멀티모달 형태로 발전하고 있다. 현재는 AI가 일상에서 더욱 실질적인 역할을 수행하는 단계에 이르고 있다.

딥러닝(Deep Learning)은 다층 퍼셉트론이 발전한 기술로, 인간의 뇌를 모방한 심층 신경망을 기반으로 비약적인 성능 향상을 이루었다. 이 기술은 이미지 인식, 음성 인식, 자연어 처리 등에서 높은 성과를 보이며 오늘날 AI의 핵심 기술로 자리 잡았다.

현재 인공지능은 기계 학습과 딥러닝을 중심으로 다양한 산업에 도입되고 있다. 자율주행, 자연어 처리, 추천 시스템 등 여러 분야에서 인공지능은 혁신적인 변화를 이끌고 있다. 인공지능은 인간의 업무를 보조하는 데 그치지 않고, 일부 분야에서는 인간을 대체할 수준으로 발전하고 있다.

앞으로 인공지능은 자율성과 윤리적 문제 해결에 중점을 두며, 더욱 고도화된 AI 시스템과 인간의 공존 방안을 모색하는 방향으로 나아갈 것이다. AI의 발전은 기술적 혁신뿐만 아니라 인간 사회와의 조화도 중요한 과제가 될 것이다.

2. 인공지능의 학습 원리

인공지능(AI)의 학습 원리를 쉽게 이해하려면 사례를 통해 설명할 수 있다. AI는 데이터를 통해 패턴을 학습하고, 이를 바탕으로 새로운 상황에서 정답을 예측하는 시스템이다. 고양이와 강아지 이미지를 구분하는 AI 모델을 만드는 과정을 예로 들어 보자.

AI가 고양이와 강아지를 구분하려면 먼저 학습이 필요하다. 이를 위해 고양이와 강아지 사진이 많이 필요하다. 이 사진들은 AI가 학습하는 학습용 데이터가 된다. 학습 데이터에는 고양이와 강아지 사진이 각각 충분히 많이 포함되어 있어야 한다. 각 사진에는 '고양이'나 '강아지'라는 정답 라벨(데이터 라벨링, data labelling)을 붙인다. 이렇게 라벨이 붙은 데이터를 훈련 데이터라고 한다.

예를 들어, 1,000장의 고양이 사진과 1,000장의 강아지 사진을 준비한다고 가정하자. 이 데이터는 다양한 모양, 색깔, 각도에서 찍힌 사진들로 구성된다. AI는 이런 데이터를 학습하며 고양이와 강아지의 특징(feature)을 파악해 나간다.

학습 초기에는 AI가 고양이와 강아지의 차이를 전혀 모른다. 하지만 AI는 여러 사진을 분석하며 점점 패턴을 찾아간다. 예를 들어, AI는 귀 모양, 눈 위치, 털 색깔 등 고양이와 강아지를 구분하는 특징을 학습한다. AI는 '이런 특징은 고양이에 가깝고, 저런 특징은 강아지에 가깝다'라는 식으로 데이터를 분석하며 점점 더 정확해진다.

학습이 진행되면 AI는 점점 더 많은 사진에서 고양이와 강아지를 정확히 구분할 수 있게 된다. 학습이 끝난 후에는 새로운 사진을 보고도 고양이인지 강아지인지 예측할 수 있다. 예를 들어, 학습하지 않은 고양이 사진을 보여주면, AI는 학습한 패턴을 바탕으로 이 사진이 고양이일 가능성이 높다고 판단한다.

AI가 제대로 학습했는지 확인하기 위해 평가가 필요하다. 학습하지 않은 새로운 사진을 보여주고 AI의 예측이 얼마나 정확한지 평가한다. 평가 결과가 좋다면 AI는 성공적으로 학습한 것이고, 결과가 좋지 않다면 학습 과정을 조정해야 한다.

이처럼 AI는 데이터를 기반으로 패턴을 학습하고, 이를 통해 새로운 문제를 해결할 수 있는 능력을 갖추게 된다.

- **훈련 데이터**: 고양이와 강아지 사진을 준비하고 정답(고양이, 강아지)을 붙임
- **학습 과정**: AI는 사진 속 특징을 통해 고양이와 강아지의 차이를 학습함
- **예측**: 학습한 패턴을 바탕으로 새로운 사진에서 고양이와 강아지를 구분
- **평가**: AI가 학습한 내용을 실제로 잘 적용하는지 확인

AI는 다양한 데이터를 통해 스스로 패턴을 학습하고, 새로운 데이터에서도 정답을 예측할 수 있는 능력을 갖추게 된다.

인공지능 학습 과정은 훈련 데이터 준비, 학습 과정, 예측, 평가의 순서로 이루어진다. 각 과정에서는 주의해야 할 점과 해결해야 할 문제들이 존재한다.

인공지능 연구자들은 이러한 문제를 해결하기 위해 다양한 방법을 개발해 왔다. 이와 관련된 방법들은 2.4절 '신뢰할 수 있는 인공지능'에서 자세히 다룬다.

3. 인공신경망 진화

1943년 심리학자이자 신경과학자인 워렌 맥컬록과 월터 피츠는 이진 뉴런 모델[4]을 제안하며 인공신경망(ANN)의 기초 개념을 만들었다. 인공신경망은 생물학적 신경망에서 영감을 받아, 컴퓨터가 인간 뇌의 구조와 학습 과정을 모방하도록 설계된 기계 학습 모델이다.

인공신경망이 개발된 이유는 기존의 선형 모델이나 규칙 기반 시스템으로는 복잡한 패턴을 효과적으로 인식하기 어려웠기 때문이다. 데이터를 통해 스스로 학습하고 경험을 통해 성능을 개선하며, 생물학적 신경망처럼 정보에 반응하고 점차 더 나은 결과를 도출할 수 있도록 설계되었다. 특히, 비선형 문제를 해결하고자 다층(multi-layer) 구조가 필요했는데, 인공신경망은 이를 가능하게 했다.

ANN의 기본 원리는 생물학적 뉴런의 작동 방식을 수학적으로 표현하는 것이다. ANN의 구조에서 기본 단위는 뉴런(Neuron)이다. 뉴런은 입력을 받아 가중치를 곱한 후 활성화 함수(activation function)를 통해 출력을 만든다. 입력이 많을수록 뉴런이 처리할 수 있는 정보량이 많아진다. 활성화 함수는 뉴런의 출력값을 결정하며, 보통 비선형 함수가 사용된다. 대표적인 함수로는 시그모이드(sigmoid), 렐루(ReLU), 하이퍼볼릭 탄젠트(tanh), 로지스틱(logistic) 함수가 있다.

각 뉴런 간의 연결에는 가중치(Weight)가 부여되는데, 가중치는 학습 과정에서 조정되며, ANN이 데이터를 통해 학습하면서 성능을 향상시키는 핵심적인 요소이다. 뉴런은 여러 층(layer)으로 구성되며, 일반적으로 세 가지 주요 층으로 나뉜다. 데이터를 받아들이는 층인 입력층(Input Layer), 다음으로 입력을 처리하고 패턴을 학습하는 층으로, 네트워크의 비선형성을 높여주는 중요한 역할을 하는 은닉층(Hidden

4) 이진 뉴런 모델은 뉴런이 입력 신호를 받아 일정한 임계값을 넘으면 활성화(발화)된다는 개념에 기반을 둔다. 이 모델은 뉴런을 수학적 단위로 단순화했으며, 뉴런의 출력이 0 또는 1로 나타나는 특징이 있다. 맥컬록과 피츠는 뉴런이 이러한 방식으로 동작하며 논리적 계산을 수행할 수 있다고 제안했다.

Layer), 끝으로 예측이나 분류 결과를 출력하는 출력층(Output Layer)이 있다. 특히 출력층에서 오차를 계산한 후, 이 오차를 은닉층을 거쳐 입력층 방향으로 역전파(Backpropagation)하여 가중치를 조정한다.

정리하면, 뉴런 간의 연결에는 가중치(Weight)가 부여되며, 이 가중치는 학습 과정에서 조정된다. 가중치의 조정은 ANN이 데이터를 학습하면서 성능을 향상시키는 핵심 요소이다. 뉴런은 여러 층(layer)으로 구성되며, 크게 입력층(Input Layer), 은닉층(Hidden Layer), 출력층(Output Layer)으로 나뉜다. 입력층은 데이터를 받아들이는 역할을 한다. 은닉층은 입력을 처리하며 패턴을 학습하는 중요한 층으로, 네트워크의 비선형성을 높이는 역할을 한다. 출력층은 예측값이나 분류 결과를 출력한다.

출력층에서 계산된 예측값과 실제값 간의 차이를 손실 함수(Loss Function)를 통해 측정한다. 손실 함수값이 작아질수록 학습 성능이 좋아졌음을 의미한다. ANN은 역전파(Backpropagation) 알고리즘을 사용하여 출력층에서 계산된 오차를 입력층 방향으로 전달하며 가중치를 조정한다. 이 과정을 가중치 옵티마이저라고 부른다. 이렇게 ANN은 학습을 반복하며 점점 더 정확한 예측을 할 수 있게 된다.

ANN은 비선형적이고 복잡한 문제를 해결하기 위해 설계된 모델이다. 뉴런의 가중치 조정과 활성화 함수를 통해 데이터를 학습하고, 역전파 알고리즘으로 성능을 점차 개선해 나간다. 이 방식으로 ANN은 이미지 인식, 음성 인식, 자연어 처리 등 다양한 분야에서 혁신적인 결과를 만들어 내고 있다.

예를 들어, 인공신경망을 이해하기 위해 XOR 문제를 살펴보자. XOR 문제는 입력값 두 개가 주어졌을 때 두 값이 다르면 1, 같으면 0을 출력하는 문제이다. 예를 들어, 입력이 (0, 0) 또는 (1, 1)일 때 출력은 0이고, 입력이 (0, 1) 또는 (1, 0)일 때 출력은 1이다. 이 문제는 단순하지만 비선형적 관계를 포함한다. 단일 은닉층과 입력층, 출력층으로 구성된 기본 ANN 구조로도 충분히 해결할 수 있다. 은닉층 한 개만으로도 올바른 출력을 도출할 수 있어 ANN의 기본적인 학습 원리를 이해하기 좋은 사례이다.

XOR 문제와 마찬가지로 논리곱(AND) 문제도 비선형 문제로, 단순한 인공신경망(ANN)으로는 해결하기 어렵다. 논리곱은 두 입력값이 모두 참(True)일 때만 출력이 참이 되는 논리 연산이다. 예를 들어, 입력값이 (0, 0), (0, 1), (1, 0)일 경우 출력은 0이고, (1, 1)일 경우에만 출력이 1이 된다. 논리곱은 비선형적 관계를 가지기 때문에, 단순한 선형 구조의 ANN으로는 이를 해결할 수 없다. 또한, 여러 종류의 이미지를 분류하는 문제를 생각해 보자. 예를 들어, 손글씨 숫자 데이터셋(MNIST)을 사용해 숫자(0부터 9까지)를 인식하는 문제를 살펴볼 수 있다. MNIST 데이터는 흑백 이미지로, 각 숫자가 28×28픽셀 크기로 표현된다. 다양한 모양과 굴곡을 가진 숫자들을 정확히 분류하려면 복잡한 패턴을 학습할 수 있는 모델이 필요하다.

이런 복잡한 분류 문제를 해결하기 위해 탄생한 것이 심층신경망(Deep Neural Network, DNN)이다. DNN은 다층 구조를 활용해 복잡한 데이터의 비선형적 관계를 효과적으로 학습하고, 더 높은 정확도를 달성할 수 있도록 설계되었다. 〈그림 2.9〉는 ANN과 DNN 구조를 보여준다.

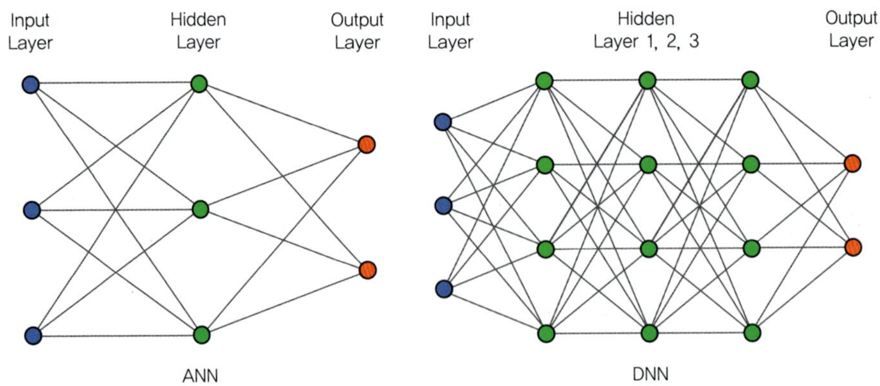

그림 2.9 ANN과 DNN 구조 차이

인공신경망(ANN)에서 히든 레이어(은닉층)가 한 개 있는 구조는 가장 기본적인 형태다. 이 구조를 다층으로 확장한 것이 다층 퍼셉트론(Multi-Layer Perceptron, MLP)이다. MLP는 여러 개의 은닉층을 추가해 더 복잡하고 깊이 있는 패턴을 학습할 수 있도록 만든 모델이다. 이런 다층 구조는 심층신경망(Deep Neural Network, DNN)라고도 부른다.

이렇게 은닉층을 다층 구조로 구성하면 어떤 장점이 있을까? 은닉층이 많아지면 네트워크가 더욱 복잡해지고 비선형성을 높일 수 있다. 이로 인해 다양한 특성과 패턴을 학습할 수 있는 능력이 생긴다. 층이 많아질수록 신경망은 입력 데이터의 다양한 측면을 더 깊이 분석하고 복잡한 관계를 이해할 수 있다.

DNN의 기본 구조는 ANN과 동일하다. 입력층(Input Layer)은 데이터를 받아들이는 층으로, 데이터의 각 특성(변수)에 맞게 뉴런이 배치된다. 은닉층(Hidden Layer)은 입력층과 출력층 사이에 위치하며, 여러 층으로 구성된 것이 딥 네트워크의 핵심이다. 각 은닉층은 이전 층에서 받은 정보를 처리하여 다음 층으로 전달한다. 출력층(Output Layer)은 예측 결과를 출력하는 층으로, 분류나 회귀 등의 목적에 따라 뉴런의 개수와 형식이 결정된다.

은닉층이 늘어나면 신경망은 비선형 패턴을 훨씬 잘 학습할 수 있다. 예를 들어, 이미지 인식에서는 여러 은닉층이 서로 다른 수준의 특징을 단계적으로 추출한다. 초기 층에서는 간단한 선이나 모서리 같은 저수준 특징을 학습하고, 깊은 층에서는 더 복잡한 형태나 패턴을 학습한다.

DNN의 가장 큰 장점은 복잡한 문제를 높은 정확도로 해결할 수 있다는 점이다. DNN은 데이터를 학습하면서 뛰어난 패턴 인식 능력을 보여주기 때문에, 이미지 인식, 음성 인식, 자연어 처리 같은 분야에서 매우 성공적이다. 하지만 층이 많아질수록 연산량이 늘어나 학습 시간이 길어지고 많은 데이터가 필요하다는 한계가 있다. 또한, 층이 깊어질수록 과적합(overfitting) 위험이 커질 수 있다. 이를 방지하기 위해 정규화 규제 기법이나 드롭아웃(dropout) 같은 방법을 사용한다.

정리하면, MLP에서 은닉층을 다층으로 확장한 DNN은 복잡한 데이터를 학습하고 분석하는 데 강력한 도구다. DNN은 현대 AI 응용 분야에서 필수적인 요소로 자리 잡았으며, 인공지능 연구와 발전에 큰 영향을 미치고 있다.

2.3 기계 학습 핵심 개념과 최적화

이번 절은 기계 학습의 주요 개념인 분류, 회귀, 선형 및 비선형 문제를 다루며, 선형문제의 한계를 극복하기 위한 최적화 과정에 대한 내용을 학습한다.

1. 분류와 회귀 문제

기계 학습에서 다루는 문제는 주로 분류와 회귀 문제로 나뉜다.

분류 문제는 데이터를 특정 그룹이나 범주로 구분하는 작업이다. 예를 들어, 전자 우편을 스팸과 일반 메일로 구분하거나 손글씨 이미지를 숫자로 분류하는 문제가 분류 문제에 해당한다. 또 다른 예로는, 고양이와 강아지 사진을 보고 해당 사진이 고양이인지 강아지인지를 예측하는 이미지 분류 작업이 있다. 분류 문제의 결과는 보통 "참/거짓" 또는 "카테고리" 형태로 나타난다.

회귀 문제는 연속적인 수치를 예측하는 작업이다. 회귀 문제의 결과는 숫자 형태로 나타나며, 주로 추세를 분석하거나 수치를 예측하는 데 사용된다. 예를 들어, 내일의 주식 가격을 예측하거나 아파트 면적에 따른 가격을 예측하는 작업이 회귀 문제의 예이다.

이 외에도, 분류와 회귀 문제는 우리 일상에서 다양한 방식으로 활용된다.

환자의 증상이나 검사 결과를 바탕으로 특정 질병 여부(예: 암, 당뇨, 심장병 등)를 분류하는 질병 진단, 고객의 행동 데이터를 분석해 이탈 가능성을 예측하는 고객 이탈 예측, 상품 리뷰나 댓글 같은 텍스트 데이터를 분석해 긍정적, 부정적, 또는 중립적인 감정을 분류하는 감정 분석 등은 분류 문제이고, 기온, 습도, 기압 데이터를 사용해 다음 날이나 몇 시간 후의 온도를 예측하는 날씨 예측, 고객의 과거 구매 패턴을 기반으로 다음 달 소비 지출을 예측하는 소비자 지출 예측, 차량의 엔진 크기, 차체 무게 등을 활용해 주행 시 연비를 예측하는 자동차 연비 예측 등은 회귀 문제이다.

이처럼, 분류 문제는 데이터를 그룹이나 범주로 나누는 데 중점을 두며, 결과는 이산값이나 범주(그룹) 형태로 나타난다. 반면, 회귀 문제는 데이터를 바탕으로 연속적인 수치를 예측하는 데 사용되며, 결과는 숫자로 나타난다.

분류와 회귀는 각각의 특성과 목적에 따라 다양한 실제 문제를 해결하는 데 활용되며, 기계 학습의 핵심적인 두 가지 접근법으로 자리 잡고 있다.

2. 분류의 선형문제와 비선형 문제

위의 분류 문제는 데이터의 형태와 분포에 따라 선형 문제와 비선형 문제로 구분한다.

선형 분류 문제에서는 데이터를 직선 또는 평면으로 나눌 수 있는데, 두 그룹 간의 경계를 직선으로 설정하여 구분할 수 있으면 선형 문제라고 한다. 예를 들어, 스팸과 일반 메일이 명확하게 구분되는 경우, 하나의 직선을 통해 두 그룹을 나눌 수 있다.

반면 비선형 분류 문제는 직선으로 구분할 수 없는 경우이다. 이때는 더 복잡한 곡선 또는 다양한 경계를 사용해야 한다. 예를 들어 고양이와 강아지를 구분할 때, 사진이 단순한 직선으로 나눌 수 없는 복잡한 특징을 가지는 경우가 있다. 이때는 비선형 분류 기법을 사용해야 한다.

선형, 비선형 분류 문제를 다양한 예제를 통해 이해해 보자.

먼저 선형 분류 문제 대표적인 사례이다.

- (이메일 스팸 분류) 스팸과 일반 메일이 단순한 텍스트 패턴에 따라 쉽게 구분될 때 선형 모델로 분류할 수 있다.
- (고객 신용 위험 평가) 신용 점수가 낮으면 부실 고객으로 분류하고, 높으면 신뢰 고객으로 분류하는 단순한 기준에 따라 선형 분류가 가능하다.
- (간단한 제품 불량 여부 검사) 제품이 규격에 맞는지 여부를 단순한 크기, 무게 등의 기준에 따라 불량과 정상으로 분류할 수 있는 경우가 해당한다.
- (시험 합격 여부 예측) 시험 점수가 특정 기준 이상이면 합격, 이하면 불합격으로 분류하는 경우가 해당한다.
- (직원 이직 예측) 직원의 근무 시간이나 성과 지표에 따라 단순하게 이직 가능성과 유지 가능성으로 분류하는 경우이다.
- (기상 상황에 따른 비 유무 예측) 기온과 습도 지표가 단순히 특정 기준값에 따라 비 예보가 가능할 때를 의미한다.
- (건강 검사에서 건강 여부 분류) 특정 검사 수치(예: 혈당, 혈압)가 기준 이상일 때 건강 이상, 미만일 때 건강으로 분류하는 경우가 해당한다.
- (비행기 좌석 예약 여부) 예매 시점과 특정 임계값에 따라 좌석 예약 여부를 예측하는 단순한 문제이다.
- (보험 가입자 리스크 분류) 나이와 성별 같은 단순한 지표로만 높은 위험군과 낮은 위험군을 분류하는 경우이다.
- (자동차 색상 선호도 분석) 고객의 나이와 성별 등 특정한 단순 변수로 선호 색상을 예측하는 경우이다.

이처럼 선형 분류 문제는 두 가지 경우 또는 간단한 분류 문제이다. 반면 비선형 분류 문제 사례이다.

- (손글씨 숫자 인식) 손글씨 숫자는 다양한 곡선과 비대칭 형태를 가지고 있어 비

선형 분류가 필요하다.

- (안면 인식) 얼굴 이미지의 다양한 요소와 각도 변화로 인해 선형 방식으로는 구분이 어려우며, 비선형 분류가 적합하다.
- (음성 감정 분석) 음성 톤, 빠르기, 억양 등의 다양한 요인으로 인해 비선형 분류가 필요하다.
- (소셜 미디어 댓글 감정 분석) 텍스트의 뉘앙스와 복잡한 언어 구조로 인해 비선형 분류 모델이 필요하다.
- (의료 영상 진단) MRI나 CT 영상에서 암 여부를 분류할 때, 다양한 이미지 패턴이 존재하므로 비선형 모델이 효과적이다.
- (제품 이미지 인식) 제품이 여러 각도와 형태로 나타나며, 다양한 텍스트와 복잡한 특징이 있을 때 비선형 분류가 필요하다.
- (사용자 행동 예측) 클릭, 스크롤 등의 사용자 행동을 기반으로 선호도를 예측할 때, 복잡한 패턴을 학습해야 하므로 비선형 분류가 적합하다.
- (자연어 질병 진단 예측) 환자의 언어 패턴과 의사의 메모 등을 분석하여 질병을 예측할 때 비선형 분류가 효과적이다.
- (패션 이미지 분류) 의류 이미지에서 옷의 색상, 스타일, 재질 등 여러 요소를 구분해야 할 때 비선형 분류가 필요하다.
- (스마트홈에서 사용자 활동 예측) 조명, 온도, 움직임 등을 기반으로 특정 활동을 예측할 때 비선형 분류가 적합하다.

결국, 선형 분류 문제는 직선이나 간단한 기준으로 분류가 가능하지만, 비선형 분류 문제는 복잡하고 다양한 패턴을 포함하기 때문에 보다 복잡한 모델이 필요하다.

선형문제와 비선형 문제를 이해하기 위한 〈그림 2.10〉과 같은 시각적 예시를 살펴보자.

〈그림 2.10〉은 검은색, 흰색 점으로 구성된 그림이다. 만약 검은색 점과 흰점 위치를 구분하는 경계를 선으로 나누고자 할 때, ①, ②번은 ③번에 비해 상대적으로 한 개의 선으로만 구분하면 된다. 반면 ③은 2개의 직선이 필요하다.

결국 ①, ②번은 대표적인 선형 분류이고, ③번은 비선형 문제이다. 참고로 ③번 분류 문제를 해결하기 위해 DNN을 적용한다.

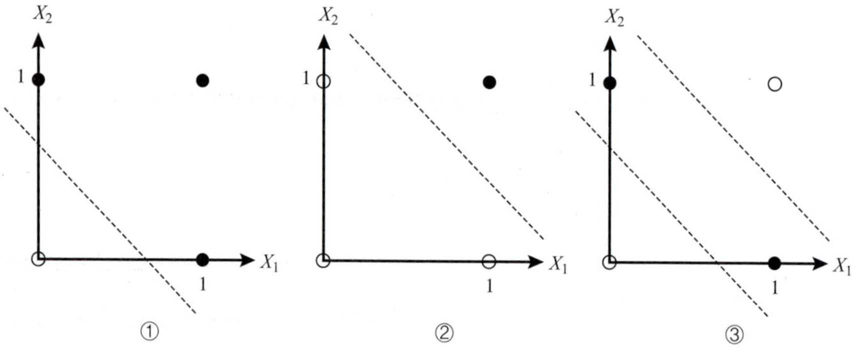

(●은 1, ○은 0을 뜻함)

그림 2.10 선형 문제와 비선형 문제

3. 선형 문제의 한계

초기 머신러닝 모델은 주로 선형 회귀나 선형 분류처럼 선형 문제를 해결하는 데 집중되었다. 선형 모델은 입력 데이터와 출력 간의 관계가 직선적일 때 매우 효과적이다. 그러나 앞 절 예시를 살펴보았듯이 현실 세계의 문제는 대부분 선형으로 설명할 수 없는 경우가 많다.

예를 들어, 이미지나 음성 데이터는 매우 복잡하고 다차원적인 패턴을 포함하고 있어 선형 모델로는 충분히 예측할 수 없다. 선형 문제는 직선이나 평면을 사용해 데이터를 구분하므로, 데이터가 복잡하게 얽혀 있는 경우 정확한 예측이 어렵다. 이를 선형 모델의 한계 또는 선형 문제의 한계라고 한다.

특히 비선형 문제에서는 선형 모델로 정확한 분류나 예측을 수행하기 어렵다. 이러한 한계를 극복하기 위해 비선형 모델이나 심층 신경망(DNN) 같은 고급 기법이 필요하다.

비선형 문제를 해결하기 위해 신경망에서는 활성화 함수(Activation Function)를 사용해 비선형성을 도입한다. 활성화 함수는 일정 세기가 존재하면 신호를 다음 뉴런으로 전달할 뿐만 아니라, 입력 데이터를 비선형 형태로 변환하여 모델이 다양한 형태의 데이터를 학습할 수 있도록 돕는다.

대표적인 활성화 함수에는 ReLU(Rectified Linear Unit), Sigmoid, Tanh[5)] 등이 있다. 이런 활성화 함수들은 신경망이 비선형 문제를 해결하는 데 중요한 역할을 한다. 활성화 함수는 모델에 비선형성을 추가함으로써 복잡한 패턴을 학습할 수 있게 한다. 〈그림 2.11〉은 대표적인 활성화 함수의 종류를 보여준다.

보통 인공신경망의 은닉층에 비선형 활성화 함수를 갖는 뉴런을 추가하여, 비선형적인 데이터 결합이 가능해진다. 은닉층의 각 뉴런은 입력값들의 가중합을 계산하고, 이를 비선형 활성화 함수로 변환하여 출력층에 전달한다. 이 과정을 통해 신경망은 선형 모델의 한계를 극복하고 복잡한 데이터를 효과적으로 처리할 수 있다.

일반적인 신경망 구조를 수식으로 표현하면 $v=wX+b$이고 여기서 w는 가중치, X는 입력 벡터, b는 편향(bias)을 의미한다. 〈그림 2.10〉 ③의 경우 최적의 w와 $v=wX+b$는 (2, 2, -3), (-2, -2, 1), (-2, -2, 1)[6)]로 도출된다. 은닉층은 2개의 노드로 구성되어 있으며, 위쪽은 $2X_1+2X_2-3$, 아래쪽은 $-2X_1-2X_2+1$로 이동한다. 은닉층에서 계산된 값이 음이면 활성화 함수에 따라 $h_1(h_2)$은 0으로, 양이면 1의 값으로 출력층에 보낸다. 입력층, 은닉층, 출력층의 단계별 계산 결과는 〈표

---

5) ReLU: 양수인 값은 그대로 통과시키고, 음수인 값은 0으로 변환하는 함수로, 딥러닝 모델에서 많이 사용된다. Sigmoid: 출력값을 0과 1 사이로 조정하여 확률을 표현할 때 사용된다. Tanh는 출력값을 -1과 1 사이로 변환하여, 데이터의 중심이 0에 가까운 값이 되도록 조정한다.

6) 이 결과는 유극렬, 박주헌(2022), 「통계학 이해와 응용」을 참고했음을 밝힌다.

2.2〉와 같다. 이 결과는 손실 함수를 최소제곱법을 사용하여 실측값(0, 1)과 예측값이 차이가 최소가 되는 과정으로 산출된 값이다.

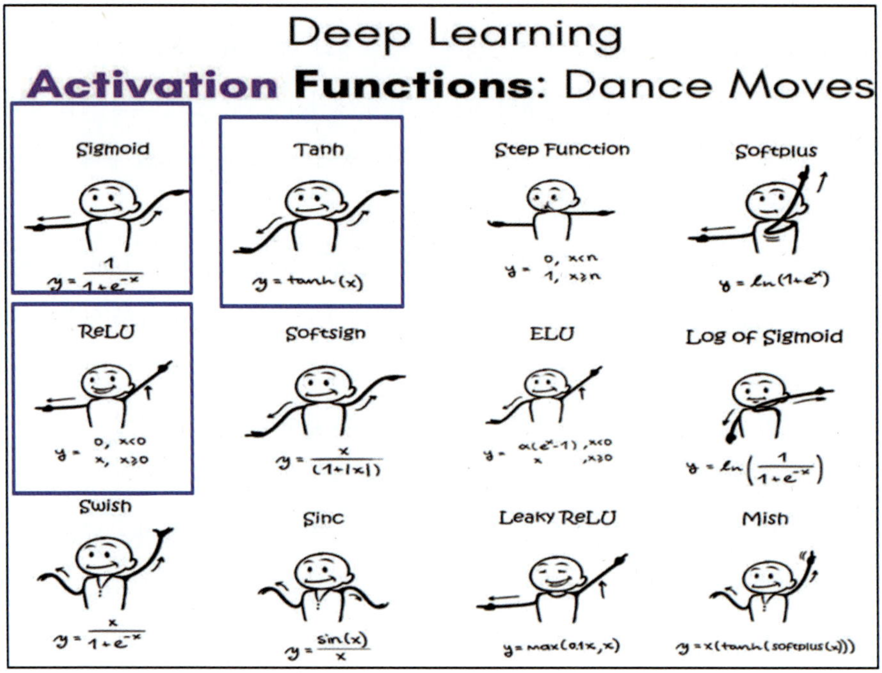

그림 2.11 활성화 함수

자료: https://www.youtube.com/watch?v=1Du1XScHCww

표 2.2 신경망 단계별 계산과정

(X_1, X_2)	$(2X_1+2X_2-3, -2X_1-2X_2+1)$	(h_1, h_2)	$-2h_1-2h_2+1$	Y
(0, 0)	(−3, 1)	(0, 1)	−1	0
(0, 1)	(−1, −1)	(0, 0)	1	1
(1, 0)	(−1, −1)	(0, 0)	1	1
(1, 1)	(1, −3)	(1, 0)	−1	0

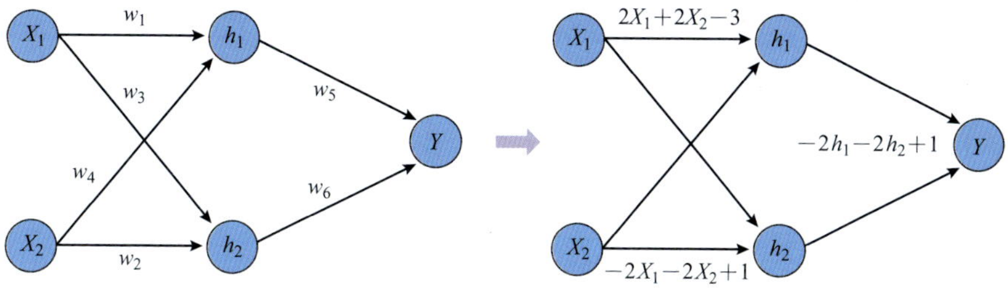

그림 2.12 ③에 대한 신경망 도출 과정

이러한 비선형 활성화 함수 덕분에 신경망은 선형으로 해결할 수 없는 ③번 문제를 학습할 수 있으며, 복잡한 패턴과 특성을 이해하고 예측할 수 있게 된다.

4. 신경망으로 비선형 문제 해결과 한계 극복

신경망(Neural Networks)은 인간의 뇌에서 영감을 받아 개발된 인공지능 모델로, 다층 구조를 통해 복잡한 데이터 패턴을 학습할 수 있다. 신경망의 가장 큰 강점은 비선형 문제를 해결하는 능력이다. 초기 머신러닝 모델이 선형 문제 해결에 중점을 두었던 것과 달리, 신경망은 비선형 문제와 고차원 데이터를 효과적으로 처리할 수 있다. 이 과정에서 신경망의 활성화 함수(Activation Function)와 다층 퍼셉트론(Multi-layer Perceptron, MLP) 구조가 중요한 역할을 한다.

① 비선형 문제 해결 능력

신경망은 활성화 함수의 비선형성을 통해 데이터를 단순히 직선이나 평면으로 구분하는 것을 넘어 복잡한 패턴을 학습할 수 있다. 활성화 함수는 선형 모델의 한계를 극복하게 해주며, 신경망이 비선형 문제를 해결할 수 있도록 돕는다. 예를 들어, 선형 분류기로는 XOR 문제처럼 비선형 데이터의 구분이 불가능하다.

하지만 신경망은 은닉층과 비선형 활성화 함수를 통해 이와 같은 문제를 해결할 수 있다. 이는 신경망이 단순한 선형 변환을 넘어서 고차원 공간에서 데이터를 처리하도록 해준다. 대표적인 활성화 함수로는 ReLU(Rectified Linear Unit), Sigmoid, Tanh 등이 있으며, 각각의 함수는 데이터의 비선형성을 강화하여 모델이 복잡한 데이터 관계를 학습하도록 돕는다.

② 특성 학습(Feature Learning)

신경망의 또 다른 중요한 장점은 특성 학습 능력이다. 전통적인 머신러닝에서는 데이터에서 유용한 특성을 사람이 직접 정의해야 했다. 이를 특성 공학(Feature Engineering)이라 한다. 하지만 신경망, 특히 딥러닝 모델은 데이터를 통해 중요한 특성을 스스로 학습한다.

예를 들어, 이미지 데이터를 처리할 때는 합성곱 신경망(Convolutional Neural Network, CNN)이 활용된다. CNN은 이미지의 공간적 패턴(예: 경계선, 모양, 색상 등)을 자동으로 추출하며, 층이 깊어질수록 복잡한 패턴을 학습할 수 있다. 예를 들어, 초반 층에서는 간단한 경계선을 학습하고, 후반 층에서는 물체의 형태와 구조를 학습한다.

반면, 시계열 데이터는 순차적 특성을 가지기 때문에 순환 신경망(Recurrent Neural Network, RNN)이 적합하다. RNN은 데이터의 순서를 유지하며, 시간의 흐름에 따라 패턴을 학습한다. 예를 들어, 자연어 처리(Natural language Processing, NLP)에서는 단어의 순서와 문맥을 분석하여 문장을 이해할 수 있다. 이러한 구조 덕분에 신경망은 별도의 특징 공학 과정 없이 데이터의 중요한 패턴을 발견하고 학습할 수 있다. CNN, RNN은 4장에서 자세히 소개하고 학습하기로 한다.

③ 대규모 데이터 처리 능력

신경망은 대규모 데이터셋을 처리하는 데 매우 적합하다. 이는 딥러닝이 머신러닝의 다른 모델들보다 선호되는 중요한 이유 중 하나다. 신경망은 데이터를 많이 사용할수록 더 좋은 성능을 발휘하며, 특히 고성능 하드웨어(GPU, TPU)를 활용하면 대규모 데이터에서도 효율적으로 학습할 수 있다.

예를 들어, 고해상도 이미지와 대규모 영상 데이터를 처리하기 위해 신경망은 매우 효과적이다. 딥러닝 모델은 이미지를 픽셀 단위로 분석하며, 객체 인식, 얼굴 인식, 자율주행 등 다양한 분야에서 활용된다. 그리고 방대한 텍스트 데이터를 학습할 때도 신경망은 뛰어난 성능을 보인다. 언어 번역, 텍스트 요약, 질의응답 시스템과 같은 자연어 처리 작업도 신경망의 대규모 데이터 처리 능력에 크게 의존한다.

④ 높은 유연성과 확장성

신경망은 다양한 구조를 결합하여 매우 유연하게 설계할 수 있다. 예를 들어, 영상 데이터를 처리할 때는 CNN을 활용하고, 시계열 데이터를 분석할 때는 RNN을 활용하며, 자연어 처리에서는 트랜스포머(Transformer) 모델을 사용하는 등 다양한 분야에 맞게 신경망을 조정할 수 있다. 특히, 트랜스포머 모델은 자연어 처리뿐만 아니라 이미지 생성, 단백질 구조 분석 등 다양한 응용 분야에서도 혁신적인 성과를 내고 있다. 이러한 구조적 유연성과 확장성 덕분에 신경망은 현재 인공지능의 핵심 기술로 자리 잡았다.

⑤ 신경망의 한계 극복

신경망은 강력한 도구이지만, 몇 가지 한계점도 존재한다. 신경망은 대규모 데이터와 고성능 하드웨어를 필요로 하며, 학습 시간도 오래 걸려 계산 비용이 오래 걸린다. 그리고 신경망은 데이터가 많을수록 잘 동작하지만, 데이터가 부족하면 과적합이 발생할 가능성이 크다. 이를 해결하기 위해 정규화(Normalization), 드롭아웃(Dropout), 데이터 증강(Data Augmentation) 등의 기술이 사용된다.

그렇지만, 신경망은 복잡한 비선형 문제를 해결할 수 있는 강력한 도구다. 활성화 함수와 다층 구조를 통해 복잡한 데이터 관계를 학습하는 비선형 문제 해결, 별도의 특징 공학 없이 데이터를 스스로 학습하는 특성 학습, 이미지, 영상, 텍스트와 같은 방대한 데이터를 효과적으로 처리하는 대규모 데이터 처리, 다양한 구조를 결합하여 특정 문제에 최적화할 수 있는 유연성과 확장성 등이 주요 이유이다.

결국 신경망은 인공지능 모델의 근간이 되며, 데이터에서 인간이 놓칠 수 있는 패턴과 구조를 발견함으로써 복잡한 문제를 해결하는 데 필수적인 도구로 자리 잡았다. 이를 통해 신경망은 현대 인공지능 발전에 막대한 기여를 하고 있으며, 앞으로도 다양한 응용 분야에서 계속해서 활용될 것이다.

5. 옵티마이즈 과정

앞에서 살펴보았듯이 기계 학습에서 모델을 학습시키기 위해서는 데이터를 기반으로 가중치(weight)와 편차(bias)를 최적화해야 한다. 〈그림 2.12〉의 $v=wX+b$ 모형에서 w와 b는 가중치와 편차를 의미한다. 이러한 생성 모델의 가중치(w)와 편차(b)를 조정하는 역할을 하는 것이 바로 옵티마이저(Optimizer)이다. 옵티마이저는 모델이 정답에 가까운 결과를 도출하도록 돕는다. 이를 위해 주로 경사하강법(Gradient Descent)이라는 알고리즘을 사용한다.

경사하강법은 모델이 예측한 결과와 실제값의 차이를 측정한 후, 이 차이를 줄이는 방향으로 가중치와 편차를 조정하는 방법이다. 이 과정을 반복하면 모델이 점점 더 정확하게 학습할 수 있게 된다.

옵티마이저는 학습 과정에서 모델의 성능을 점진적으로 개선시키는 역할을 하며, 이는 기계 학습에서 필수적인 과정이다. 기계학습과 딥러닝에서 옵티마이저는 모델이 데이터를 통해 학습하는 과정에서 손실(loss)을 최소화하는 역할을 한다. 손실은 모델의 예측값과 실제값 간의 차이를 측정하는 지표(손실 함수, loss function)로, 손실을 줄이는 것이 학습의 목표이다. 손실을 줄이기 위해, 옵티마이저는 가중치와 편향을 지속적으로 업데이트하여 모델이 점점 더 정확하게 예측할 수 있도록 한다.

경사하강법은 옵티마이즈의 대표적인 방법으로, 모델의 손실 함수의 기울기를 계산하여 가장 낮은 손실 지점, 즉 최적의 가중치와 편향 값을 찾는 알고리즘이다. 경사하강법은 다음과 같은 4단계로 작동한다.

- **손실 함수 계산**: 모델의 예측값과 실제값의 차이를 계산하여 손실 값을 측정
- **기울기 계산**: 손실 함수의 각 변수에 대한 기울기(gradient)를 구하여 손실이 줄어드는 방향을 도출
- **가중치 침 편차 업데이트**: 기울기의 반대 방향으로 가중치를 이동시켜 손실을 줄임
- **반복**: 손실이 최소화될 때까지 이 과정을 반복

결국 기계 학습과 딥러닝에서 옵티마이즈의 궁극적인 목표는 손실을 최소화하고, 최적의 가중치와 편차를 찾는 것이다. 이를 통해 모델이 점점 더 정확한 예측을 할 수 있게 된다. 경사하강법은 이 과정을 실현하는 핵심 알고리즘으로, 기계학습에 없어서는 안 될 필수적인 도구이다.

〈그림 2.13〉은 경사하강법이 가중치 w를 갱신하여 손실 함수값이 최소가 되는 지점을 찾는 과정을 보여준다. 이러한 방식으로 모델은 점진적으로 더 나은 성능을 가지게 된다.

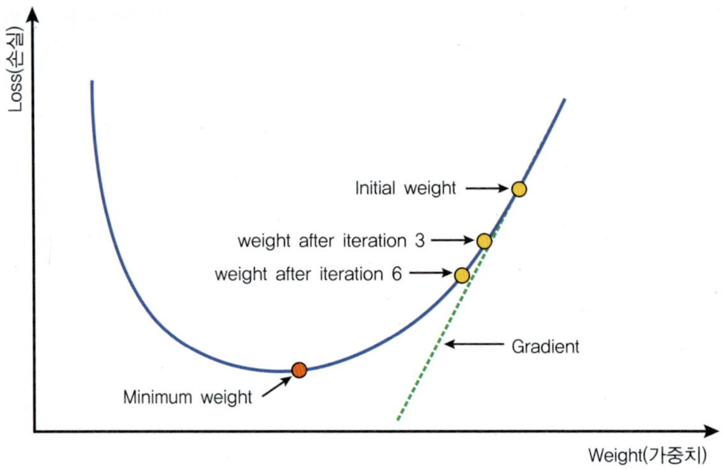

그림 2.13 경사하강법과 손실 함수 관계

〈그림 2.14〉는 인공신경망(ANN)의 학습 과정을 일목요연하게 보여준다.

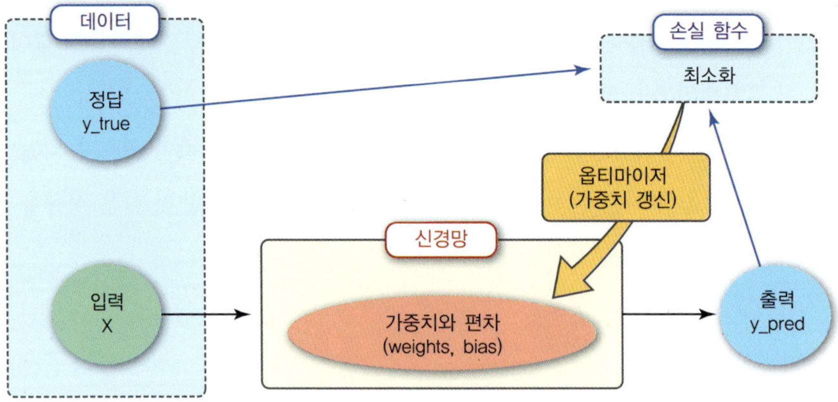

그림 2.14 인공신경망 옵티마이즈 과정

먼저, 학습용 입력 데이터가 들어오면 각 데이터는 가중치에 따라 계산되고 활성화 함수가 작동하여 예측값을 도출한다. 그런 다음, 도출된 예측값은 실제값(실측치)

과 비교된다. 예측값과 실측값의 차이는 손실 함수를 통해 평가되며, 손실 함수값이 크다면 가중치를 조정하는 옵티마이저(Optimizer) 과정이 실행된다. 이 과정은 손실 함수값이 최소화될 때까지 반복되며, 최종적으로 모델이 정확한 예측을 할 수 있도록 학습이 진행된다.

지금까지 기계 학습에서 다루는 주요 문제인 분류와 회귀 문제부터, 선형과 비선형 문제, 선형문제의 한계, 그리고 옵티마이즈 과정까지 설명하였다. 분류 문제는 데이터를 그룹이나 범주로 나누는 작업이고, 회귀 문제는 연속적인 수치를 예측하는 작업이다. 또한, 선형 문제와 비선형 문제의 차이를 살펴보고, 선형 모델의 한계도 이해하였다. 선형 모델은 간단한 데이터 관계를 설명하는 데 적합하지만, 복잡한 데이터는 비선형 모델이 필요하다는 점을 확인하였다. 옵티마이저와 그 과정을 통해 기계 학습 모델이 어떻게 학습하고 최적화되는지도 알아보았다. 옵티마이즈는 손실 함수값을 최소화하기 위해 가중치와 편차를 조정하며, 이를 통해 모델의 예측 정확도를 점진적으로 높인다.

이들을 통해 기계 학습의 기본 원리와 주요 개념을 이해할 수 있다. 이러한 기초 지식을 바탕으로 다양한 문제를 해결하고, 더 복잡한 모델과 알고리즘을 학습할 수 있는 기반을 마련할 수 있을 것이다.

2.4 신뢰할 수 있는 인공지능

인공지능 모델을 학습시키는 과정에서 중요한 점은 편향 없는 데이터 준비, 과적합 방지, 그리고 일반화 능력 강화이다. 이 과정에서 발생할 수 있는 문제를 발견하고 해결하는 것이 모델의 성능과 신뢰성을 높이는 핵심이다. 다양한 데이터와 검증 기법을 활용하면, 모델이 실제 환경에서도 안정적인 성능을 유지할 수 있다. 이번 절은 이들과 관련된 개념을 학습한다.

1. 양질의 학습 데이터와 분할 사용

학습 데이터에서 가장 주의할 점은 특정 특성이나 집단에 치우친(편의, bias) 데이터 사용을 피하는 것이다. 예를 들어, 고양이와 강아지를 구분하는 모델을 학습시킬 때 특정 품종에만 집중된 데이터를 사용하면, 다른 품종의 예측 정확도가 낮아질 수 있다. 또 다른 문제는 데이터 불균형이다. 예를 들어, 스팸 메일 분류에서 스팸 메일 데이터가 지나치게 많거나 적으면, AI가 스팸 메일이 아닌 데이터를 제대로 분류하지 못할 가능성이 크다. 이들을 데이터 편향(bias) 또는 데이터 불균형 문제라고 한다.

이를 해결하는 방법은 다양한 특성을 반영한 데이터를 수집하여 AI가 다양한 상황에서도 잘 예측할 수 있도록 하는 데이터 다양화와 이미지 회전, 크기 조절 등으로 데이터를 다양하게 만들어 데이터 부족 문제를 해결하는 데이터 증강(augmentation), 그리고 불균형 문제를 해결하기 위해 클래스가 적은 데이터를 추가 수집하거나, 오버샘플링(over-sampling) 또는 언더샘플링(under-sampling) 기법을 사용해 데이터를 균형 있게 만든다.

그리고 학습 데이터를 한 번에 모델 생성에 사용하는 것은 문제가 될 수 있다. 예측 정확도가 과도하게 높거나 낮아져 모델이 새로운 데이터에 적응하지 못하는 상황이 발생할 수 있다. 이를 방지하기 위해 인공지능은 학습 데이터를 보통 훈련(Train), 평가(Validation), 검증(Test) 데이터로 분할하여 사용한다. 분할 비중은 6:2:2 또는 5:2.5:2.5로 설정한다.

예를 들어, 모형 생성을 위해 한 번에 학습 데이터를 사용하면 다른 실험데이터나 예측 데이터가 입력되었을 때 생성 모형의 정확도가 떨어질 가능성이 있다. 즉, 정말 100% 정확도를 보이거나, 80~90% 선을 보이거나, 50% 이하로 나타날 세 가지 경우가 존재한다.

따라서 인공지능은 학습 데이터를 모형 생성, 생성 모형을 평가하는 모형 평가, 평가 후에 모형 추정이나 예측용으로 활용하는 모형 검증으로 분할하여 사용한다. 학습 과정에서 주의해야 할 점은 모델이 훈련 데이터에 지나치게 맞춰져 새로운 데이터에 대한 예측 성능이 떨어지는 문제이다. 이는 모델이 훈련 데이터의 패턴뿐 아니라 불필요한 노이즈까지 학습하기 때문에 발생한다. 이런 문제는 훈련 데이터에는 100% 가까운 정확도를 보이나, 평가, 검증에서의 정확도를 현격히 떨어지는 현상이다. 이를 과적합(Overfitting)으로 정의한다.

또 다른 문제는 모델이 훈련 데이터를 충분히 학습하지 못해 전체 패턴을 포착하지 못하는 문제인데, 모델의 복잡성이 낮아 데이터의 특징을 제대로 반영하지 못할 때 발생한다. 이를 과소적합(Underfitting)이라고 한다.

이 두 문제를 해결하는 방법으로는 교차검증(Cross-Validation)과 적절한 모델 선택이 있다. 즉 훈련 데이터를 여러 부분으로 나누어 부분마다 학습과 평가를 반복해 과적합을 방지하는 것이다. 그리고 문제 복잡도에 맞는 모델을 선택하여 과소적합 문제를 줄이고, 데이터의 특성을 충분히 반영할 수 있는 모델로 학습하는 것이다.

만약, 평가 데이터가 훈련 데이터와 지나치게 유사하면 실제 환경에서 모델 성능이 낮아질 수 있다. 반대로 평가 데이터가 특정 상황에만 치우쳐 있으면 모델의 일반적인 성능을 제대로 평가하기 어렵다. 이를 해결 하는 방법은 훈련 데이터와 전혀 다른 데이터를 평가에 사용하거나 다양한 평가 지표(정확도, 정밀도, 재현율, F1-score 등)를 활용하여 성능을 다각도로 분석한다. 이들 인공지능 평가는 4장에서 상세히 다루도록 한다.

그리고 모델이 실제 환경에서 다양한 상황에 적응하도록 일반화 능력을 강화하는 것이 중요하다. 예를 들어, 학습 데이터가 고해상도 이미지인데 실제 데이터가 저해상도라면 모델 성능이 떨어질 가능성이 크다.

예를 들어, 훈련 데이터는 고해상도 이미지였는데 실제 사용 데이터는 저해상도 이미지인 경우 예측이 어려울 수 있다. 그리고 AI가 새로운 상황에서도 정확한 예측을 할 수 있도록 일반화 능력이 중요한데, 이를 확보하지 못하면 예측력이 떨어진다. 이들 문제를 해결하는 방법으로는 학습 데이터를 정기적으로 업데이트하여 AI 모델이 새로운 데이터를 학습하게 한다. 그리고 데이터 증강 및 정규화를 통해 다양한 상황을 시뮬레이션하고, 모델이 변화된 데이터에 적응하도록 학습시킨다.

이상을 정리하면, 결국 인공지능 학습 과정에서 발생할 수 있는 문제를 인식하고, 이를 해결하기 위한 적절한 방법을 적용하면 모델의 신뢰성과 성능을 크게 향상시킬 수 있다. 양질의 데이터 준비와 데이터 불균형 해소는 모델이 다양한 상황에서 예측할 수 있는 능력을 키운다. 과적합과 과소적합 문제를 해결하면, 모델이 훈련 데이터와 새로운 데이터 모두에서 높은 성능을 유지할 수 있다. 평가 데이터를 올바르게 설정하고, 일반화 능력을 강화하면, 모델이 실제 환경에서도 안정적으로 동작하도록 만들 수 있다. 이러한 과정을 통해 인공지능 모델은 다양한 문제를 해결할 수 있는 강력한 도구로 활용될 수 있다.

2. 우리 삶에 유용한 인공지능

신뢰할 수 있는 인공지능은 단순히 높은 성능을 내는 AI를 넘어, 여러 측면에서 사람과 사회에 유용하게 작동하는 인공지능을 의미한다. 이는 학습 과정에서 편향 없는 데이터 준비, 과적합 방지, 일반화 능력 강화뿐만 아니라 다양한 특징을 포함한다.

① 환경 변화에 빠르게 적응하는 인공지능

신뢰할 수 있는 인공지능은 환경 변화에 맞춰 지속적으로 학습하고 업데이트할 수 있는 능력을 가져야 한다. 현실 세계에서는 데이터나 상황이 지속적으로 변동하기 때문에, AI가 이런 변화에 빠르게 대응할 수 있어야 한다. 예를 들어, 날씨 패턴을 예측하는 AI는 기후 변화나 데이터 변동성을 반영해 학습을 갱신해야 한다. 마찬가지로,

스팸 메일 필터링 AI는 새로운 유형의 스팸을 빠르게 인식하고 대응할 수 있도록 업데이트가 필요하다.

② 효율적인 학습을 하는 인공지능

신뢰할 수 있는 인공지능은 최소한의 데이터와 자원으로 효율적인 학습을 수행할 수 있어야 한다. 많은 시간과 데이터가 필요한 AI는 현실적인 응용에서 제약을 받을 수 있다. 이를 해결하기 위해, 소량 학습(few-shot learning)이나 전이 학습(transfer learning)과 같은 기술을 활용하여 적은 데이터로도 빠르게 적응하는 AI가 필요하다.

③ 설명 가능한 인공지능

신뢰할 수 있는 인공지능은 단순히 결과를 예측하는 데 그치지 않고, 그 결과의 이유를 설명할 수 있어야 한다. 특히, 의료 진단이나 금융 거래와 같이 중요한 결정을 내리는 AI는 판단 근거를 투명하게 제공해야 한다. 이는 AI의 예측 결과를 신뢰하고 적절히 활용할 수 있도록 돕고, 문제가 발생했을 때 원인을 파악해 수정할 수 있게 한다.

④ 윤리적이고 공정한 인공지능

신뢰할 수 있는 인공지능은 윤리적 기준을 준수하고, 특정 집단에 편향되지 않도록 설계되어야 한다. 예를 들어, 고용이나 의료 분야에서 AI가 편향된 결과를 제공하면 부정적인 사회적 영향을 초래할 수 있다. 따라서 AI는 학습 데이터에 내재된 편향을 인식하고 교정하여 공정한 결정을 내릴 수 있도록 설계되어야 한다.

⑤ 안전하고 보안에 강한 인공지능

신뢰할 수 있는 인공지능은 외부 공격에 취약하지 않고, 안전하고 견고한 구조를 가져야 한다. 예를 들어, 자율주행차의 AI가 해킹에 의해 오작동한다면 큰 사고로 이어질 수 있다. 이를 방지하기 위해, 딥러닝에서 사용하는 대항적 공격 방어

(adversarial defense) 기술과 같은 방법으로 보안성을 강화해야 한다.

⑥ 사용자 친화적인 인공지능

신뢰할 수 있는 인공지능은 사용자 친화적이어야 하며, 사용자가 쉽게 이해하고 활용할 수 있는 인터페이스와 피드백을 제공해야 한다. AI 시스템은 단순한 오류가 발생하더라도 쉽게 수정할 수 있어야 하며, 사용자 요구에 맞춰 조정 가능한 시스템이 필요하다.

결론적으로, 신뢰할 수 있는 인공지능이란 적응력, 효율성, 설명력, 윤리성, 보안성, 사용자 친화성을 갖춘 AI를 말한다. 이는 높은 성능만을 목표로 하는 것이 아니라, 사람과 환경에 유익하며 책임감 있는 방식으로 작동하는 AI를 개발하는 것을 의미한다.

3장

ChatGPT의 이해와 활용: 원리부터 창의적 사고 확장까지

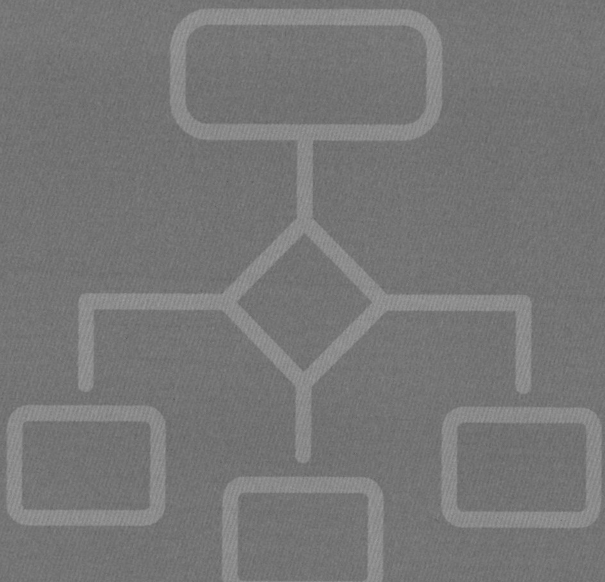

이번 장에서는 최근 인기가 높은 ChatGPT에 대해 소개한다. 먼저 ChatGPT 이해를 위한 기본 개념을 시작으로 ChatGPT 개요, 원리, 기술배경, 발전과정, 슬기롭게 사용하는 방법과 활용사례, 오류와 한계 그리고 주의할 점과 ChatGPT를 통한 창의적 사고 확장하기를 소개한다.

3.1 기계언어와 인간언어

인간은 언어로 의사소통하고 문답한다. 그렇다면 기계는 어떤 방법으로 이야기를 나눌까? 예전부터 기계어(machine language)는 프로그래밍언어(programing language)하고 하였다.[1)] 포트란(Fotran), C언어, 베이직(Basic), 비주얼베이직(Visual Basic), R, Python, Java 등 다양한 프로그래밍언어가 있어 왔다. 프로그래밍언어는 컴퓨터의 중앙 처리 장치(CPU)가 직접 이해하고 실행할 수 있는 가장 낮은 수준의 언어이다. 모든 컴퓨터는 기본적으로 이진수(0과 1)로 이루어진 데이터와 명령어를 처리하는데, 기계어는 이러한 이진수로 구성된 명령어 집합이다. 각각의 명령어는 CPU가 직접 수행할 수 있는 특정 작업(예: 메모리에서 데이터를 가져오기, 계산 수행, 다른 주소로 이동 등)을 의미한다.

이에 반해 사람의 언어는 자연어(natural language)라고 한다. 즉, 인간이 일상생활에서 사용하는 언어이다. 〈표 3.1〉은 기계어와 자연어 차이를 보여준다.

1) 기계어는 컴퓨터가 이해하는 최종 명령어이지만, 프로그래머들은 주로 고급 프로그래밍 언어를 사용하여 코드를 작성한다. 이들 언어는 인간이 이해하기 쉬운 구문을 사용하며, 그 코드가 컴파일러나 인터프리터를 통해 기계어로 번역되며, 고급 언어는 코드의 가독성과 유지보수성을 높이고, 프로그래밍을 훨씬 간편하게 만들어 준다.

표 3.1 기계어와 자연어 차이와 종류

	기계어 machine language	자연어 natural language
구조	0과 1로 이루어진 이진수 조합 구성 컴퓨터가 이해하고 처리하기에 적합 인간이 이해하기에는 복잡하고 직관적이지 않음	인간이 사용하는 언어 복잡한 문법과 어휘 영어, 한국어, 영어, 중국어, 스페인어 등
목적	컴퓨터에게 명령을 내리기 위한 용도로 사용 구체적이고 제한적인 기능을 수행	인간의 의사소통 감정, 사고, 정보 등을 교환하는 데 사용 매우 유연하고 다양한 의미를 전달
해석 방식	CPU가 이해하고 실행할 수 있는 유일한 언어 고급 프로그래밍 언어(예: C, Python 등)는 컴파일러나 인터프리터를 통해 기계어로 번역되어야 함; 명확하고 고정된 의미	인간이 의도하는 바를 문맥에 맞게 해석 같은 단어나 문장도 상황에 따라 다른 의미를 가질 수 있음; 모호하고 해석이 복잡할 수 있음
종류	포트란(Fotran), C언어, 베이직(Basic), 비주얼베이직(Visual Basic), R, Python, Java	ChatGPT, Llama, Gemini, Bard, HyperCLOVA, Khaii, EXAONE, KorBert

정리하면 기계어는 컴퓨터가 이해하는 이진수 기반의 명령어 집합이고, 자연어는 인간이 의사소통을 위해 사용하는 복잡한 언어이다.

최근 자연어를 구현하기 위한 대규모 언어모델(Large Language Model, LLM)이 출현하고 있다. 실시간으로 생산되고 다양한 속성을 가지면서 분석 처리까지 능히 해내는 빅데이터가 수집되고, 이를 학습하고 처리하기 위해 LLM이 탄생한 것이다. 이런 의미에서 자연어처리(Natural Language Processing, NLP) 모델이라고도 한다. 가장 잘 알려진 국외 LLM으로는 OpenAI의 ChatGPT, 구글의 BERT, Bard, Gemini, 메타의 Llama 등이 있고 국내는 네이버(NAVER)의 HyperCLOVA, 카카오(Kakao) Khaill, LG의 EXAONE, 한국전자통신연구원의 KorBERT, 국립국어원의 말뭉치 등이 있다.

〈그림 3.1〉은 국외 대규모언어모델 종류를 연대기로 보여주고 있다. LLM 종류가

2018년부터 Word2Vec, Glove, FastText에서 시작해 지수적으로 증가하는 것을 볼 수 있다. 개별 LLM마다 장단점이 뚜렷하고 학습 데이터를 오픈하지 않는 모델도 많다. 따라서 어느 것이 우수하다거나 우월하다고 말하기는 어렵다. 다만 사용자가 가장 친숙한 LLM이 가장 좋은 LLM인 것은 분명하다.

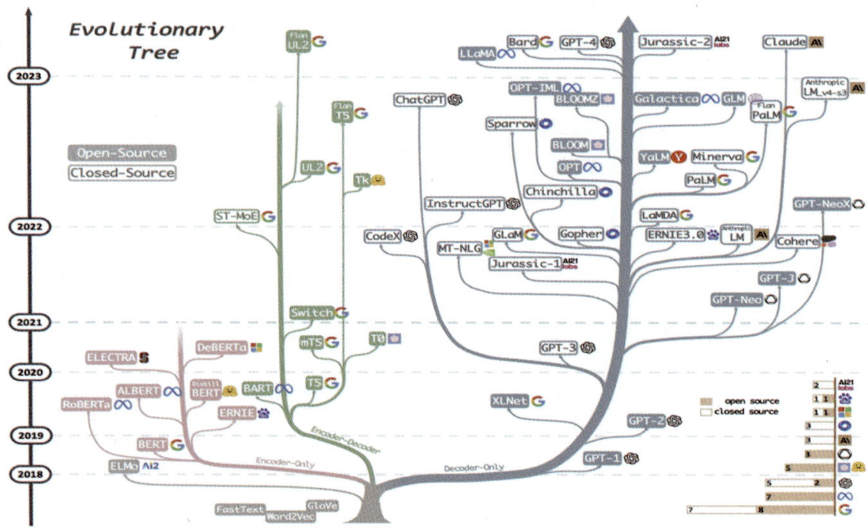

그림 3.1 국외 대규모언어모델 변천사

자료: https://x.com/ylecun/status/1651762787373428736

NLP는 자연어 분석, 이해, 생성 등의 기술이 사용된다. 그 절차를 살펴보면 먼저 자연어 분석은 정도와 수준에 따라 형태소 분석(morphological analysis), 통사 분석(syntactic analysis), 의미 분석(sematic analysis), 화용 분석(pragmatic analysis)의 4가지[2]로 구분된다. 다음으로 자연어 이해는 입력된 자연어를 컴퓨터가 이해하여 동

2) 형태소 분석: 형태소는 뜻을 가진 가장 작은 말의 단위이다. 예를 들어 '하늘이 참 높고 푸르다'의 경우 단어는 '① 하늘 ② 이 ③ 참 ④ 높고 ⑤ 푸르다' 5개이다. 이에 반해 형태소는 '① 하늘 ② 이 ③ 참 ④ 높 ⑤ 고 ⑥ 푸르 ⑦다' 7개이다. 형태소의 성질에 따라 자립형태소, 의존형태소, 실질형태소, 형식형태소가 있다. 형태소 분석은 이들 4가지의 형태소로 구분하는 것을 의미한다.

작하는 기술이다. 끝으로 자연어 생성은 컴퓨터가 분석과 이해과정을 거친 후 만들어진 기계어를 자연어로 변환 생성하는 기술을 말한다.

3.2 ChatGPT 개요, 원리와 발전

1. 심층학습의 트랜스포머

ChatGPT는 GPT(Generative Pre-trained Transformer) 아키텍처(architecture)[3]를 기반으로 한 언어모델로, 2022년 11월 30일에 OpenAI에서 개발했다. ChatGPT은 사람과 유사한 언어를 생성하고, 다양한 질문에 답변을 제공하며, 창의적인 글쓰기와 데이터 분석 보조, 코딩 지원, 번역 등 여러 작업을 수행할 수 있다. 최근 ChatGPT은 2023년 9월[4]까지 학습된 데이터를 바탕으로 대화 맥락을 이해하며 자연스럽고 연속적인 대화를 생성할 수 있다는 점에서 사용자에게 편리한 도구로 자리 잡고 있다.

ChatGPT의 원리는 '학습–조정–입력'과 '응답 생성'이다. ChatGPT는 심층학습의 트랜스포머(Transformer) 구조에 기반해 작동하는데, 트랜스포머는 텍스트 데이터의 패턴을 학습하는 데 탁월하며, 이를 통해 문맥을 이해하고 적절한 응답을 생성한다.

통사 분석: 어떤 언어에 있어서 정확한 표현이나 문장을 구성하는 데 필요한 일련의 규칙이다. 일반적으로 주어와 서술어를 갖추고 있는 것이 원칙이나 때로는 이런 것이 생략될 수도 있다. 따라서 통사는 생각이나 감정을 말과 글로 표현할 때 완결된 내용을 나타내는 최소의 단위이다.

의미 분석: 자연 언어 이해 기법의 하나로, 문장의 의미에 근거해서 그 문장을 해석하는 방법이다. 여러 의미 분석 방법과 다양한 유형의 문법을 이용하는데, 이들은 문장이 어떻게 구성되었는지를 나타내 주는 규칙들로 구성된 일종의 형식 시스템이다.

화용 분석: 언어 자체만을 대상으로 하는 것이 아니라 언어를 있게 하는 언어의 주변을 설명하는 데 주력하는 언어학의 한 분야로, 말하는 이 · 듣는 이 · 시간 · 장소 따위로 구성되는 맥락과 관련하여 문장의 의미를 체계적으로 분석하는 것이다.

3) GPT가 어떻게 배치되고 결합되며 어느 정도 처리능력과 용량을 갖는지에 대한 컴퓨터 전체적인 구성 개념을 말한다. 컴퓨터 시스템을 분류할 때 편리한 연구 방법을 의미하는 용어이다. (자료: 네이버 지식백과)

4) OpenAI의 초기 GPT-3, GPT-3.5는 2021년까지 학습한 데이터를 기반으로 출시, GPT-4 유료 버전은 2023년 9월까지 학습한 데이터를 기반이라고 명시하고 있다.

이 과정은 크게 사전 학습(Pre-training), 미세조정(Fine-tuning), 입력 및 응답 생성으로 구성된다.

먼저 '사전 학습'은 ChatGPT는 대규모 텍스트 데이터 셋을 통해 학습한다. 이 과정에서 모델은 문장 구조, 어휘 관계, 패턴 등을 학습하여 언어에 대한 기초적 지식을 형성한다. 다음으로 '미세조정'은 '사전 학습'이 끝난 후, 실제 응용에 맞춰 추가적인 '미세조정' 과정을 거친다. 이 단계에서는 인간 피드백 기반 강화 학습(RLHF, Reinforcement Learning from Human Feedback) 기법이 활용되며, 이를 통해 ChatGPT가 사용자의 요구에 더 적합하고 자연스러운 답변을 할 수 있도록 훈련된다. 끝으로 '입력'과 '응답 생성'이다. 사용자가 입력한 질문이나 요청을 받으면 ChatGPT는 입력된 텍스트를 처리하여 문맥을 이해하고, 그에 맞춰 최적의 응답을 생성한다. 이때 모델은 트랜스포머 구조의 여러 계층을 통과하면서 각 단어와 문장의 중요도를 평가하고, 적합한 단어를 예측해 문장을 완성해 나간다.

〈그림 3.2〉는 OpenAI 홈페이지의 ChatGPT 소개와 ChatGPT 가입 후 보여지는 사용자 화면이다.

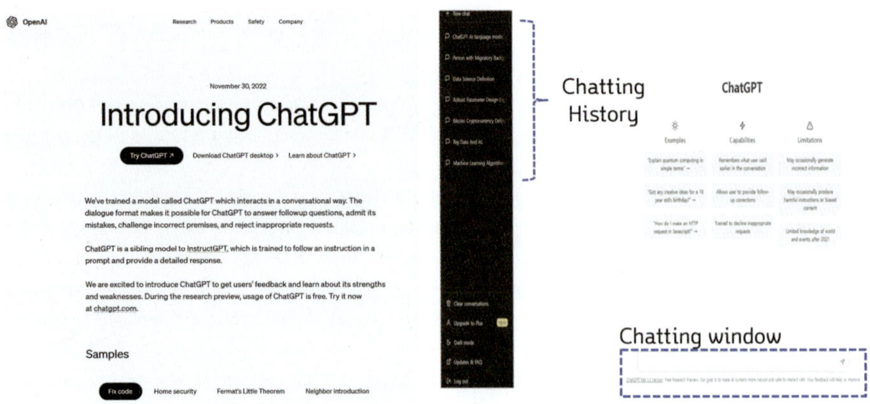

그림 3.2 OpenAI의 ChatGPT 소개와 ChatGPT 초기화면

ChatGPT를 소개 화면에는 ChatGPT 사용법과 사례, 제한점, 배포 주기를 상세하게 설명하고 있다. 초기화면은 채팅 창과 예제(examples), 능력(capabilities), 한계(limitations)를 보여주고, 여러 질문은 하면 화면 왼쪽에 질문 내용을 기록(chat histories)하는 기능이 있다.

〈그림 3.3〉은 ChatGPT에게 'ChatGPT가 무엇'인지와 '학습량'과 '학습자료를 어디에서 가져왔는지?'와 같은 질문에 대한 답변 화면이다. 결과를 보면 꽤나 구체적이고 논리적으로 답변하고 있고, 다양한 출처의 공개 자료와 인터넷 온라인 자료를 수집하여 학습한 것으로 볼 수 있다. 동시에 저작권과 윤리적 사용까지 추가로 제공하고 있음을 알 수 있다.

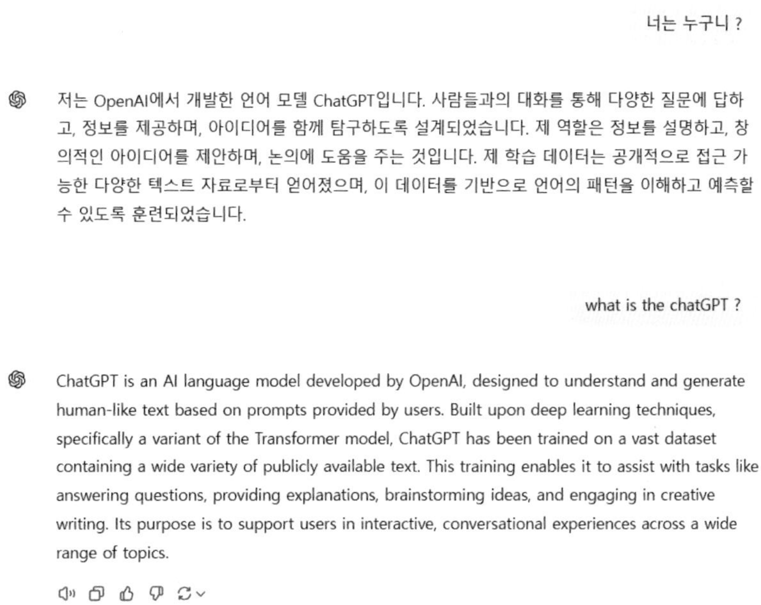

나는 너가 chatGPT라고 알고 있어. 얼마나 많은 학습용 자료를 학습했고, 그 많은 학습용 자료를 어디에서 어떻게 수집했니 ?

내가 학습한 데이터는 주로 다양한 공개된 자료와 온라인 텍스트에서 수집되었습니다. 여기에는 책, 논문, 웹사이트(예: 위키백과), 기술 문서, 뉴스 기사, 오픈 포럼(예: Reddit, Stack Overflow) 등이 포함됩니다. **중요한 점**은 이 데이터들은 모두 공개적으로 접근 가능한 정보이며, 개인정보 보호를 준수합니다.

자료 수집과 사용 방식

1. **공개 데이터 활용**:
   모든 학습 데이터는 공개적으로 접근 가능한 자료들로부터 수집됩니다. 개인 정보나 민감한 데이터가 포함된 자료는 학습 과정에서 제거됩니다. 예를 들어, 의료 기록, 금융 데이터, 특정인과 관련된 개인 정보는 학습에 사용되지 않습니다.
2. **범용 학습**:
   특정 주제나 소수의 자료에 집중하기보다는, 광범위한 주제들을 포함하는 데이터를 학습해 일반적인 언어 능력을 기릅니다. 따라서 나는 여러 주제에 걸쳐 다양한 질문에 대답할 수 있습니다.
3. **학습 시점**:
   내가 학습한 정보는 2023년 9월까지의 자료가 주를 이루며, 최신 정보에 대해서는 실시간으로 인터넷 검색 도구를 활용해 업데이트합니다(지금도 일부 요청에 대해 실시간 검색이 가능합니다).

학습 과정과 양

- 수많은 문서를 통해 수십억 개의 단어와 문장을 학습했습니다.
- 이 과정에서 특정 출처나 원저자의 문장을 암기하는 것이 아니라, 주제와 맥락에 맞는 **패턴과 규칙을 이해**하는 데 집중합니다.

저작권과 윤리적 사용

데이터가 저작권을 지닌 콘텐츠일 경우, 해당 콘텐츠를 학습에 참고할 수는 있지만, 그대로 복제하거나 저작권을 침해하는 방식으로 사용하지 않습니다. 따라서 나의 답변은 일반화된 정보나 재구성된 형태로 제공됩니다.

이러한 방식으로 광범위한 주제에 대한 답변을 제공할 수 있지만, 전문적인 조언(의료, 법률 등)을 제공할 때는 신중하게 참고해야 합니다.

그림 3.3 ChatGPT 정의와 학습량과 학습자료 수집 방법

2. ChatGPT는 자가 집중과 인간 피드백을 통한 강화학습으로

이런 ChatGPT의 트랜스포머 모델 기초와 발전 과정을 간단하게 살펴보면 다음과 같다. ChatGPT는 트랜스포머 모델의 문장에서 중요한 의미를 가지는 단어에 집중

하는 '자가 집중' 방식의 어텐션 메커니즘(Self-Attention)을 활용해 입력된 단어 간의 관계를 파악한다. 이 메커니즘은 텍스트가 길어지더라도 중요한 단어나 문장을 놓치지 않고 학습할 수 있도록 해준다. 어텐션 메커니즘(Self-Attention)은 트랜스포머 모델의 핵심 기술로, 문장 내에서 중요한 단어를 더 잘 이해하고 관계를 파악할 수 있게 도와주는 기술이다. 예제를 통해 어텐션 메커니즘(Self-Attention)을 이해해 보자.

예를 들어, '어제 산 과일을 친구와 나눠 먹었어요'라는 문장에서 '과일'과 '먹었어요'라는 단어는 의미적으로 더 긴밀하게 연결되어 있다. 어텐션 메커니즘은 문장에서 특정 단어가 다른 단어와 얼마나 관련이 있는지를 파악해, 모델이 집중해야 할 단어를 찾아내도록 도와준다.

어텐션 메커니즘의 핵심은 각 단어가 문장 내의 다른 단어들과 관계를 맺는 정도(중요도)를 숫자로 계산한다. 이 과정에서 각 단어는 '질문(Question), 키(Key), 값(Value)'이라는 세 가지 역할을 가지게 되는데 질문(Question)은 특정 단어가 다른 단어와의 관련성을 물어보는 질문이고, 키(Key)는 각 단어가 가진 의미적 특징이나 정보이며, 값(Value)은 단어의 실제 내용(정보)이다.

예를 들어, '나는 책을 읽고 있다'라는 문장에서 '읽고 있다'라는 단어가 '책'이라는 단어와 중요한 관계를 맺고 있음을 모델이 알아차려야 한다. 어텐션 메커니즘은 '읽고 있다'가 '책'과 얼마나 연관이 있는지를 계산하여 그 중요도를 설정하게 된다. 이때 '질문'과 '키'를 수학적으로 비교해 다른 단어들과의 유사도를 계산하고, 그 결과로 각 단어에 집중할 정도(가중치)를 결정한다. 어텐션 점수 계산은 각 단어는 문장 내의 다른 모든 단어와 비교되어 어텐션 점수라는 가중치를 받게 되는데 특정 단어와의 관련성이 높을수록 어텐션 점수가 높아지고, 이 점수에 따라 그 단어에 더 집중하게 된다.

앞 예제 문장에서 '읽고 있다'와 '책'의 점수가 높게 나와 '책'이 중요한 단어로 인식되면, '읽고 있다'를 처리할 때 '책'과 연관 지어 이해하게 되는 것이다. 어텐션 메커니즘 과정을 통해 모델은 문장의 구조와 의미를 더 깊이 이해하게 되고, 단어 사이의 관계에 집중하면서 중요한 단어에 더 신경을 쓰게 된다. 그래서 사용자가 입력한 문장에서 주요 맥락을 잘 파악하고, 사람처럼 더 자연스럽고 유의미한 응답을 생성할 수 있다.

정리하면 어텐션 메커니즘은 문장 내에서 각 단어가 얼마나 중요한지 계산하여 모델이 특정 단어나 구절에 집중할 수 있도록 하고, 이를 통해 문맥을 이해하고, 문장의 의미를 더 깊이 있게 파악할 수 있게 되어 ChatGPT가 더 자연스러운 답변을 생성할 수 있게 된다.

〈그림 3.1〉의 LLM 발전사에도 나왔듯이 GPT 아키텍처의 발전은 2018.6월 GPT-1부터 시작해 GPT-2, GPT-3, 그리고 최신의 2024년에 출시한 GPT-4 (GPT-4 Turbo (2023.11), GPT-4o(2024.5))까지, 모델은 점차 더 많은 파라미터(parameter)[5]와 데이터로 학습해 언어 생성 능력이 향상되었다. 파라미터가 많을수록 모델의 정교함과 언어 이해력은 향상되며, GPT-4는 수조 개의 파라미터로 구성되어 매우 복잡한 언어모델로 자리 잡았다. 단 5일 만에 100만 가입자를 돌파한 것은 NETFLIX가 100만 구독자 가입에 5개월이 소요되었다는 것을 참고할 때 인기를 실감할 수 있다.

이런 ChatGPT의 학습 과정에는 다음 장에서 학습할 강화학습이 적용되며, 특히 인간의 피드백을 바탕으로 하는 강화학습 방식을 사용한다. 이는 인간 피드백을 통한 강화 학습(RLHF)이라고 하며, 인간의 선호도를 기반으로 한 강화 학습

---

5) 파라미터는 모델이 텍스트의 의미와 문맥을 이해하고 올바른 답변을 생성하기 위해 학습 과정에서 조정되는 숫자 값이다. 예를 들어, 입력된 텍스트가 '나는 사과를 좋아한다'라면, 모델은 '사과'와 '좋아한다'의 관계를 학습하고, 이 관계를 표현하는 파라미터 값을 조정하여 비슷한 문장에서 적절한 답변을 생성할 수 있게 한다. 가중치(Weight): 특정 단어와 다른 단어의 관계를 결정하는 역할을 한다. 예를 들어, '사과'와 '좋아한다'라는 단어의 가중치가 높다면, 모델은 이 두 단어가 의미적으로 연결된 것으로 이해하게 된다. 편향(Bias): 모델이 예측할 때 특정 결과를 어느 정도로 선호할지를 결정하는 역할을 한다. 예를 들어, '사과'가 '과일' 범주에 속하는 것을 선호하게 만드는 편향 값이 설정될 수 있다. 파라미터의 수가 많을수록 좋은 이유는 파라미터가 많아지면 모델이 더 많은 패턴과 관계를 세밀하게 학습할 수 있다. GPT-4나 최신 GPT-4 Turbo와 같은 고도화된 모델들은 수조 개의 파라미터를 사용하여 텍스트의 더 미세한 패턴을 이해하고, 복잡한 문맥에서도 적절한 답변을 제공한다. 파라미터 수가 많으면 모델이 더 많은 예제를 통해 학습할 수 있고, 이로 인해 복잡한 문맥과 다양한 표현 방식을 이해하는 능력이 향상된다. 많은 파라미터는 모델이 일반 대화부터 전문 용어가 포함된 학술적 표현까지 다양한 언어 스타일을 처리하는 데 기여한다.

(reinforcement learning from human preferences)을 포함한다. 이 과정은 인간의 평가를 바탕으로 모델의 응답을 점검하고, 피드백을 통해 성능을 지속적으로 개선하는 방식이고, 이를 통해 모델이 사용자에게 더 자연스럽고 유용한 응답을 생성하게 된다.

3. ChatGPT는 만능이 아니고 참고용으로 활용

앞 절에서 ChatGPT 개요와 원리를 설명하였다. 이쯤 되면 독자는 ChatGPT가 만능 박사인 줄 착각하는 경우가 종종 있다. ChatGPT는 뛰어난 성능을 자랑하지만, 여전히 몇 가지 한계와 문제점을 보이고 있다. 다음 내용은 주요 한계점과 문제를 열거한 것이다.

첫째, 사실 오류 발생과 정확성과 신뢰성 부족, 때로는 환각(hallucination) 증상이다.

ChatGPT는 사전 학습된 데이터에 기반을 두어 응답을 생성하기 때문에, 잘못된 정보나 왜곡된 사실을 제공할 수 있다. 또한 ChatGPT는 방대한 데이터로 학습되지만, 모든 답변이 정확한 것은 아니다. 특히 최신 정보나 구체적인 사실을 묻는 질문에 대해서는 잘못된 답을 제공할 수 있다. 이는 모델이 학습한 데이터의 품질과 시점에 크게 의존하기 때문이다.

또한, 실시간 정보에 대한 접근이 제한적이어서 최신 정보 제공에 어려움이 있을 수 있다. 특히 ChatGPT는 종종 틀린 정보를 매우 확신에 차서 제공(이를 환각 증상)할 수 있다. 이는 사용자에게 신뢰를 주지만, 실제로는 잘못된 정보일 수 있다. 가끔 지나치게 사교적이거나 친근한 응답을 제공하려는 경향이 있어, 업무용이나 전문적인 상황에서 불필요한 표현이 포함될 수 있다.

둘째, 학습 데이터에 따른 편향성 답변이다. ChatGPT는 인간이 만든 데이터에서만 학습하기 때문에, 그 데이터에 포함된 편향(bias)이나 차별적 표현이 모델의 답변에도 반영될 수 있다. 예를 들어 인종, 성별, 문화적 편향 등이 포함된 데이터는 모델의 출력에 영향을 미칠 수 있어, 민감한 주제에서 비윤리적이거나 부적절한 응답을 생성할 수 있다. 〈표 3.2〉는 성별 편향에서부터 알고리즘적 편향까지 다양한 편향성 답변 종류를 보여준다.

표 3.2 ChatGPT 편향성 답변 분류

편향 종류	사례	원인	영향
성별	모델이 '프로그래머'를 남성으로, '간호사'를 여성으로 묘사	학습 데이터에 특정 직업과 성별이 자주 연결되어 나타나는 경우, 모델이 이를 일반화하여 편향된 답변을 생성할 수 있음	직업과 관련된 고정관념 강화
인종	특정 인종의 이름을 입력했을 때 부정적 또는 폭력적인 이미지와 연관	인터넷 데이터에는 인종적 고정관념이나 차별적 콘텐츠가 포함될 수 있는데, 이를 걸러내지 않고 학습할 경우 발생	특정 집단에 대한 차별적 태도 확산
언어	영어 문법과 어휘는 모델이 잘 이해하지만, 다른 언어(특히 소수 언어)에서는 부정확하거나 불완전한 답변 제공.	학습 데이터의 불균형으로 인해 특정 언어에 대한 데이터가 부족한 경우.	다양한 언어 사용자들에게 불공평한 서비스 제공.
문화	'축제'에 대해 질문했을 때, 특정 지역이나 문화권의 축제만 답변에 포함되고, 타 지역의 축제는 무시되는 경우	데이터가 특정 문화권의 콘텐츠에 치우쳐 있을 때 발생.	다문화적 관점 결여
역사	과거 데이터(예:1950~1980년대)를 바탕으로 학습한 모델이 현재의 사회적 변화나 진보를 반영하지 못하는 경우	오래된 데이터가 학습 데이터에 포함되었으나, 최신 정보가 적절히 업데이트되지 않은 경우.	시대착오적 답변 생성
사회	'리더' 또는 'CEO'에 대해 질문했을 때, 남성 중심의 답변을 제공	사회에서 발생한 기존의 불균형이 데이터에 반영된 경우	기존의 사회적 불평등 강화
알고리즘	제품 추천 시스템에서 특정 브랜드 제품만 추천하는 경향	학습 데이터가 특정 브랜드의 데이터로 편중되어 있거나, 모델이 특정한 최적화 목표(예: 클릭률 극대화)를 잘못 학습.	소비자 선택 다양성 제한

자료: ChatGPT 명령 프롬프트("학습 데이터에 따른 편향성 답변에 문제가 있다고 하는데, 몇 가지 사례를 들어줄래?")

이러한 편향성은 AI 모델의 공정성과 윤리성을 저해할 수 있는 큰 문제로 지적된다. 이처럼 학습 데이터에 따라 편향성 답변이 존재하므로 주의가 요구된다.

셋째, 논리적 추론 및 복잡한 문제 해결의 한계를 보일 수 있다. ChatGPT는 인간처럼 논리적으로 추론하거나, 복잡한 문제를 단계적으로 해결하는 데 있어 한계가 있다. 단순한 문제는 잘 처리할 수 있지만, 여러 단계의 추론이 필요한 문제나 수학적인 사고가 요구되는 질문에서는 종종 오류를 범한다. 따라서 독창적인 사고가 필요한 질문이나 논리적 추론이 요구되는 문제에서도 한계가 있다. 특히, 상상력이나 추론 능력이 필요한 답변을 요구할 경우, 반복적이거나 예측 가능한 응답을 생성할 수 있다. 이런 이유로 복잡한 수학 문제, 고급 과학 이론 설명 등에서는 종종 잘못된 답변을 제공할 수 있다.

넷째, ChatGPT는 인간처럼 창의성을 가지지 못한다. ChatGPT는 기존 데이터에서 학습한 패턴에 따라 응답을 생성하므로, 인간이 가진 독창적이거나 혁신적인 아이디어를 제시하는 데 한계가 있다. 모델은 학습된 데이터를 바탕으로 새로운 문장을 조합할 수 있지만, 진정한 창의성이 요구되는 작업에서는 인간 대체가 어렵다.

다섯째, 긴 문장이나 대화에 대한 맥락 유지의 어려움이다. 대화의 흐름을 이해하고 맥락을 유지하는 능력은 제한적이다. 짧은 대화에서는 맥락을 잘 이해할 수 있지만, 긴 대화나 복잡한 대화에서 이전에 나온 정보나 주제를 기억하고 적절히 활용하는 데 한계가 있다. 따라서 긴 대화나 복잡한 맥락이 포함된 경우, 대화의 흐름을 놓치거나 이전에 언급된 내용과 일관되지 않은 답변을 제공할 수 있다.

여섯째, 감정 이해와 공감의 부족이다. ChatGPT는 감정을 이해하거나 공감하는 능력이 없다. 이는 감정적인 지원이 필요한 상황에서 사용자가 기대하는 인간적인 응답을 제공하지 못할 수 있으며, 모델이 감정적으로 민감한 상황에서 비인간적이거나 적절하지 않은 반응을 보일 수 있다. AI는 감정적 이해를 학습할 수 없으며, 단순히 학습된 데이터를 기반으로 정해진 패턴에 따라 응답을 생성할 뿐이다. 따라서 AI가 발전하더라도 사람 간의 대면 상호작용과 감정적, 사회적 연결을 필요로 하는 직업들은 대체되기 어렵다고 본다. 예를 들어 의사, 간호사, 미용사, 심리치료사, 교사, 교수, 예술가, 작가, 배우, 연출가, 사회복지사, 요양사, 소방관, 경찰, 응급구조사, 성직자, 경영자, 호텔리어, 전문 요리사, 바텐더 등과 같은 직업은 대체불가로 볼 수 있다.

일곱 번째, 보안 및 프라이버시 문제이다. ChatGPT는 입력된 데이터를 학습하여 응답을 생성하는데, 민감한 정보가 포함된 경우에도 이를 처리할 수 있다. 따라서 사용자 정보나 민감한 데이터가 모델에 입력되는 경우 프라이버시 문제가 발생할 수 있다. 물론 OpenAI는 이러한 데이터를 보호하기 위한 조치를 취하고 있지만, 사용자가 민감한 정보를 공유할 때는 여전히 주의가 필요하다.

여덟 번째, 지속적인 업데이트 필요하다. 개별 사용자와의 대화 이력을 학습하거나 피드백을 통해 스스로 지속적으로 발전하는 능력이 부족하다. 이로 인해 사용자가 지속적으로 잘못된 정보를 교정해야 할 때가 있다. ChatGPT는 정기적으로 업데이트되지 않으면 최신 정보를 제공하지 못한다. 실제로, 모델은 학습 시점 이후 발생한 사건이나 발명에 대해 알지 못한다. 하지만 최근 유료 버전 ChatGPT 4o은 간단한 출처를 찾아 검색 결과를 제공하기도 한다. 〈그림 3.4〉는 2024년 노벨문학상을 수상한 자랑스러운 한국의 '한강' 작가를 ChatGPT 4o에 질문한 결과이다. 답변을 살펴보면 먼저 사이트를 검색하고 이 사이트에 있는 내용을 정리하여 제시하는 답변 구조이다.

아홉 번째, 악용 가능성이다. ChatGPT 같은 언어모델은 악의적인 목적으로 오용될 수 있다. 예를 들어, 자동화된 스팸 메시지 생성, 피싱(fishing), 허위 정보 확산 등에 사용될 위험이 있다. 또한, 모델이 특정 대화에서 부적절한 발언을 생성하거나 윤리적인 기준에 어긋나는 응답을 제공할 수도 있다.

열 번째, 비유와 은유적인 표현의 이해 한계성과 멀티모달(multimodal) 자료 인식 한계를 보인다. 사용자가 모호하게 질문하거나 비유, 은유적인 표현을 사용할 경우, 그 의도를 잘못 해석하여 엉뚱한 답변을 제공할 수 있고, 음성 인식이나 시각적 이해

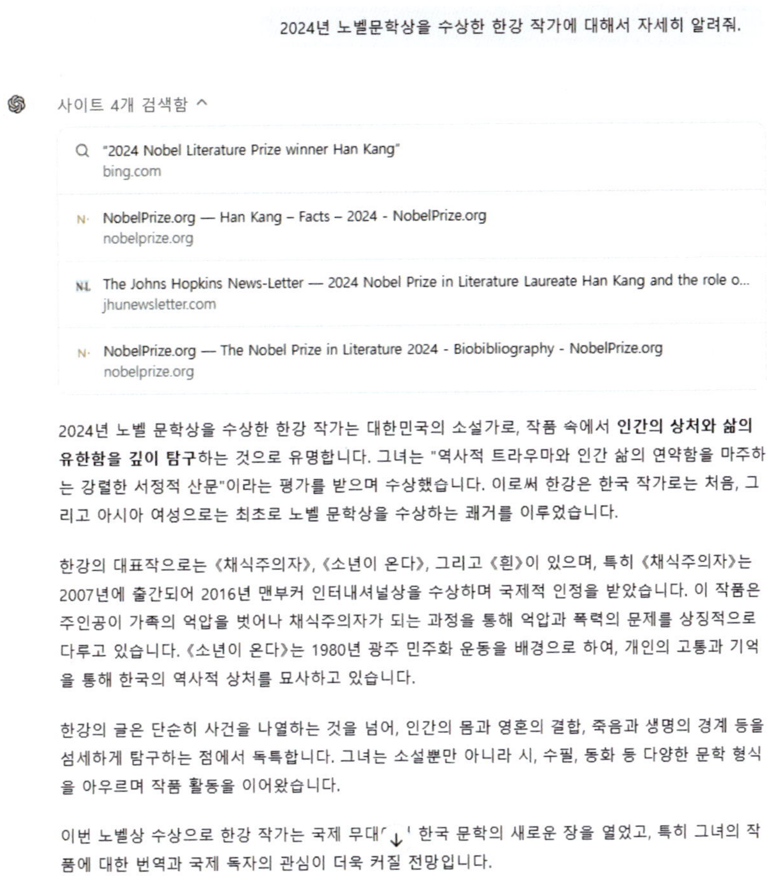

그림 3.4 2024년 노벨문학상 한강 작가에 대한 ChatGPT 4o 답변

같은 멀티모달 입력이 제한되어 있어, 텍스트 외의 데이터를 이해하고 상호작용하는 데 한계가 있을 수 있다.

그런데 최근 ChatGPT 4o는 PDF, 엑셀, 이미지, 영상 자료를 인식해 요약하거나 발표 자료를 작성할 수 있다. 〈그림 3.5〉는 지금까지 서술한 '열 가지 ChatGPT의 제한점'을 요약하는 발표 자료(PPT)를 요청했을 때, ChatGPT 4o가 생성한 응답과 결과물을 보여준다. ChatGPT 4o의 뛰어난 기능에 다시 한번 놀라게 된다.

지금까지 ChatGPT 한계를 살펴보았다.

결과적으로 ChatGPT는 매우 강력한 도구로서, 많은 문제 해결과 참고용으로 유용하지만, 완벽하지는 않다. 정확성, 편향성, 맥락 유지, 창의성, 최신성 등의 한계가 있으며, 이러한 점을 이해하고 신중하게 사용해야 한다. 특히, 중요한 정보나 민감한 주제에서는 신뢰할 수 있는 출처를 함께 참고하는 것이 매우 중요하다.

자료.pdf
PDF

지금 업로드 한 pdf자료를 대학교 학생에게 발표하려고 해. 파워포인트 자료를 만들어 줄 수 있겠니 ?

이 PDF 자료를 기반으로 대학교 학생들에게 발표할 수 있는 파워포인트 자료를 만들어드리겠습니다. 이 자료는 ChatGPT의 개요와 원리, 주요 한계 및 문제점, 그리고 최근 기술 발전 내용으로 구성되어 있습니다. 각 슬라이드의 내용을 간략히 정리하겠습니다.

슬라이드 1: 제목 슬라이드

- **발표 제목**: ChatGPT의 개요, 한계 및 발전 방향
- **발표자 이름**과 **발표 날짜**

슬라이드 2: ChatGPT 개요

- **ChatGPT란?**: 언어 모델인 ChatGPT는 대규모 데이터를 학습하여 자연스러운 대화와 다양한 작업을 수행하는 도구입니다.
- **사용 목적**: 정보 제공, 텍스트 생성, 번역, 요약 등 여러 방면에서 활용.

슬라이드 3: ChatGPT의 주요 한계

1. **사실 오류 발생**: 학습 데이터에 따라 잘못된 정보나 왜곡된 사실을 제공할 수 있으며, 특히 최신 정보에 대한 접근이 제한적임.
2. **편향성 문제**: 인종, 성별 등 민감한 주제에서 편향된 응답을 생성할 가능성.

슬라이드 4: ChatGPT의 논리적 한계

- **추론 능력의 부족**: 논리적 사고가 요구되는 복잡한 문제에서는 오류를 범할 수 있음.
- **창의성 부족**: 기존 패턴에 따라 응답을 생성하므로, 독창적이고 혁신적인 아이디어 제공에 한계가 있음.

슬라이드 5: 맥락 유지 및 감정 이해 한계

- **맥락 유지 어려움**: 긴 대화에서 일관된 맥락을 유지하지 못할 수 있음.
- **감정 이해 부족**: 감정을 이해하거나 공감하는 데 한계가 있으며, 특히 감정적으로 민감한 주제에 적절한 반응을 보이기 어려움.

슬라이드 6: 보안 및 프라이버시 문제

- **민감한 정보**: 입력된 민감한 정보의 처리에 따른 프라이버시 문제 발생 가능성.

슬라이드 7: 기술적 발전 방향

- **ChatGPT 4o**: 실시간 정보 검색, 파일 요약, 발표 자료 생성 등의 기능이 추가되어 사용자의 필요에 더 유연하게 대응할 수 있음.

슬라이드 8: 요약 및 결론

- **주요 한계**: ChatGPT는 강력하지만 여전히 인간의 창의성과 감정 이해가 필요함.
- **미래 전망**: 발전 가능성이 크며, 올바른 활용법을 익히는 것이 중요.

이 자료를 기반으로 학생들에게 ChatGPT의 성능과 한계, 그리고 향후 발전 방향에 대해 명확히 전달할 수 있을 것입니다. 원하신다면, 이 내용을 파워포인트 파일 형식으로도 제공해드릴 수 있습니다.

파워포인트 파일 형식으로 만들어 줘.

발표용 파워포인트 자료를 완료했습니다. 여기에서 다운로드하여 확인하실 수 있습니다. 추가 편집이나 수정이 필요하시면 알려주세요! [>-]

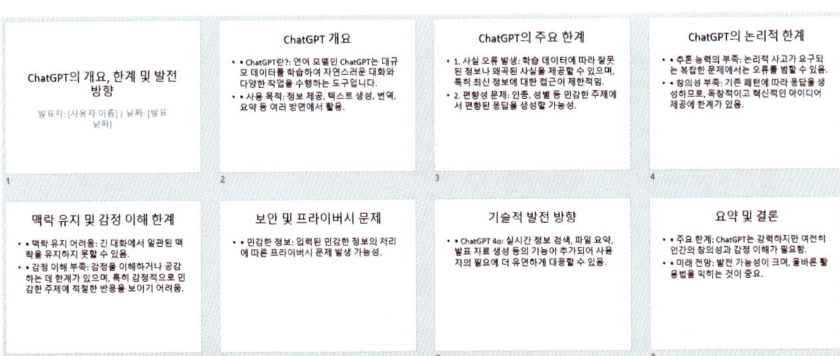

ChatGPT가 작성한 PPT

그림 3.5 문서 내용 요약 후, 발표 자료를 작성하는 ChatGPT 4o

3.3 창의적 ChatGPT 사용

이번 절은 앞 절에서 소개한 ChatGPT를 슬기롭게 활용하는 방법을 소개한다. 효과적인 프롬프트 작성법을 시작으로 길고 복잡한 질문 나누는 방법, 후속 질문 통한 답변 확장, 학습 도구, 콘텐츠 생성, 연구와 전문 분야 활용 등 그리고 일상에서의 ChatGPT 응용을 소개한다.

1. ChatGPT 질문 시작, 프롬프트는 뭔가요?

프롬프트(Prompt)는 ChatGPT와 같은 언어모델을 사용할 때 사용자가 ChatGPT에 입력하는 질문, 명령, 요청 등의 텍스트를 의미한다. 프롬프트는 ChatGPT가 어떤 답변을 생성할지에 큰 영향을 미치며, 간단한 질문부터 복잡한 명령까지 다양하게 작성될 수 있다.

프롬프트의 주요 기능은 ChatGPT가 이해할 수 있는 형태로 요청을 전달하는 역할을 한다. 예를 들어, "오늘 날씨가 어때?"와 같은 단순 질문에서부터 "ChatGPT의 작동 원리에 대해 간단히 설명해 줘"와 같은 구체적 요구사항까지 프롬프트는 다양한 형태를 가질 수 있다.

프롬프트의 구성 요소는 '명확한 질문'이나 '요청', '맥락', '형식 지정' 등이 있다.

먼저 '명확한 질문이나 요청'은 ChatGPT가 무엇을 해야 하는지 명확하게 전달하는 것을 의미한다. 예를 들어, "AI의 기본 개념을 설명해 줘"라는 요청처럼 질문의 초점을 명확히 한다.

다음으로 '맥락'이다. 복잡한 질문이나 여러 단계를 요구하는 경우, 충분한 맥락을 제공해 ChatGPT가 질문의 배경을 이해하도록 돕는다. 예를 들어, "최근 AI 모델이 가진 한계를 설명해 줘. 특히 데이터 편향성 문제에 초점을 맞춰줘"처럼 추가 정보와 방향을 지정할 수 있다.

끝으로 '형식 지정'이다. 원하는 답변 형식을 지시할 수 있다. 예를 들어, "세 가지 장점과 단점 목록으로 나열해 줘"처럼 특정 형식으로 답변을 요청하는 방식이다.

이처럼 프롬프트가 명확하고 구체적일수록 ChatGPT는 더 적절하고 정확한 답변을 제공하게 된다. ChatGPT는 사용자 요청을 텍스트로 이해하기 때문에, 프롬프트가 명확하지 않으면, ChatGPT의 답변도 모호하거나 부정확할 수 있다. 예를 들어 단순 프롬프트는 '데이터 사이언스의 정의는?'과 같이 간단한 정의가 필요하다는 점을 명확히 전달한다. 이에 반해 구체적 프롬프트는 '데이터 사이언스의 정의와 그 주요 구성 요소 3가지를 간략히 설명해 줘.'와 같은 질문으로 특정한 내용과 항목을 요구함으로써 ChatGPT가 구체적이고 구조적인 답변을 하도록 돕는다. 보통 단순 프롬프트가 좋은 프롬프트라고 간주하기에는 한계가 있다. 〈표 3.3〉은 좋은 프롬프트와 나쁜 프롬프트의 구체적인 사례를 보여준다.

좋은 프롬프트와 나쁜 프롬프트의 차이는 명확성, 구체성, 의도 전달력에서 결정되며, 이는 ChatGPT가 올바른 답변을 제공하는 데 큰 영향을 준다. '좋은 프롬프트'는 명확한 요청과 구체적인 맥락, 형식 요구를 포함하여 AI가 요청을 쉽게 이해하고 적절히 답변하도록 돕는 반면, '나쁜 프롬프트'는 성의 없는 질문 형태로 너무 일반적이거나 모호하여 답변의 정확성과 유용성이 떨어질 가능성이 높다. 이처럼 잘 구성된 '좋은 프롬프트'는 ChatGPT의 정확성과 유용성을 크게 향상시킨다.

따라서 ChatGPT를 활용하는 21세기 현대인에게는 명확하고 구체적인 프롬프트 작성이 중요하다. 창의적 사고를 바탕으로 좋은 질문을 구성하는 능력은 원하는 답을 얻는 데 큰 도움이 될 것이다.

표 3.3 사례별에 따른 프롬프트 차이

사례 종류	나쁜 프롬프트	좋은 프롬프트
정보 요청	데이터 사이언스는 뭐야? - 질문이 너무 간단하고 모호하여, AI가 일반적인 설명만 제공할 가능성이 큼	데이터 사이언스의 정의와 데이터 분석, 머신러닝, 데이터 시각화의 역할을 포함하여 간략히 설명해 줘
특정 형식의 답변 요청	프로젝트를 어떻게 진행하지? - 질문이 너무 모호하여, AI가 구체적인 단계나 과정 없이 일반적인 조언을 제공할 가능성이 높음.	데이터 분석 프로젝트 진행 단계를 목록 형식으로 요약해 줘. 각 단계에서 주의할 점도 알려줘
맥락과 구체적 목표가 있는 질문	마케팅 전략 추천해 줘 - 산업, 제품, 고객층 등의 맥락이 없어서 일반적이거나 부정확한 답변이 나올 가능성이 높음.	스타트업의 디지털 마케팅 전략을 추천해 줘. 고객층은 20~30대이며, 주로 SNS와 웹사이트 방문 유도에 집중하고 있어
창의적 아이디어 요청	글쓰기 팁 줘 - 너무 일반적인 질문으로, 창의적이거나 상황에 맞는 팁을 얻기 어려움.	기술 블로그를 처음 시작하려고 하는데, 독자를 끌어들이는 흥미로운 글쓰기 팁을 알려줘
비교 및 분석 요청	R과 Python 비교해 줘 - 비교 기준이 불분명해 AI가 모호한 답변을 줄 가능성이 큼.	R과 Python의 데이터 분석에서의 장단점을 성능, 사용성, 커뮤니티 지원 측면에서 비교해 줘
시간 관련 정보 요청	오늘 이벤트 일정 알려줘. 문제점: 어떤 이벤트인지, 어떤 시간대인지 모호하여 AI가 정확한 답변을 주기 어려움.	오늘 오후 2시부터 6시 사이에 열리는 서울에서의 IT 관련 이벤트 일정을 알려줘
사용자 맞춤 조언 요청	공부 잘하는 법 알려줘 - 특정 대상이나 상황이 없어 일반적인 조언에 그칠 수 있음.	직장인으로서 하루에 1시간씩 공부할 때 효과적으로 집중력을 높이는 방법을 추천해 줘
기술적 문제 해결 요청	코드 오류 해결해 줘 - 구체적인 코드 내용이나 오류 메시지가 없어 AI가 문제를 진단하기 어려움	Python에서 리스트 인덱스를 사용하는 코드에서 'IndexError'가 발생할 때 해결 방법을 알려줘
역사적 사실 확인 요청	전쟁 언제 끝났어? - 어떤 전쟁인지 불명확하여 AI가 구체적인 답변을 주기 어려움.	2차 세계대전은 언제 끝났는지, 그리고 전후 상황에 대해 간략히 설명해 줘

제품 추천 요청	좋은 컴퓨터 추천해 줘 – 사용 목적이나 예산을 명시하지 않아 AI가 추천 기준을 알기 어려움	프로그래밍과 영상 편집을 위한 고성능 노트북을 100만 원 이하로 추천해 줘
특정 형식의 설명 요청	알고리즘 개념 설명해 줘 – 어떤 알고리즘인지 구체적이지 않아서 AI가 포괄적인 답변을 줄 가능성이 큼	초보자를 위한 이진 검색 알고리즘 개념을 이해하기 쉽게 예시와 함께 설명해 줘
복잡한 작업 요청	마케팅 계획 세워줘 – 마케팅의 목표, 대상 고객, 범위 등이 구체적이지 않아 AI가 포괄적이거나 비현실적인 답변을 제공할 수 있음	20대 여성 고객을 타겟으로 한 소셜미디어 마케팅 계획을 세워줘. 인스타그램과 유튜브 중심으로 콘텐츠 아이디어와 주간 계획이 필요해

최근 출간한 홍순성 작가의「생성형 AI, 블로그 완전정복」[6]이라는 도서에서 '작가를 위한 글쓰기 프롬프트 원칙' 부분에 명령 프롬프트를 작성할 때 도움을 받을 수 있는 좋은 정보가 있어 소개하고자 한다.

저자에 따르면 "챗GPT를 활용한 글쓰기에서 프롬프트 작성 능력은 중요한 스킬입니다. 프롬프트가 명확하고 구체적일수록 AI는 사용자의 의도를 더 정확히 이해하며, 관련성 높은 답변을 생성합니다. 따라서 프롬프트 작성 시에는 구체적인 요구사항과 충분한 맥락을 제공하는 것이 중요합니다."라고 밝히고 있다. 그리고 다음과 같은 효과적인 챗GPT 프롬프트 작성법을 소개한다.

① 첫 번째 줄: 핵심 목표 제시 → 글의 핵심 목표를 명확히 하여, 무엇을 달성하고자 하는지 간결하게 요약하는 단계이다. 이 줄은 독자가 글을 통해 얻고자 하는 목표를 정의하는 출발점이 된다.

Tip 목적을 한 줄로 요약하여 챗GPT가 중점을 두어야 할 핵심 사항을 즉시 파악하도록 유도한다. 이는 일관성 있는 글쓰기를 지원하는 기본 요소이다.

6) 홍순성(2024), 생성형 AI BLOG 완전정복. AI 블로그 시대에 발맞춰, 지난 20개월 동안 AI를 활용해 블로그를 운영하며 쌓아온 경험과 노하우를 최신 기술에 맞춰 소개

② 두 번째 줄: 조건 설정 → 글의 내용을 구체화하는 단계로, 글의 분량, 세부 주제 등 핵심 요소를 명확히 나열하여 글쓰기가 체계적으로 진행되도록 돕는다. 여기서는 다룰 중요 포인트와 범위를 구체적으로 구분하며, 어조나 대상 독자에 대한 정보를 추가할 수 있다.

Tip 이 단계에서는 AI의 응답 스타일, 주요 키워드, 길이 등 구체적 조건을 지정하여 AI가 더욱 일관성 있는 결과를 제공하도록 권장한다.

③ 세 번째 줄: 형식 지정 → 글의 출력 방식을 정의하는 단계이다. 표, 서술형, 혹은 서론-본론-결론 구조 등 문서의 스타일을 미리 지정하여 최종 결과물이 어떤 형식으로 나타날지 예측할 수 있도록 한다.

Tip 출력 형식을 구체적으로 지정하면 결과물이 기대에 부합하는 방식으로 표현되어 완성도가 더욱 높아진다. 예를 들어, 표나 마크다운 형식 같은 시각적 요소까지 지정하면 완성도가 더욱 향상된다. 우선, 챗GPT 프롬프트를 작성할 때는 첫 줄에 핵심 작업을 명확히 기술한다. 이후, 이를 보완하는 내용을 구체적이고 간결하게 불릿(–) 포인트로 순차적으로 나열하여 구성한다. 이렇게 하면 독자가 각 단계의 흐름을 명확히 이해할 수 있다. 다음은 이 방식을 적용한 프롬프트 예시이다.

Prompt: 주제는 '챗GPT를 활용한 업무 생산성 향상 방법'이며, 아래 규칙에 따라 목적과 타겟에 맞춰 자세히 작성해 주세요.
– 세부 사항: 챗GPT의 기본 기능과 이를 업무에 적용하는 방법, 시간 관리, 정보 검색, 자동화 등을 포함하여 구체적인 업무 효율 향상 방법 제시
– 목적과 대상자: 직장인들이 챗GPT를 업무에 효과적으로 활용하여 생산성을 높일 수 있도록 가이드 제공
– 출력 방식: 서론, 본론, 결론 구조로 작성

ChatGPT에 해당 내용을 명령 프롬프트로 입력하면, 결과는 다음과 같은 구조로 나타난다. 서론은 주제와 관련된 배경 설명과 내용을 간략히 소개한다. 본론은 주제를 중심으로 ChatGPT의 활용 가능성, 시간 관리 방법, 정보 검색 및 데이터 수집의 효율화, 자동화와 반복 작업의 개선 방안 같은 세부 사항을 체계적으로 다룬다. 결론

은 ChatGPT 활용의 전반적인 효과를 요약하고, 이를 통해 업무 생산성 향상과 워라밸(일과 삶의 균형) 개선 가능성을 제시한다. 이처럼 구조적으로 잘 정리된 결과를 통해 ChatGPT의 유용성과 실질적인 도움을 확인할 수 있다. 이들 결과는 〈표 3.4〉와 같다.

표 3.4 챗GPT를 활용한 업무 생산성 향상의 ChatGPT 답변

주제: 챗GPT를 활용한 업무 생산성 향상 방법

서론

현대 직장인들은 다양하고 복잡한 업무를 수행하면서 효율성에 대한 고민이 늘어가고 있습니다. 업무에 챗GPT를 활용하면 시간과 에너지를 절약하고, 일의 정확성과 창의성을 높일 수 있습니다. 특히 챗GPT는 정보 검색, 업무 자동화, 시간 관리와 같은 다양한 분야에서 도움을 줄 수 있어, 직장인들에게 혁신적인 업무 생산성 향상 도구가 됩니다. 이 글에서는 챗GPT의 주요 기능과 이를 효과적으로 업무에 적용할 수 있는 구체적인 방법을 다루어, 직장인들이 챗GPT를 통해 업무 생산성을 최적화하는 데 도움이 되는 가이드를 제공합니다.

본론

1. 챗GPT의 기본 기능과 활용 가능성

챗GPT는 광범위한 지식을 바탕으로 질문에 답변하고, 글을 작성하거나 정보를 요약하는 등의 다양한 기능을 제공합니다. 이를 통해 직장인들은 원하는 정보를 신속하게 얻고, 반복적인 작업을 자동화하며, 복잡한 문제를 해결하는 데 도움을 받을 수 있습니다. 챗GPT의 기본 기능은 크게 아래와 같은 업무에 유용합니다.

- 정보 검색: 특정 주제에 대한 기본 정보 수집, 자료 분석, 요약을 신속하게 제공하여 배경 지식을 빠르게 쌓을 수 있습니다.
- 문서 작성: 초안 작성, 전자 우편 템플릿 생성, 보고서 요약 등 다양한 글쓰기 작업을 지원합니다.
- 데이터 분석 및 정리: 엑셀이나 기타 데이터 관리 도구와 결합하여 간단한 데이터 분석, 데이터 정리 및 요약 등의 작업을 수행할 수 있습니다.

2. 시간 관리

챗GPT를 활용하면 업무 스케줄을 보다 체계적으로 관리할 수 있습니다. 구체적인 활용 방법은 다음과 같습니다.

- 우선순위 설정: 챗GPT에 현재 진행 중인 업무를 나열하고, 중요도와 긴급도에 따라 우선순위를 제안받을 수 있습니다.
- 작업 계획 작성: 챗GPT가 일일 또는 주간 계획을 수립하는 데 도움을 줄 수 있어, 특정 시간대에 우선으로 처리해야 할 업무와 보조 업무를 효과적으로 배분할 수 있습니다.
- 미팅 준비 및 시간 최적화: 회의 자료 준비, 논의할 사항을 챗GPT로 미리 점검하여 미팅 시간을 단축할 수 있습니다.

3. 정보 검색과 신속한 데이터 수집
업무에 필요한 정보를 신속하게 얻는 것은 많은 직장인에게 필수적입니다. 챗GPT는 다양한 분야에 걸쳐 폭넓은 지식을 바탕으로 자료를 검색하고 정보를 정리할 수 있습니다.
- 연구 및 시장 분석: 특정 산업에 대한 최신 트렌드, 경쟁사 분석 등 정보 수집을 챗GPT로 보다 효율적으로 진행할 수 있습니다.
- 데이터 요약: 긴 보고서나 문서를 읽을 시간이 부족한 경우, 챗GPT에 요약을 요청하여 핵심 정보를 빠르게 파악할 수 있습니다.
- 아이디어 브레인스토밍: 새로운 프로젝트를 계획할 때 챗GPT와 아이디어를 나누고, 대안적 접근 방식을 제안받을 수 있어 창의적인 문제 해결을 촉진합니다.

4. 자동화 및 반복 작업의 효율화
단순하고 반복적인 작업은 업무 효율을 저하시키는 원인이 됩니다. 챗GPT를 활용하여 이러한 작업을 자동화함으로써 시간을 절약할 수 있습니다.
- 이메일 작성 자동화: 빈번하게 사용하는 이메일 템플릿을 챗GPT로 생성하여, 반복적인 이메일 작성 시간을 단축할 수 있습니다.
- 보고서 초안 작성 및 문서 템플릿 생성: 정형화된 보고서 작성이 필요할 경우, 챗GPT를 이용해 초안을 작성하거나 서식화된 템플릿을 생성할 수 있습니다.
- 데이터 정리 및 분석 자동화: 챗GPT는 엑셀이나 구글 스프레드시트와 같은 데이터 도구와 결합하여 간단한 데이터 분석이나 패턴 인식을 수행할 수 있습니다.

결론
챗GPT는 직장인들이 일상 업무에서 시간을 절약하고 효율성을 높이는 데 강력한 도구가 될 수 있습니다. 정보 검색과 데이터 요약, 시간 관리와 반복 작업 자동화는 챗GPT가 특히 두각을 나타내는 영역으로, 이를 잘 활용하면 직장인들은 복잡한 업무를 간소화하고 전략적 사고와 창의적인 활동에 더 많은 시간을 투자할 수 있습니다. 이처럼 챗GPT의 다양한 기능을 업무에 맞게 잘 활용하면 높은 생산성을 유지하면서도 워라벨을 개선할 수 있습니다.

이 외에 다양한 상황별 프롬프트 작성 방법이 있으며, 다음 절에 상세히 소개한다.

2. 효과적인 명령 프롬프트 구성으로 ChatGPT 조련하기

어느 정도 ChatGPT를 사용하고 익숙해지면, 어떻게 질문할 때 ChatGPT로부터 만족하는 응답을 이끌 수 있을까 하는 의구심이 생기게 마련이다. 이번 절은 이런 의구심을 하나씩 풀어서 제시할 것이다.

앞에서 다룬 '좋은 명령 프롬프트'는 핵심 목표, 조건 또는 세부 사항, 목적과 대상자, 출력 방식으로 구성하는 것을 제시하였다. 이런 구성에 더욱 살을 붙여 효과적인 명령 프롬프트 구성으로 ChatGPT를 조련하는 법을 소개한다.

먼저 모든 구성 단계마다 '쉬운 문장으로 설명'해야 한다. 쉬운 문장의 수준을 주관적이지만, 일반적으로 초등학생이 읽어도 이해가 되는 문장으로 구성한다.

다음으로 일명 '후카츠식 프롬프트'라고 하는데, 역할을 부여하는 것이다. 예를 들어 인공지능에 대해 명령프롬프트를 구성하고자 한다면, '당신인 인공지능 전문가입니다'라고 입력한 후에 구체적인 질문으로 이어가는 것이다. 그리고 제약조건, 입력문, 출력문을 구성하는 것이다.

후카츠식 프롬프트는 일본의 노트(Note)사의 CXO인 후카츠 타카유키가 개발한 ChatGPT용 프롬프트 작성 프레임워크로, ChatGPT를 효율적이고 정확하게 활용하기 위한 방법이다. 후카츠식 프롬프트의 기본 형식은 지침(Instruction, AI에 수행할 작업을 명확하게 지시), 제약조건(Constraints, AI의 응답에서 지켜야 할 제한이나 조건을 명시), 입력문(Input, AI가 처리해야 할 입력 데이터를 제공), 출력문(Output, AI의 응답이 출력될 부분으로, 일반적으로 비움)이다. 후카츠식 프롬프트 작성 시 유의 사항은 AI의 역할을 명확하게 지정하여 응답의 일관성을 높이고, 입력문을 기반으로 어떤 출력을 원하는지 지침에서 분명히 한다.

그리고 출력의 형식, 길이, 스타일 등 필요한 제약조건을 구체적으로 명시한다. 마크다운(mark down) 문법을 사용하여 지침, 제약조건, 입력문, 출력문 등을 구분하거나 글머리 기호 사용하여 지침과 제약조건의 내용을 글머리 기호로 나누어 명확하게 정리한다. 광범위한 출력보다는 출력 범위를 제한하여 원하는 답변의 범위를 적극적으로 좁게 설정한다.

끝으로, ChatGPT에서는 한 번의 요청에 대해 약 4,096~32,768토큰(token, 문자의 공백 단위)을 처리할 수 있으며, GPT-4 모델은 최대 8,000토큰, 확장된 GPT-4 Turbo는 최대 32,000토큰(약 24,000단어) 처리가 가능하다. 그런데 처리 토큰은 명령 프롬프트 질문과 출력 문장을 모두 합쳐서 토큰 제한에 포함된다. 따라서 장문 처리를 위한 방법이 요구된다. ChatGPT에서는 장문 문장 처리를 위한 팁(tip) 3가지 요청법을 제공하고 있다.

'구체적 요청'은 처리해야 할 텍스트에서 특정 부분이나 질문을 지정하면, 더 효과적으로 응답할 수 있고, '단계적 요청'은 매우 긴 텍스트는 여러 번 나눠서 입력하면 제한 없이 분석 가능하다. 그리고 '요약 요청'은 제한된 범위 내에서 중요한 정보를 추출하거나 요약을 요청할 수 있다. 이처럼 필요에 따라 특정 요청 사항을 알려주면 문장 길이에 맞춰 적절히 답변을 조정할 수 있다.

예를 들어 쾌나 긴 문장이나 기사 경우 글을 나누어서 먼저 읽게 한 후 마지막에 지시를 내리는 방법이다. 2025 디지털 비즈니스 트렌드 조사[7] 결과에 따른 인터넷 기사를 요약하는 예를 들어 보겠다. 명령 프롬프트는 '지금부터 장문을 여러 개로 분할하여 입력합니다. 그 내용을 요약하는데, 내가 "요약해 주세요"라고 입력할 때까지는 요약 작업을 하지 말고, 대신 "다음 문장을 기다리겠습니다."라고 출력해 줘.'이다. ChatGPT 답변은 '알겠습니다. "요약해 주세요"라고 입력하실 때까지 요약하지 않고, 대신 "다음 문장을 기다리겠습니다"'라고 출력한다. 〈그림 3.6〉은 ChatGPT의 출력이다.

> 2025 디지털 비지니스 트렌드
>
> 올해 이어 내년에도 생성형 인공지능(AI)이 주요 정보기술(IT) 트렌드로 자리잡을 것이라는 분석이 나왔다. 올해와 비교해 AI가 보다 구체적이고 다양해지면서, 모든 곳에 AI가 접목돼 단순 열광을 넘어 활용과 일상으로 AI가 더욱 스며들 것이란 전망이다. 한국정보산업연합회와 한국경영정보학회는 이 같은 트렌드 전망을 담은 '2025 디지털 비즈니스 트렌드 전망' 보고서를 14일 발표했다.
> 올해로 세 번째로 실시된 이번 조사는 연합회와 학회가 공동 수행한 것으로 학계·산업계 전문가 200여명 대상 설문과 전문가 심층 인터뷰 등을 통해 정리했다.

7) 한국정보산업연합회 & 한국경영정보학회 공동 주관「2025년 디지털 비즈니스 트렌드 전망」, 2024.11.15. https://www.fkii.org/bbs/board.php?tbl=itnews&mode=VIEW&category=&chr=&num=2469

다음 문장을 기다리겠습니다.

조사결과 내년 톱 트렌드의 특징은 생성형 AI가 이른 바 메타트렌드(meta-trend)가 돼 여러 가지 트렌드 방향성을 결정했다는 점이다. 생성형 AI 주된 활용 방법과 바라보는 방향성에 따라 여러 가지 다른 이름의 트렌드로 구체화돼 시장과 사회에 나타나고 있다고 보고서는 분석했다.

1위를 차지한 트렌드는 '생성형 AI를 중심으로 한 AI 전환(AI Transformation) 확대'다.
디지털 전환이 기존 비즈니스 모델을 유지하면서 현대화하는 방식이었다면, AI 전환은 생성형 AI 급성장과 함께 비즈니스 모델과 작업 방식의 파괴적 변화 혁신을 예고하는 것이라고 보고서는 전했다. 생성형 AI가 주도하는 AI 혁명은 버블 논쟁을 뛰어넘어 당분간 지속될 수 밖에 없을 것이라는 분석이다.
2위를 차지한 트렌드는 '생성형 AI와 AI 빅테크의 경쟁적 공존'이다. 이는 AI 빅테크가 주도하는 고성능 AI 파운데이션 모델 기반 플랫폼 서비스와 경량언어모델(sLLM) 등 공개 거대언어모델(LLM) 기반 경량 모델이 동시에 시장에서 경쟁하면서 공존 하는 상황을 의미한다.
이어'AI 에이전트'를 활용한 인간 창의성의 극대화, 잠재적 위험 요소에 대한 신뢰성 확보를 위한 '생성형 AI 신뢰성 강화와 리스크 관리 '필요성, '온디바이스 AI를 통한 엣지 AI 시장 활성화'로 AI 적용 영역의 확대 등이 주요 트렌드로 제시됐다.

다음 문장을 기다리겠습니다.

정보산업연합회 관계자는 "AI 대전환을 실현하기 위한 최우선 과제에 대한 조사도 병행해 AI 핵심기술 확보와 혁신 인프라 확충, AI 관련 법령 정비, 전문 스타트업 발굴, 인력 양성 등 시급성을 제시해 기업 뿐만 아니라 관계 기관에도 시사점을 제공할 것으로 기대한다"고 말했다.

다음 문장을 기다리겠습니다.

요약해 주세요.

2025년 디지털 비즈니스 트렌드 보고서에 따르면, **생성형 인공지능(AI)**이 내년에도 주요 IT 트렌드로 자리할 전망입니다. 생성형 AI는 단순 유행을 넘어 **비즈니스와 일상에 깊숙이 스며들며**, 다양한 분야에서 **AI 전환(AI Transformation)**을 중심으로 혁신을 예고하고 있습니다. 주요 트렌드로는 **AI 빅테크와 경량 언어모델의 공존**, **AI 에이전트를 통한 창의성 극대화**, **AI 신뢰성 및 리스크 관리 강화**, **온디바이스 AI와 엣지 AI 시장 활성화** 등이 포함되었습니다.

또한, **AI 핵심기술 확보**, **혁신 인프라 확충**, **법령 정비** 등의 과제가 필요하다고 강조되며, 이는 기업 및 관계 기관에 시사점을 제공합니다.

그림 3.6 ChatGPT 장문 처리 예

추가로, 연구보고서나 논문의 경우는 PDF 전문 파일을 업로드하여 요약하는 방법도 있다. 2024년 11월 기준 한글파일 연구보고서와 논문은 경우는 원활히 작동되지 않는 것으로 확인되었으며, 필요에 따라 한글 보고서나 논문은 PDF로 변환하여 처리할 수도 있다.

그리고 답변이 긴 경우에는 (국문) '계속해', '이어서 써주세요', (영문) 'keep going', 또는 'go on' 등을 프롬프트에 입력하면 결과가 이어서 도출한다. 그리고 질문을 계속 거듭하여 방향성을 좁히는 질문으로, 그리고 양자역학, 데이터 과학 등과 같은 어려운 학문 분야 질문과 항목은 스텝 바이 스텝(step-by-step) 방식으로 질문한다. 스텝 바이 스텝 방식은 전문 분야의 경우 단계적으로 설명하는 방식으로 응답한다.

〈표 3.5〉는 양자역학에 대한 설명을 역할 부여와 스텝 바이 스텝 방식으로 처리한 ChatGPT의 응답 결과를 보여준다.

표 3.5 역할 부여와 스텝 바이 스텝 방식 프롬프트 작성과 ChatGPT 답변

프롬프트: 당신은 물리학박사이고 양자역학 전문가입니다. 양자역학이 무엇인지 아래 규칙에 따라 자세히 설명해 주세요

- 세부 사항: 양자역학의 정의, 방법, 활용 등을 포함하여 설명
- 목적과 대상자: 양자역학의 관심과 호기심 유발하고자 초등학생을 대상으로 설명
- 출력 방식: 스텝 바이 스텝(step-by-step) 방식으로 작성

Step 1: 양자역학이란 무엇인가요?
양자역학은 아주 작은 세계의 과학이에요. 이 세계는 원자(우리가 보는 모든 것을 만드는 아주 작은 입자)와 전자(원자 안에 들어 있는 더 작은 입자들)처럼 눈으로 볼 수 없는 아주 작은 것들로 이루어져 있어요. 양자역학은 이 작은 것들이 어떻게 움직이고, 어디에 있는지, 무엇을 하는지를 설명하는 특별한 규칙이에요.

Step 2: 양자역학은 왜 특별할까요?
양자역학이 특별한 이유는 우리 주변의 큰 물건들과는 완전히 다른 방식으로 작동하기 때문이에요. 예를 들어: 큰 물건들은 한 장소에 있지만, 전자 같은 작은 입자들은 여러 장소에 동시에 있을 수 있어요. 이걸 "중첩"이라고 해요. 큰 물건들은 우리가 보고 만지기 쉽지만, 아주 작은 입자들은 어디 있는지 정확히 알기 어렵고 "확률"로만 알 수 있어요. 이걸 "불확정성 원리"라고 해요.

Step 3: 양자역학은 어떻게 연구하나요?
양자역학을 연구하려면 다음과 같은 방법들을 사용해요:
1. 수학 공식: 복잡한 수식을 사용해 입자의 움직임과 위치를 계산해요.
2. 실험 장비: 전자현미경 같은 특별한 장비로 아주 작은 입자들을 관찰해요.
3. 컴퓨터 시뮬레이션: 컴퓨터를 이용해 입자가 어떻게 행동할지 예측해요.

Step 4: 양자역학은 어디에 사용되나요?
양자역학은 우리 삶에서 아주 중요한 기술에 사용되고 있어요:
- 스마트폰: 양자역학 덕분에 반도체가 발명되어 우리가 스마트폰을 사용할 수 있어요.
- 의료 장비: MRI(자기공명영상) 같은 병원 장비는 양자역학의 원리를 사용해요.
- 양자 컴퓨터: 양자역학을 이용해 엄청나게 빠른 컴퓨터를 만들고 있어요. 이 컴퓨터는 우리가 지금 사용하는 컴퓨터보다 훨씬 똑똑해질 거예요.

Step 5: 양자역학은 왜 재미있나요?
양자역학은 우리가 상상도 못했던 방법으로 세상이 작동하는 방식을 알려줘요. 예를 들어:
- 고양이가 살아있으면서 죽어있다? "슈뢰딩거의 고양이"라는 실험은 양자역학에서 매우 흥미로운 이야기예요.
- 빛은 파도일까요? 입자일까요? 사실 빛은 두 가지 모두가 될 수 있어요. 이걸 "이중성"이라고 불러요.

Step 6: 결론
양자역학은 우리 주변의 아주 작은 세계가 어떻게 작동하는지 알려주는 놀라운 과학이에요. 지금은 조금 어렵게 느껴질 수 있지만, 미래에는 여러분이 양자역학을 배우고 이해해서 새로운 발명품을 만들거나 더 놀라운 세상을 만들어 갈지도 몰라요!

ChatGPT 답변에 '중첩', '확률', '불확정성 원리', '슈뢰딩거의 고양이', '이중성' 등은 초등학생에게 어려운 단어이므로 추가로 질문을 계속 거듭하여 방향성을 좁히는 질문으로 이어가면 된다. 이런 방식으로 명령 프롬프트를 작성하면 양질의 응답을 도출할 수 있다.

3. ChatGPT는 글짓기에도 도움을 준다!

일반적으로 자기 생각을 글로 표현하는 것은 쉬운 일이 아니다. 또한 특정 대상에 한정해서 이해시킬 목적으로 글을 작성하는 것은 더욱 어려운 일이다. 예를 들어 앞 절에서 살펴보았듯이 초등학생 상대로 '양자역학'을 이해시키는 글을 작성하고자 할 때는 ChatGPT에 역할을 부여해서 대상과 설명 내용을 명확하게 프롬프트에 입력해야 한다.

이번 절에서는 글을 작성할 때 ChatGPT에 어떤 도움을 받을 수 있는지를 알아본다. 예를 들어 〈표 3.6〉과 같은 글을 작성하였다고 하자.

표 3.6 Chantage 수정 전 원본

홍길동 씨는 아침에 스마트폰 알람 소리에 기상하여 스마트폰에 적힌 시간, 날짜, 문자, 카톡 등을 확인한 뒤, 세수 및 간단한 아침 식사를 하고 출근한다. 시계의 시간을 보면서 지하철 도착 시각에 맞춰 지하철에 탑승하기 위해 A역 3번 출구로 들어가 개찰구에 교통카드를 터치하여 승인 신호와 소리를 듣고 개찰구를 통과한다. 정기적으로 운행하는 지하철에 탑승한 뒤, 스마트폰으로 개인 메일을 확인하기 위해 아이디와 비밀번호를 입력하고 로그인하여 메일을 확인한다. 인터넷 사이트(인터넷 사이트를 구성하는 HTML 언어)들을 방문하면서 최신 뉴스를 보고, 무의식중에 지하철이 어디쯤을 달리고 있는지 지하철 노선도를 확인한다. 지하철 노선도에는 각 역의 한글·영어 명칭과 그 아래에 숫자(넘버)가 표기되어 있다. 목적지에 도착하여 출근 시간 몇 분 전, 모닝커피를 좋아하는 홍길동 씨는 회사 근처의 카페에서 카페라테 tall 사이즈를 포장 구매(take-out)한다. 이때 커피 가격으로 4,600원을 낸다. 회사 앞 건널목에서 신호등의 신호를 기다린 뒤, 9시 전에 회사에 도착하여 하루 업무를 시작한다.

윗글에 대해서 ChatGPT에게 '다음 글을 이해하기 쉽게 교정해 주세요.'라고 명령 프롬프트를 입력하면 〈그림 3.7〉과 같은 응답이 도출된다. 위, 아래 문장을 서로 비교하면 교정한 글이 보다 쉽게 이해되는 것을 알 수 있다.

홍길동 씨는 아침에 스마트폰 알람 소리에 일어나, 스마트폰에 표시된 시간과 날짜, 문자 메시지, 카톡 등을 확인합니다. 그런 후 세수하고 간단히 아침을 먹고 출근 준비를 합니다. 지하철 도착 시간에 맞춰 시계를 보며 A역 3번 출구로 들어가, 교통카드를 개찰구에 대어 승인 신호와 소리를 확인한 뒤 통과합니다.

정기적으로 운행하는 지하철에 탑승한 후, 스마트폰으로 개인 메일을 확인하기 위해 아이디와 비밀번호를 입력하고 로그인하여 메일을 확인합니다. 또한, 인터넷 사이트를 방문해 최신 뉴스를 읽고, 무의식중에 지하철이 어디쯤인지 확인하기 위해 노선도를 봅니다. 노선도에는 각 역의 한글·영어 이름과 역 번호가 표기되어 있습니다.

목적지에 도착한 홍길동 씨는 출근 시간 몇 분 전, 모닝커피를 즐기기 위해 회사 근처 카페에서 카페라테 tall 사이즈를 포장 구매합니다. 커피 가격은 4,600원입니다. 회사 앞 건널목에서 신호를 기다린 후, 9시 전에 회사에 도착하여 하루 업무를 시작합니다.

이렇게 정리하면 더 이해하기 쉬울 것 같습니다!

그림 3.7 ChatGPT의 수정 글

만약 어느 부분을 교정했는지 알고 싶으면 '어디를 수정했는지 알려 줘'라고 프롬프트에 입력하면, ChatGPT는 〈그림 3.8〉과 같은 수정 부분과 설명을 보여준다. 이런 부분을 확인하면서 프롬프트 입력과 글쓰기 능력을 동시에 함양시킬 수 있다.

여기에서의 수정은 주로 문장을 간결하게 하고, 흐름을 매끄럽게 하여 읽기 쉽게 하는 데 중점을 두었습니다.

1. **문장 분할과 연결어 추가**
   - 원문은 한 문장 안에 여러 동작이 나열되어 다소 복잡했습니다. 이를 이해하기 쉽게 **문장을 분할**하여 흐름을 자연스럽게 하였습니다.
   - "홍길동씨는 아침에 스마트폰 알람 소리에 기상하여 스마트폰에 적힌 시간, 날짜, 문자, 카톡 등을 확인한 뒤" → "홍길동 씨는 아침에 스마트폰 알람 소리에 일어나, 스마트폰에 표시된 시간과 날짜, 문자 메시지, 카톡 등을 확인합니다."
2. **동작의 자연스러운 연결**
   - "시계의 시간을 보면서 지하철 도착시각에 맞춰 지하철에 탑승하기 위해 A역 3번 출구로 들어가..."와 같은 부분은 여러 동작이 나열된 부분을 간결하게 하여 동작 간의 자연스러운 연결을 강조했습니다.
   - "지하철 도착 시간에 맞춰 시계를 보며 A역 3번 출구로 들어가..."와 같이 수정하여 부드럽게 연결했습니다.
3. **불필요한 설명 축약**

- "정기적으로 운행하는 지하철에 탑승한 뒤"라는 표현은 **정기적으로**가 없어도 의미가 통하므로 생략했습니다.
- "개인 메일을 확인하기 위해 아이디와 비밀번호를 입력하고 로그인하여 메일을 확인한다" → "개인 메일을 확인하기 위해 아이디와 비밀번호를 입력하고 로그인하여 메일을 확인합니다."

4. **단어와 표현 다듬기**

- "지하철 노선도에는 각 역의 한글·영어 명칭과 그 아래에 숫자(넘버)가 표기되어 있다"라는 문장에서 '한글·영어 명칭과 숫자' 부분을 간단하게 "한글·영어 이름과 역 번호"로 정리했습니다.
- "커피 가격으로 4,600원을 낸다"는 "커피 가격은 4,600원입니다"로 변경하여 간결하게 표현했습니다.

그림 3.8 ChatGPT의 문장 수정에 대한 자세한 설명

글을 작성하다 보면, 주어진 내용의 의미를 바꾸지 않고도 글의 분량을 조절해야 하는 상황이 종종 발생한다. 보통은 글을 요약하는 데 익숙하지만, 때로는 500자에서 1,000자로 내용을 늘리거나 줄이는 것이 필요할 때가 있다. 이런 조건 상황에서도 ChatGPT를 활용하면, 원래의 의미를 유지하면서 글의 길이를 자연스럽게 조정할 수 있다.

그리고 ChatGPT가 응답한 문장을 살펴보면 '~습니다'의 경어체로 대답하는 경우가 있다. 글을 작성할 때는 경어체보다는 '평어체(~다. ~이다.)' 형식으로 표현해야 하는 경우가 많다. 이때 ChatGPT는 자유롭게 문체를 변경할 수 있는 기능이 있는데, 글을 평서체로 작성하라고 '다음 문장을 평서체로 수정해 주세요' 또는 '다음 문장을 ~다, ~이다 문장으로 수정해 주세요'와 같은 프롬프트를 입력하면 된다.

예를 들어 〈표 3.7〉은 공백을 포함해서 178자(한글 '문서정보' 이용)이다.

표 3.7 코로나 잃어버린 3년 문장 178자 원문

(원문) 2019년부터 2022년까지 이어진 코로나 팬데믹은 '잃어버린 3년'이라 불릴 만큼 우리의 일상을 크게 바꾸어 놓았다. 공공장소와 거리는 한때 사람들로 북적이던 모습 대신 인적이 드문, 조용한 공간이 되었다. 그러나 2024년 10월 현재, 마치 코로나가 없었던 것처럼 전국 각지에서 축제가 열리며 활기를 되찾고 있다.

〈표 3.7〉 문장을 의미 변경 없이 1,000자로 늘려서 작성하고 싶을 때는 '다음 글은 공백을 포함하여 178자이다. 이해하기 쉽게 의미를 바꾸지 않고 1,000자로 수정해 주세요.'를 프롬프트에 입력하면 된다. 그 결과는 〈표 3.8〉과 같다. 1,000자 문장을 원문과 비교하면, 의미 변화는 없이 1,000자로 늘려서 응답한 것을 볼 수 있다.

표 3.8 ChatGPT 활용 '1,000자 문장', '1,000자 문장+평서체' 문장 변환 결과

프롬프트: 다음 글은 공백을 포함하여 178자입니다. 이해하기 쉽게 의미를 바꾸지 않고 1,000자로 수정해 주세요.

2019년부터 2022년까지 전 세계를 휩쓴 코로나 팬데믹은 우리 모두에게 잊을 수 없는 경험을 남겼습니다. 이 기간은 흔히 '잃어버린 3년'이라 불리며, 우리의 일상과 사회적 풍경을 크게 변화시켰습니다. 팬데믹 이전에는 공공장소와 거리가 사람들로 북적이는 활기찬 모습이 자연스러웠지만, 코로나19의 확산으로 인해 많은 사람들이 외출을 자제하고 사회적 거리두기를 실천하면서 공공장소는 점차 한산해졌습니다. 한때 활기찼던 거리와 공원, 광장 등은 인적이 드문 조용한 공간으로 변해갔고, 사람 간의 물리적 접촉도 눈에 띄게 줄어들었습니다. 이러한 변화는 우리 사회의 모습뿐 아니라 개인의 생활방식과 심리적 상태에도 큰 영향을 미쳤습니다.
하지만 2024년 10월 현재, 상황은 완전히 달라졌습니다. 코로나19가 기세를 잃고 방역 규제가 점차 완화되면서 일상은 서서히 정상으로 돌아오고 있습니다. 특히 전국 곳곳에서는 다양한 축제가 열리며 팬데믹 이전의 활기와 생동감이 다시금 느껴지고 있습니다. 사람들은 오랜 시간 동안 누리지 못했던 여유와 즐거움을 되찾기 위해 거리로 나오고, 가족, 친구들과 함께 축제를 즐기며 활기를 더하고 있습니다. 과거의 어려움을 딛고 새로운 일상을 만들어가는 모습은 코로나 팬데믹의 영향을 극복하고자 하는 사람들의 강인한 의지를 보여줍니다. 이제는 마치 그 긴 팬데믹 기간이 없었던 것처럼, 사람들은 서로 소통하고 교류하며 행복한 시간을 보내고 있습니다.
코로나 팬데믹은 분명 우리 삶에 많은 상처를 남겼지만, 지금의 우리는 그로 인해 얻은 교훈과 함께 더욱 단단해진 공동체 의식을 바탕으로 새로운 길을 모색하고 있습니다.

프롬프트: 다음 글은 공백을 포함하여 178자입니다. 이해하기 쉽게 의미를 바꾸지 않고 '~다, ~이다'의 문장 1,000자로 수정해 주세요.

2019년부터 2022년까지 이어진 코로나 팬데믹은 우리의 일상을 크게 바꾸어 놓은 사건이었다. 이 기간은 흔히 '잃어버린 3년'이라고 불릴 만큼, 사람들의 삶에 깊은 영향을 미쳤다. 팬데믹 이전에 공공장소와 거리는 사람들로 북적이며 활기를 띠었지만, 코로나19의 확산으로 모든 것이 변했다. 많은 사람이 외출을 자제하게 되었고, 사회적 거리두기와 방역 지침이 일상화되면서 거리와 공공장소는 점차 조용하고 인적이 드문 공간이 되었다. 활기찬 분위기가 사라지고 정적이 흐르는 모습은 팬데믹의 시대를 상징하는 풍경이었다.

특히 대면 활동이 줄어들고 비대면 소통이 중심이 되면서, 사람들은 이전과는 전혀 다른 방식으로 생활해야 했다. 모임과 축제 같은 행사들은 취소되거나 온라인으로 대체되었고, 경제와 문화 활동도 큰 타격을 받았다. 이러한 변화는 우리의 생활방식뿐만 아니라 사회적 관계와 공동체 의식에도 영향을 미쳤다. 많은 사람이 이 시기를 힘든 기억으로 떠올리며, 일상으로의 복귀를 간절히 바랐다.
2024년 10월 현재, 팬데믹은 어느덧 과거의 일로 느껴질 만큼 상황이 달라졌다. 이제 전국 각지에서 다양한 축제가 열리며, 사람들은 다시 활기를 되찾고 있다. 마치 코로나19가 없었던 것처럼, 거리에는 활기가 넘치고 사람들은 웃음과 즐거움 속에서 함께 어우러지고 있다. 축제는 각 지역의 특색과 전통을 살리며, 많은 이들에게 팬데믹 이후의 새로운 일상을 느끼게 하고 있다. 사람들은 가족, 친구들과 함께 즐거운 시간을 보내며 잃어버린 시간을 되찾고자 한다.
오랜 기간 지속된 코로나 팬데믹은 우리의 삶에 많은 변화를 가져왔지만, 지금 우리는 그 어려움을 극복하고 새로운 일상으로 나아가고 있다. 활기찬 거리와 다양한 행사들은 우리가 다시 희망을 가지고 살아가고 있음을 보여준다. 팬데믹의 상처를 딛고, 우리는 더욱 단단한 공동체 의식을 바탕으로 더 나은 미래를 만들어가고 있다.

앞 절에서 ChatGPT에게 역할을 부여하는 후카츠식 프롬프트를 소개하였다. ChatGPT 응답을 연구자, 비즈니스맨 등이 작성한 것처럼 글의 어조를 표현할 수도 있다. 위의 문장을 연구자가 작성한 것처럼 수정하고자 할 때는, 〈표 3.8〉의 두 번째 문장을 활용하여 '다음 문장을 연구자가 쓴 것처럼 수정해주세요.'라고 명령 프롬프트를 입력하면 ChatGPT는 〈표 3.9〉와 같은 답변을 제시한다.

표 3.9 ChatGPT 활용 '1,000자 문장+평서체+연구자 어조' 문장 변환 결과

프롬프트: 다음 문장을 연구자가 쓴 것처럼 수정해 주세요.
2019년부터 2022년까지 이어진 코로나19 팬데믹은 개인과 사회의 일상에 심대한 변화를 초래한 사건으로 평가된다. 이 시기는 흔히 '잃어버린 3년'이라고 불리며, 전 세계적으로 인간 활동에 제한을 가져오고 사회적 구조 전반에 영향을 미친 시기로 기록되고 있다. 팬데믹 이전의 공공장소와 거리는 사람들로 북적이며 활기를 띠는 모습이 일반적이었으나, 코로나19의 급속한 확산은 이러한 일상적 풍경을 급격히 변화시켰다. 방역 지침과 사회적 거리두기 정책이 시행됨에 따라 많은 사람들은 외출을 자제하게 되었고, 공공장소는 점차 조용하고 인적이 드문 공간으로 변모하였다. 이는 활기찬 사회적 상호작용이 급격히 축소된 팬데믹 시기의 특성을 상징적으로 보여준다.

특히 대면 활동의 급격한 감소와 비대면 소통 방식의 확산은 개인의 생활방식을 변화시켰으며, 모임이나 축제와 같은 대규모 행사는 취소되거나 온라인 형태로 대체되었다. 이로 인해 경제와 문화 활동 역시 심각한 타격을 받았다. 이러한 변화는 단순히 개인의 삶에 그치지 않고, 사회적 관계와 공동체 의식에도 부정적인 영향을 미쳤다. 많은 사람들이 팬데믹 시기를 삶의 질이 저하된 시간으로 기억하며, 이전의 일상으로 복귀하기를 간절히 바라는 심리가 확산되었다.

2024년 10월 현재, 팬데믹의 영향력은 과거의 일이 된 듯 사회는 빠르게 정상화되고 있다. 전국 각지에서 다양한 축제가 개최되며, 사람들은 활력을 되찾고 있다. 거리와 공공장소는 다시금 활기와 생동감으로 가득 찬 모습으로 돌아가고 있으며, 이는 마치 코로나19가 없었던 시기로 회귀한 듯 한 인상을 준다. 축제는 각 지역의 특색과 전통을 기반으로 이루어지며, 팬데믹 이후의 새로운 일상을 보여주는 상징적 사례로 주목받고 있다. 사람들은 가족, 친구들과 함께 시간을 보내며, 팬데믹 동안 잃어버린 시간과 기회를 회복하려는 경향을 보이고 있다.

결론적으로, 코로나19 팬데믹은 인간의 삶에 지대한 영향을 끼쳤으나, 현재 사회는 이를 극복하고 새로운 일상으로 나아가고 있다. 활기를 되찾은 거리와 다양한 행사는 팬데믹 이후의 사회적 회복력을 보여주는 중요한 지표라 할 수 있다. 팬데믹의 상흔을 바탕으로 공동체 의식은 더욱 강화되었으며, 이러한 경험은 향후 사회적 위기를 대처하는 데 있어 중요한 교훈으로 기능할 것으로 보인다.

요약하자면, 〈표 3.8〉과 〈표 3.9〉는 '원문 178자'의 문장을 명령 프롬프트를 활용해 '1,000자', '1,000자+평서체 문장', '1,000자+평서체+연구자 어조'로 변환하는 과정과 결과를 보여준다. 이런 변환은 글짓기 과정에서 ChatGPT의 활용과 역할을 잘 보여주는 사례다.

지금까지 글쓰기 방법과 효과적인 명령 프롬프트 작성법을 소개했지만, ChatGPT를 활용할 수 있는 분야는 이보다 훨씬 다양하다. 예를 들어, 특정 대상에게 메일을 작성하거나, 상품 리뷰를 작성해야 하거나, 독창적이고 센스 있는 캐치프레이즈(구호)를 만들어야 하는 경우 등 다양한 상황에서 ChatGPT는 유용한 도구로 활용될 수 있다.

결론적으로, 효과적인 프롬프트 작성은 ChatGPT와 같은 AI 모델을 효율적으로 사용하는 데 매우 중요한 요소이다. 따라서 능숙한 ChatGPT 조련자가 되기 위해서는 다양한 질문과 조건 등의 명령 프롬프트를 작성하고 비교해 보는 실험 과정이 필수적이다. 이를 위한 가장 손쉬운 방법은 선례를 살펴보고 따라하는 것이고, 어느 정도 시간이 지나면 자가 학습 방식으로 다양한 방식으로 명령 프롬프트를 작성해 보는 것이다. 이를 돕기 위해 독자들에게 유익할 만한 다양한 자료를 〈표 3.10〉에서 추가로 제공한다.

표 3.10 효과적인 프롬프트 작성 보조자료

〈도서〉

ChatGPT 비지니스 연구회, 송태욱(2023), 「5분 뚝딱 챗 GPT」, 북스토리.
ChatGPT 비지니스 연구회, 김모세(2024), 「챗GPT 120% 질문 기술」, 정보문화사.
장문철(2024), 「16가지 생성형 AI 활용」, 앤써북.
홍순성(2024), 생성형 AI BLOG 완전정복. E-book.

〈인터넷 자료〉

- **ChatGPT 프롬프트 사용법 완벽 가이드**

이메일 초안 작성, 블로그 포스트 아이디어 생성 등 다양한 프롬프트 작성 예시 제공
자료: https://www.magicaiprompts.com/docs/ChatGPT-prompt-guide/how-to-write-ChatGPT-prompt/

- **챗GPT 길들이기- 프롬프트 작성 방법**

프롬프트 작성의 목표 설정, 키워드 사용, 테스트 및 수정 방법 등을 단계별로 설명
자료: https://m.blog.naver.com/gptlabs/223187659898

- **챗GPT 프롬프트 꿀팁 21가지**

AI와의 소통 능력을 향상시키기 위한 21가지 프롬프트 작성 팁을 제공
자료: https://m.blog.naver.com/gptlabs/223454299840

- **아주 기본적인 4가지 ChatGPT 프롬프트 작성법**

한 주제만 다루기, 답변의 조건을 구체적으로 제시하기 등 기본적인 프롬프트 작성법 소개
자료: https://bite-sized-learning.tistory.com/747

- **글쓰기를 위한 최고의 ChatGPT 프롬프트 50가지**

글쓰기 워크플로우에서 ChatGPT의 가치를 극대화하기 위한 프롬프트 예시 다룸
자료: https://clickup.com/ko/blog/220679/ChatGPT-prompts-for-writing

이러한 자료들을 참고하면 다양한 상황에서 효과적인 프롬프트를 작성하는 데 도움이 될 것이다.

3.4 창의적 문제 해결과 실용적 활용 도구 ChatGPT

이번 절은 ChatGPT를 활용하여 토론 시뮬레이션, 브레인스토밍, 문장을 도표화, 엑셀 자료처리, 통계프로그램 작성, 간단한 자료처리, 음성입력, 이미지 자료처리 등과 같이 창의적으로 사용하는 방법을 소개한다.

1. ChatGPT 토론 시뮬레이션으로 문제점 찾기

우리 인간은 분야 전문가들이 어떤 특정 주제, 테마, 정책문제가 주어질 때 이들에 대해 열띤 토론을 거쳐 최상의 결론을 이끈다. 이런 결론의 전제는 찬반의 토론 과정이 필요하다. 토론은 다양한 시각과 논리를 통해 문제를 더 깊이 이해하고, 균형 잡힌 결정을 내리는 데 필수적인 과정이다. 토론을 통해 주제에 대한 다양한 관점을 탐색하고, 의견 충돌을 통해 양측의 논리를 검증하는 동시에 잠재적 문제점을 도출할 수 있다. 토론 결과 잠재적 문제를 예방하고, 모두가 신뢰할 수 있는 결과에 도달할 가능성이 커지고, 창의적인 해결책이 제시된다. 따라서 중요한 문제나 정책 결정 시 찬반 토론 과정을 반드시 거치는 것이 중요하다.

현실적으로 이런 토론 과정을 진행하려면, 특정 주제에 대해 전문가를 모시고 장소 섭외 등 많은 준비를 해야 할 것이다. 처음 준비하는 과정에서 많은 현실적인 진입장벽이 있다.

이 경우에 ChatGPT에서는 토론 시뮬레이션 기능을 제공하고 있어 이를 활용하면 도움을 받을 수 있다. 예를 들어 '인공지능 발달에 따른 디지털교과서 도입' 찬반 논쟁을 ChatGPT를 활용하여 진행해 보자. 〈표 3.11〉은 찬반 논쟁 토론 시뮬레이션을 위한 명령 프롬프트과 ChatGPT 답변 결과를 보여준다.

표 3.11 ChatGPT 활용: 토론 시뮬레이션

전문가 A와 B는 인공지능(AI) 전문가이면서 교육학박사이다. '인공지능(AI) 발달에 따른 AI디지털 교과서 도입 찬반'을 주제로 전문가 A와 B 사이에 토론을 진행해 주세요.
전문가 A: 찬성 입장
전문가 B: 반대 입장

주제: 인공지능(AI) 발달에 따른 AI 디지털교과서 도입 찬반 토론

전문가 A(찬성 입장):

"AI 디지털교과서 도입은 교육의 미래를 열어갈 필수적인 단계라고 생각합니다. 몇 가지 이유를 들어 찬성 의견을 제시하겠습니다.

개별화 학습 지원: AI 디지털교과서는 학생 개개인의 학습 속도와 수준에 맞춘 학습자료를 제공할 수 있습니다. 이는 학습 격차를 줄이고, 모든 학생에게 맞춤형 교육 기회를 제공하는 데 기여합니다.

효율적인 피드백 제공: AI는 학생의 학습 데이터를 분석해 즉각적인 피드백을 제공합니다. 예를 들어, 학생이 특정 개념에서 어려움을 겪는다면 이를 실시간으로 감지하고 보충 학습 자료를 추천할 수 있습니다.

다양한 학습 방식 지원: 텍스트, 이미지, 동영상, 대화형 시뮬레이션 등 다양한 콘텐츠 형식을 통해 학습 경험을 풍부하게 합니다. 이는 특히 학습 스타일이 다른 학생들에게 효과적입니다.

교육의 접근성 확대: 디지털 환경이 구축된다면 지리적, 경제적 제약 없이 누구나 동일한 교육 자원에 접근할 수 있습니다. 이는 교육 평등을 실현하는 데 큰 도움이 될 것입니다."

전문가 B(반대 입장):

"AI 디지털교과서 도입에는 신중한 검토가 필요하며, 다음과 같은 문제점이 있습니다.

학생 간 격차 확대: 디지털교과서는 인터넷 접근성과 디바이스의 유무에 따라 교육 격차를 더욱 심화시킬 수 있습니다. 경제적 여건이 부족한 학생들은 오히려 소외될 가능성이 큽니다.

사회적 상호작용 부족: AI 기반 학습은 학생 간의 상호작용과 협력 학습을 약화시킬 수 있습니다. 이는 팀워크와 의사소통 능력을 키우는 데 필수적인 요소를 놓치는 결과를 초래할 수 있습니다.

AI 기술 의존에 따른 위험성: 기술적 오류, 데이터 유출 등 AI 시스템의 신뢰성 문제가 발생할 경우 학습 과정에 큰 혼란을 초래할 수 있습니다. 특히 학생들의 민감한 학습 데이터가 보호되지 않을 위험도 있습니다.

교육의 인간적 요소 약화: AI는 개인 맞춤형 학습을 제공할 수 있지만, 교사와의 정서적 상호작용을 대체할 수 없습니다. 교사의 지도와 격려는 학생의 동기 부여와 인성 교육에 중요한 역할을 합니다."

전문가 A의 반박:

"좋은 지적입니다만, 몇 가지 점에서 반론을 제기하고 싶습니다.

격차 문제 해결: 디지털 기기 보급과 인터넷 접근성 향상을 위한 국가적 정책이 함께 시행된다면, 이러한 문제는 충분히 완화될 수 있습니다.

사회적 상호작용 보완: AI 디지털 교과서는 교사와 학생 간의 상호작용을 완전히 대체하는 것이 아니라, 교사의 역할을 보조하고 학습의 질을 높이는 도구로 활용될 수 있습니다."

전문가 B의 반박:
"그 점은 동의합니다만, 추가로 강조하고 싶은 부분이 있습니다.
교사의 역할 중요성: AI는 데이터와 알고리즘을 기반으로 작동하지만, 교사는 학생의 감정과 상황을 이해하며, 비판적 사고와 창의력을 키우는 데 핵심적인 역할을 합니다. AI가 이를 완전히 대체하기는 어렵습니다.
기술적 의존의 장기적 위험: AI 디지털교과서에 지나치게 의존할 경우, 학습의 자율성과 인간적 요소가 감소할 위험이 큽니다. 이는 교육의 본질을 훼손할 가능성을 배제할 수 없습니다."

결론
토론을 통해 AI 디지털교과서 도입의 장단점을 심층적으로 논의했습니다. 찬성 측은 교육의 개인화와 접근성 확대라는 가능성을 강조했으며, 반대 측은 교육 격차와 인간적 상호작용 부족에 따른 문제를 지적했습니다. 최종 결론은 AI 디지털교과서를 도입하되, 이러한 단점을 보완할 정책과 실행 계획이 필수적이라는 점을 확인하는 데 있을 것입니다.

이 결과는 마치 전문가 두 분이 심도 있게 토론을 진행하는 것을 보여주는 것과 같다. 만약 공격적인 토론자, 온화한 토론자(명령 프롬프트 1), 그리고 한쪽 입장(찬성, 반대, 명령 프롬프트 2)[8]에서 토론 시뮬레이션도 가능하다. 이런 다양한 역할 분담(보수적, 급진적, 낙관적 토론자 등)으로 토론에서 중요한 논리적 주장과 반박을 모의 시뮬레이션을 통해 간접 체험할 수 있다.

2. ChatGPT 활용한 브레인스토밍

자유롭게 의견을 나누는 과정에서 상사, 연장자, 토론 분위기, 시간이나 장소 등의 제약으로 인해 자유로운 의견 교환이 어려운 경우가 많다. 하지만 ChatGPT는 이러한 외부 요인에 영향을 받지 않고, 신선하고 독창적인 아이디어를 자유롭게 제시할 수 있다. 이러한 특성을 활용해 ChatGPT로 브레인스토밍(Brainstorming)을 진행할 수 있다.

브레인스토밍은 특정 주제나 문제에 대해 창의적이고 다양한 아이디어를 생성하기

---

8) (명령 프롬프트 1) 전문가 A를 공격적인 토론자로, 전문가 B를 온화한 토론자로 설정하여 다시 토론을 진행해 주세요. (명령 프롬프트 2) 전문가 B도 찬성하는 입장으로 변경하여 토론을 진행해 주세요.

위한 방법으로, 아이디어의 양과 다양성에 중점을 둔다. 이 과정에서는 비판이나 평가를 지양하며, 참신하고 혁신적인 해결책을 찾는 것이 목표이고, 브레인스토밍의 목적은 문제 해결을 위한 다양한 가능성을 탐색하고, 창의적 아이디어를 발견하며, 협업과 팀워크를 강화하는 데 있다.

브레인스토밍은 아이디어를 창의적으로 생성하고 문제 해결을 돕기 위한 방법으로, 다음과 같은 단계로 진행된다. 준비 단계는 다룰 주제를 명확히 정의하는 명확한 주제 설정과 브레인스토밍에 참여할 사람들을 결정하는 참여자 선정, 그리고 효율적인 진행을 위해 적절한 시간과 장소를 선정하는 시간과 장소 정하기이다. 아이디어 생성 단계는 제약 없이 창의적인 아이디어를 자유롭게 제시하는 자유로운 아이디어 제안과 제안된 아이디어를 확장하거나 발전시키는 발상 확장, 그리고 도표, 그림, 키워드 등을 활용해 아이디어를 구조화하고 명확히 표현하는 아이디어 시각화이다. 아이디어 평가 단계는 생성된 아이디어를 주제별로 정리하고 분석하는 아이디어 분류 및 분석과 실행 가능성과 효과를 고려하여 아이디어의 우선순위를 결정하는 우선순위 설정이 있다. 그리고 브레인스토밍의 핵심 원칙은 아이디어를 제안하는 동안 비판하지 않는 비판 금지, 가능한 많은 아이디어를 제시하는 데 초점을 맞추는 아이디어의 양 강조, 편안한 환경에서 의견을 낼 수 있도록 하는 자유로운 분위기 조성, 그리고 다른 아이디어를 결합하거나 발전시켜 새롭고 독창적인 아이디어를 도출하는 아이디어 결합과 개선이다.

이런 관점에서 ChatGPT를 활용한 브레인스토밍은 먼저 주제를 입력하고 다양한 아이디어를 요청한다. 다음으로 생성된 아이디어를 조합하거나 확장할 수 있도록 추가 질문한다. 끝으로 아이디어 평가를 돕기 위해 각 아이디어의 장단점 분석을 요청한다. 예를 들어, '환경 보호를 위한 창의적인 아이디어를 10가지 제안해 주세요.', 또는 '이 중 실행 가능성이 높은 아이디어를 분석해 주세요.'와 같은 방식으로 명령 프롬프트를 작성한다.

결과적으로 브레인스토밍은 창의적인 문제 해결과 협업을 촉진하는 강력한 도구이다. ChatGPT를 활용하면 아이디어 생성과 평가 과정을 더욱 풍부하고 효율적으로 수행할 수 있어, 더 나은 결과를 얻을 수 있다.

〈표 3.12〉는 저자가 소속된 학교의 교양과목인 통계로 보는 세상과 주교재 '데이터 사이언티스트 되기'를 소개하는 첫 수업에서, 학생들의 학습 의욕과 호기심을 높이는 방법에 대해 브레인스토밍을 요청한 결과를 담고 있다. 또한, 학생들의 응답 중 다섯 번째 항목에 대해 추가로 질문한 내용과 이에 대한 ChatGPT 답변도 함께 보여준다.

표 3.12 ChatGPT 활용: 토론 시뮬레이션

프롬프트: 대학교 핵심 교양과목인 '통계로 보는 세상'은 '데이터 사이언티스트 되기'라는 교재로 수업을 진행하려고 합니다. 이 교재는 빅데이터 종류, 튜닝실험과 인공지능, ChatGPT 활용, 인공지능 학습과 평가, 마지막으로 인공지능 과거와 미래로 구성되어 있습니다. 수업 첫 시간에 이들을 소개하면서 이 과목의 학습 의욕을 높이고 호기심을 일으키게 할 방법을 생각해 주세요.

수업 첫 시간에 학생들의 학습 의욕을 높이고 호기심을 자극하기 위해 다음과 같은 방법을 제안합니다:

1. 생동감 있는 주제 소개

각 장의 핵심 질문 던지기:

빅데이터 종류: "왜 스마트폰 하나로 우리의 행동을 분석할 수 있을까요?"
튜닝실험과 인공지능: "인공지능이 체스를 이길 때 어떤 실험이 필요할까요?"
ChatGPT 활용: "AI가 글쓰기나 발표 준비를 도울 수 있다면?"
AI 학습과 평가: "기계가 학습한다는 건 무슨 뜻일까요? 어떻게 평가할까요?"
AI의 과거와 미래: "인공지능은 과거에 어떻게 시작되었고, 앞으로 어떤 세상을 열까요?"

이러한 질문은 학생들이 호기심을 가지고 각 주제에 관심을 가지도록 유도합니다.

2. 실생활과 연결된 사례 제시

빅데이터: 소셜미디어에서 사람들이 좋아하는 음악이나 영화를 추천받는 과정 설명
튜닝실험: 자율주행차의 테스트 과정이나, AI가 게임에서 승리하는 사례 소개
ChatGPT 활용: 실시간으로 ChatGPT를 활용해 학생의 질문에 답변하거나, 글을 생성해 보는 데모 시연
AI 평가: AI가 사람의 목소리나 얼굴을 인식하는 사례와 이를 어떻게 평가하는지 간단히 설명
AI 미래: AI가 기후 변화 해결, 의료 혁신, 예술 창작에 미치는 잠재력 소개

3. 활동 중심 학습 도입

실습으로 시작하기:

간단한 데이터 분석 예제를 준비하여 학생들이 데이터를 직접 다뤄보게 합니다.

예를 들어, "클래스에서 가장 인기 있는 스마트폰 앱은?"과 같은 간단한 설문 데이터를 활용

ChatGPT를 활용해 간단한 질문을 입력하고 AI가 제공하는 응답을 분석

토론 유도:

"인공지능은 인간의 창의력을 대체할 수 있을까요?"와 같은 질문으로 소그룹 토론 진행

"빅데이터의 가장 큰 윤리적 문제는 무엇인가요?"와 같은 주제를 던져 의견 공유

4. 미래 직업과의 연계

"이 과목을 통해 여러분은 데이터 사이언티스트로서 어떤 가능성을 열어갈 수 있을까요?"라는 질문을 던져, 수업에서 배우는 내용이 실질적으로 어떤 진로에 연결되는지 설명합니다.

AI가 활약 중인 현재의 다양한 직업군(데이터 사이언티스트, AI 윤리 전문가, 머신러닝 엔지니어 등)을 소개하며 동기 부여

5. 흥미로운 시각 자료 활용

시각적이고 직관적인 자료로 학생들의 흥미를 자극합니다:

빅데이터 시각화 사례(예: 전 세계 트윗 사용량)

AI 발전 히스토리 타임라인

ChatGPT의 활용 가능성을 보여주는 짧은 동영상

6. 학습 목표와 기대감 공유

첫 시간에 과목의 목표를 명확히 설명하며 학생들의 기대감을 높입니다:

"이 과목이 끝나면 여러분은 데이터로 세상을 읽는 방법을 배우게 될 것입니다."

"ChatGPT를 활용해 레포트를 더 효율적으로 작성하는 법을 익힐 것입니다."

"AI의 과거와 미래를 이해함으로써 기술과 윤리의 균형을 고민할 수 있을 것입니다."

결론결론

흥미로운 질문과 실생활 사례, 활동 중심 학습을 통해 학생들에게 강렬한 첫인상을 남기세요. 이 과정은 학생들이 수업의 중요성과 실질적인 유용성을 인식하고, 배우고자 하는 열정을 갖게 하는 데 큰 도움이 될 것입니다.

흥미로운 질문과 실생활 사례, 활동 중심 학습을 통해 학생들에게 강렬한 첫인상을 남기세요. 이 과정은 학생들이 수업의 중요성과 실질적인 유용성을 인식하고, 배우고자 하는 열정을 갖게 하는 데 큰 도움이 될 것입니다.

프롬프트: '5. 흥미로운 시각 자료 활용'에서 다양한 시각화 사례를 알려주세요.

다양한 시각화 사례는 복잡한 데이터를 직관적으로 이해하고 흥미를 유발하는 데 효과적입니다. 아래는 수업에 활용할 수 있는 흥미로운 시각화 사례들입니다.

1. 빅데이터 시각화 사례
- 세계 트윗 활동 지도:
  - 전 세계 사람들이 트윗을 작성할 때 발생하는 데이터를 시각화한 지도입니다. 트윗이 작성된 위치와 활동량을 실시간으로 보여주는 지도는 빅데이터의 규모와 글로벌 연결성을 보여주기에 좋습니다.
  - [Viz: 트윗 핫스팟 지도]
- 구글 검색 트렌드 데이터:
  - 특정 주제에 대해 사람들이 검색한 데이터를 시간별, 지역별로 시각화한 사례입니다. 예: 코로나19 시기 동안 '마스크' 검색량의 변화
  - [Viz: Google Trends 데이터 시각화]
- 유동 인구 이동 패턴:
  - 대중교통 데이터를 기반으로 사람들이 어느 시간대에 어디로 이동하는지 보여주는 시각화. 이는 도시 빅데이터의 활용 가능성을 설명하기 좋습니다.

2. 튜닝실험과 AI 시각화 사례
- AI 모델의 학습 과정:
  - 딥러닝 모델이 이미지를 인식하고 학습하는 과정을 시각적으로 표현한 사례. 예: AI가 고양이와 강아지 이미지를 구분하는 방법
  - [Viz: CNN 필터와 활성화 맵]
- 자율주행차의 센서 데이터:
  - 라이다(LiDAR) 센서가 수집한 3D 데이터를 시각화하여 자율주행차가 주변 환경을 어떻게 이해하는지 보여줍니다.
  - [Viz: 자율주행 라이다 데이터]
- AI의 게임 플레이 학습 과정:
  - 알파고(AlphaGo) 또는 강화학습 모델이 게임을 플레이하며 점차 향상되는 과정을 시각화한 사례
  - [Viz: 알파고의 학습 경로]

3. ChatGPT와 AI 활용 사례
- 대화 생성 과정:
  - ChatGPT가 질문에 답변을 생성하는 단계를 시각화한 다이어그램. 토큰 단위로 입력과 출력이 생성되는 과정(Transformer 모델의 작동)을 단순화하여 보여줍니다.
  - [Viz: ChatGPT의 응답 생성 흐름]
- AI의 텍스트 생성 결과 비교:
  - 동일한 질문에 대해 AI 모델이 생성한 다양한 답변을 시각적으로 비교하여 모델의 창의성을 보여줍니다.
- AI 번역의 진화:
  - Google Translate와 같은 도구가 번역 품질을 개선해 온 과정을 시각화하여 AI의 학습 능력을 보여줍니다.

4. 인공지능 학습과 평가 시각화
- 정확도와 손실 곡선:
  - AI 모델의 학습 과정에서 손실(Loss)이 점차 감소하고 정확도(Accuracy)가 향상되는 그래프. AI가 학습하는 과정을 직관적으로 보여줍니다.
  - [Viz: 모델 학습 곡선]
- AI 평가 결과의 혼동 행렬(Confusion Matrix):
  - 모델이 잘못 분류한 데이터와 정확히 분류한 데이터를 시각화한 표. AI 평가 방법을 설명할 때 유용합니다.
  - [Viz: 분류 모델 혼동 행렬]

5. AI의 과거와 미래 시각화
- AI 발전 타임라인:
  - 1950년대 튜링 테스트부터 최신 GPT-4 모델까지 AI 기술의 주요 발전 과정을 타임라인으로 표현
  - [Viz: AI 역사 타임라인]
- AI가 창출하는 미래 직업군:
  - 미래의 직업(데이터사이언티스트, AI 윤리 전문가 등)을 시각적으로 나열하여 학생들이 AI의 잠재력을 실감할 수 있도록 유도
  - [Viz: 미래 직업 네트워크]
- 추천 도구
  1. Tableau: 복잡한 데이터를 시각화하는 데 유용
  2. Google Data Studio: 간단하고 직관적인 데이터 시각화에 적합
  3. Plotly/Dash: Python 기반의 대화형 데이터 시각화 도구
  4. Flourish: 인터랙티브한 시각화 제작에 적합

이러한 시각화를 활용하면 학생들이 빅데이터와 AI 기술이 현실에서 어떻게 사용되는지 생생히 이해하고, 학습 동기를 높일 수 있습니다. 필요하신 구체적인 예제를 제작하거나 상세히 설명드릴 수도 있습니다.

3. ChatGPT 활용한 표 작성

문장을 표로 작성하는 것은 정보를 구조적으로 정리하고 명확하게 전달하는 데 효과적이다. 특히 ChatGPT를 사용하여 긴 문장을 표로 변환하면, 정보가 한눈에 들어오도록 시각화되어 이해와 활용이 쉬워진다. 표로 작성하는 주요 장점은 긴 문장을 표로 변환하면 핵심 정보가 한눈에 들어와 내용을 더 쉽게 파악할 수 있는 이해 용이

성과 복잡한 데이터나 단계적인 내용을 체계적으로 정리하는 데 유용하다. 그리고 항목을 표 형식으로 나열하면 항목 간 비교가 쉬워진다. 또한 표는 데이터베이스처럼 구성할 수 있어 필요한 정보를 나중에 쉽게 검색하거나 활용할 수 있으며, 정보를 범주별로 나누어 정리하면 중복을 줄이고 각 정보의 위치와 맥락을 명확히 할 수 있다.

예를 들어, 〈표 3.13〉과 같이 기업의 강점(strength), 약점(weakness), 기회(opportunity), 위협(threat)을 규정하고 이를 기반으로 마케팅 전략을 수립하는 SWOT 분석을 설명하는 글이 있을 때, ChatGPT는 이를 표 형식으로 변환해 더 쉽게 이해할 수 있도록 제시할 수 있다. 〈그림 3.9〉는 이러한 ChatGPT의 응답을 도표로 구성한 사례를 보여준다.

표 3.13 문장을 표로 작성하는 ChatGPT

프롬프트: 다음 글을 읽고 이해하기 쉽게 요약하는 도표를 만들어 주세요.

어떤 기업의 내부 환경을 분석하여 강점과 약점을 발견하고, 외부 환경을 분석하여 기회와 위협을 찾아내어 이를 토대로 강점은 살리고 약점은 죽이고, 기회는 활용하고 위협은 억제하는 마케팅 전략을 수립하는 것을 말한다.

이때 사용되는 4요소를 강점 · 약점 · 기회 · 위협(SWOT)이라고 하는데, 강점은 경쟁기업과 비교하여 소비자로부터 강점으로 인식되는 것은 무엇인지, 약점은 경쟁기업과 비교하여 소비자로부터 약점으로 인식되는 것은 무엇인지, 기회는 외부 환경에서 유리한 기회요인은 무엇인지, 위협은 외부 환경에서 불리한 위협요인은 무엇인지를 찾아낸다. 기업 내부의 강점과 약점을, 기업 외부의 기회와 위협을 대응시켜 기업의 목표를 달성하려는 SWOT 분석에 의한 마케팅 전략의 특성은 다음과 같다.

① SO 전략(강점-기회 전략): 시장의 기회를 활용하기 위해 강점을 사용하는 전략을 선택한다.
② ST 전략(강점-위협 전략): 시장의 위협을 회피하기 위해 강점을 사용하는 전략을 선택한다.
③ WO 전략(약점-기회 전략): 약점을 극복함으로써 시장의 기회를 활용하는 전략을 선택한다.
④ WT 전략(약점-위협 전략): 시장의 위협을 회피하고 약점을 최소화하는 전략을 선택한다.

학자에 따라서는 기업 자체보다는 기업을 둘러싸고 있는 외부 환경을 강조한다는 점에서 위협 · 기회 · 약점 · 강점(TOWS)으로 부르기도 한다.

SWOT 분석을 요약한 도표는 다음과 같습니다:

SWOT 요소	내용	전략 유형
강점 (Strengths)	경쟁기업 대비 소비자에게 긍정적으로 인식되는 내부 요인	SO 전략: 강점을 활용하여 기회를 극대화
약점 (Weaknesses)	경쟁기업 대비 소비자에게 부정적으로 인식되는 내부 요인	WO 전략: 약점을 극복하여 기회를 활용
기회 (Opportunities)	외부환경에서 유리하게 작용할 수 있는 기회 요인	ST 전략: 강점을 활용하여 위협을 회피
위협 (Threats)	외부환경에서 불리하게 작용할 수 있는 위협 요인	WT 전략: 약점과 위협을 최소화

이 표는 SWOT 분석의 네 가지 요소와 이를 기반으로 설계되는 전략의 유형을 쉽게 이해할 수 있도록 정리한 자료입니다. 필요 시 추가 질문을 해주시면 더 구체적으로 설명드리겠습니다! [>-]

그림 3.9 SWOT 정의 도표화

4. ChatGPT 활용한 코딩(coding) 작성

코딩(coding)은 논리적 사고, 집중력, 컴퓨터 친숙한 사용자에게 매력적인 작업이다. 인공지능 시대에 인간의 코딩 능력이 중요해지고 있다. 인공지능(AI) 시대에도 인간의 코딩 능력이 중요해지는 이유는 기술 발전 속에서 인간의 창의력과 문제 해결 능력을 극대화하기 위해 프로그래밍 지식과 역량이 필수적이기 때문이다. 특히 인공지능은 데이터를 처리하고 학습하며 예측하는 알고리즘과 모델로 구성된다. 이런 기술을 설계하고 구현하기 위해서는 프로그래밍 지식이 필수적이다. 그리고 인공지능은 많은 작업을 자동화할 수 있지만, 사용자가 원하는 방식으로 작동하도록 설정하려면 코딩 지식이 필요하다. 예를 들어, 인공지능 기반 시스템의 데이터를 전처리하거나, 특정 조건에 맞춘 사용자 정의 알고리즘을 개발하는 데 코딩이 사용된다. 인공지능과 협업하며 이를 효과적으로 활용하기 위해서는 코딩을 통해 인공지능을 제어하고 작업을 최적화할 수 있어야 한다. 더 나아가 인공지능은 강력한 도구지만, 모든 문제를 자동으로 해결하지는 못한다. 인간은 인공지능이 처리하지 못하는 상황에서 코딩을 통해 새로운 기능을 추가하거나 AI를 보완할 수 있다. 예를 들어, 특정 산업 분야에서 인공지능 모델을 현장에 맞게 고객 맞춤형으로 전환하거나 기존 프로세스에 통합하기 위해 코딩이 필요하다.

코딩과 코딩 능력은 인공지능 시대에 반드시 필요한 기술 중 하나이다.

그러나 이러한 능력을 습득하는 것은 쉽지 않다. 대부분의 사람들은 학원에 다니거나, 책을 읽거나, 유튜브를 통해 독학으로 코딩을 배우려고 시도하지만, 실제로 10명 중 1명만이 끈기 있게 과정을 끝까지 완료한다. 이처럼 코딩을 배우는 데 높은 진입 장벽이 존재하는 상황에서 ChatGPT는 큰 도움을 줄 수 있다. ChatGPT는 사용자가 자료 구조나 변수 같은 기본 개념을 묻거나, 특정한 결과를 도출하기 위한 프로그래밍 요청을 입력하면, 적절한 코드를 작성해 줍니다.

예를 들어, 〈표 3.14〉와 같이 R 통계 프로그램 코딩 사례를 살펴보자. 「국내 이동 데이터를 포함한 7개의 변수로 구성된 자료를 기반으로, '지역별, 성별, 연령별로 비전이 확률(이동하지 않는 확률)을 연도별로 살펴보는 그래프를 그려 달라'」는 요청을 ChatGPT에 입력했다. 이에 ChatGPT는 10초 만에 R 코드를 작성(〈표 3.15〉 참고)하여 그래프를 생성할 수 있는 방법을 제공한다. 이를 참고하여 분석데이터와 변수명만 약간 수정하면 분석자가 원하는 결과를 〈그림 3.10〉과 같이 도출할 수 있다. ChatGPT는 이처럼 코딩 학습 과정에서 생기는 어려움을 극복하도록 돕는 유용한 도구로 활용될 수 있다.

표 3.14 ChatGPT 활용: 코딩

프롬프트: 아래와 같은 7개의 변수가 있어.
year, sex, age, out.region, IG, pop, NIG
연도(year), 성별(sex), 나이(age), 지역(out.region), 전출자수(IG), 인구(pop), 비전이확률(NIG) 변수로 구성된 자료에서 지역(out.region)이 0이면 전국이다. 연도는 2014에서 2023까지로 구성되어 있다. 전국을 기준으로 성별을 구분하여 비전이확률 원자료 분포를 연령 증감에 따라 살펴보는 R 프로그램을 연도별로 만드시오.

표 3.15 ChatGPT R 코드 생성 결과

다음은 연도별로 전국 데이터를 기준으로 성별에 따라 비전이확률(NIG)의 원자료 분포를 연령 증가에 따라 살펴보는 R 프로그램입니다. 이 코드는 원자료를 산점도로 시각화하고, 연도별로 패싯을 분리하여 그래프를 생성합니다.

```
# 필요한 패키지 로드
library(ggplot2)
library(dplyr)

# 예시 데이터프레임 생성 (실제 데이터로 대체 가능)
data <- data.frame(
  year = sample(2014:2023, 2100, replace = TRUE),
  sex = sample(c(0, 1), 2100, replace = TRUE), # 0과 1로 성별 구분
  age = sample(1:100, 2100, replace = TRUE),
  out.region = sample(c(0, 1, 2, 3), 2100, replace = TRUE), # 0이 전국
  IG = runif(2100, 1, 100),
  pop = sample(1000:5000, 2100, replace = TRUE),
  NIG = runif(2100, min = 0.3, max = 1) # NIG 값을 0.3에서 1 사이로 설정
)
# 전국 데이터 필터링 (out.region이 0인 경우)
national_data <- data %>%
  filter(out.region == 0, year >= 2014 & year <= 2023)

# 성별 및 연령에 따른 비전이확률 원자료 분포를 ggplot으로 시각화
ggplot(national_data, aes(x = age, y = NIG, color = as.factor(sex))) +
  geom_point(alpha = 0.6, size = 1.5) + # 산점도로 원자료 분포 표시
  facet_wrap(~ year) + # 연도별로 패싯 분리
  labs(
    title = "전국 기준 성별에 따른 연령별 NIG 원자료 분포 (연도별)",
    x = "Age",
    y = "NIG Value",
    color = "Sex"
) +
scale_color_manual(values = c("blue", "red"), labels = c("0", "1")) + # 성별에 따라 색상 설정
theme_minimal()
```

코드 설명

filter 조건:

out.region == 0: 전국 데이터를 필터링.

year >= 2014 & year <= 2023: 2014년부터 2023년까지의 데이터를 선택.

산점도:

geom_point: 원자료를 산점도로 표시합니다.

alpha = 0.6: 투명도를 설정하여 점이 겹칠 경우 시각적 혼란을 줄입니다.

size = 1.5: 점 크기를 설정하여 가독성을 높입니다.

패싯 분리:

facet_wrap(~ year): 연도별로 그래프를 분리하여 각각의 연도에 따른 분포를 확인할 수 있습니다.

범례 설정:

scale_color_manual(values = c("blue", "red"), labels = c("0", "1")): 성별(sex)에 따라 색상을 지정하고, 범례를 0과 1로 설정합니다. 이 코드를 실행하면 연도별로 전국을 기준으로 성별에 따라 NIG 원자료 분포를 연령 증가에 따라 산점도로 시각화한 그래프가 출력됩니다.

분석자는 〈표 3.15〉의 ChatGPT 생성 코드의 data.frame 부분을 분석 자료로 수정하여 코드를 실행시키면 된다. 〈표 3.16〉과 〈그림 3.10〉은 수정 코드와 결과를 보여준다.

표 3.16 분석 자료 R 코드

```
rm(list=ls(all=TRUE))
mi<-read.table("C:/Users/User/Desktop/migration.txt",sep="\t")
colnames(mi)=c("year","sex","age","out.region","IG","pop","NIG")
#### Pro.ASMR plot ####
library(ggplot2)
library(dplyr)
data <- data.frame(
  year = mi[,1],
  sex = mi[,2],
  age = mi[,3],
  out.region = mi[,4],
```

```
  IG = mi[,5],
  pop = mi[,6],
  NIG = mi[,7]
)# 전국 데이터 필터링 (out.region이 0인 경우)
national_data <- data %>%
  filter(out.region == 0, year >= 2014 & year <= 2023)
x11()
# 연도별 성별 및 연령별 NIG 평균 분포를 ggplot으로 시각화
ggplot(national_data, aes(x = age, y = NIG, linetype = as.factor(sex))) +
  geom_line(size =0.7) +
    facet_wrap(~ year) + # 연도별로 패싯 분리
  labs(
    title = "전국: 성별에 따른 연령별 NIG 분포 (연도별)",
    x = "Age",
    y = "NIG Value",
    linetype = "Sex"
  ) +
scale_linetype_manual(values = c("dashed", "solid"), labels = c("female", "male")) +
# ylim(0.8, 1)
  theme_minimal()
```

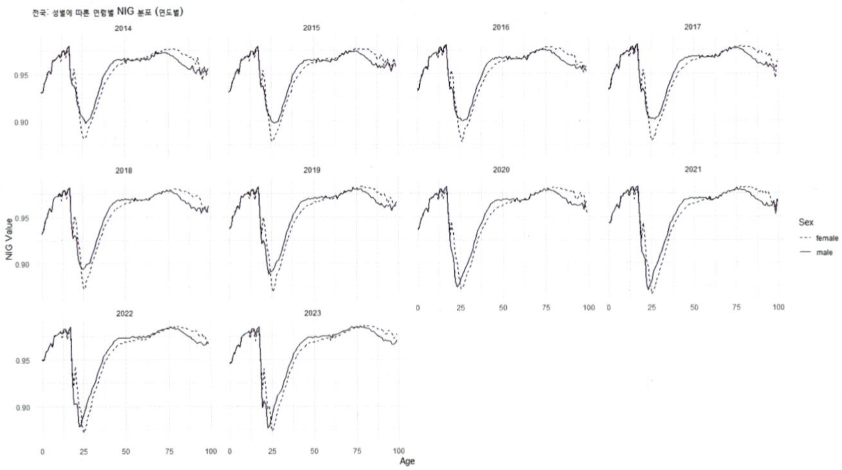

그림 3.10 성별, 연령별 비전이확률 연도별 추이

5. ChatGPT 활용한 통계분석과 시각화

ChatGPT는 데이터 정리, 분석, 시각화, 변환 등을 지원하며, CSV, Excel, JSON 등의 데이터 파일을 업로드하면 이를 기반으로 다양한 작업을 수행할 수 있다. 통계 프로그램처럼 다변량 통계분석이나 다중 회귀분석처럼 난이도 있는 통계분석은 정확히 수행하지 못하지만, 간단한 자료 정리나 시각화 그리고 기술통계량 도출이 가능하다.

6. ChatGPT 활용: 기술통계량에서 회귀분석까지

ChatGPT는 정형 데이터를 활용한 기술통계량 분석을 수행할 수 있다. 기술통계량, 시각화, 상관, 회귀분석의 사례를 살펴본다.

〈표 3.17〉은 5명의 학생 시험 점수에 대해 평균, 최댓값, 최솟값, 점수 분포, 표준편차를 포함한 기술통계량을 분석하고, 두 자료의 분포를 비교한 결과를 보여준다. 그리고, 자료 1은 값이 1에서 5 사이로 분포하고, 자료 2는 자료 1과 유사하지만 100이라는 극단값을 포함한다.

ChatGPT에 이 두 자료의 분포 비교를 요청한 결과, 〈표 3.17〉과 같은 기술통계량 분석 결과와 주의점이 도출되었다.

표 3.17 ChatGPT 활용: 기술통계량 분석

(명령 프롬프트) 다음 시험 점수에 대해 기술통계량을 제시해 줘.
85 90 78 88 92

Descriptive Statistics For Exam Scores

		Scores
1	count	5.0
2	mean	86.6
3	std	5.458937625582473
4	min	78.0
5	25%	85.0
6	50%	88.0

시험 점수에 대한 기술통계량을 정리한 표를 보여드렸습니다. 추가로 궁금한 사항이 있거나 다른 분석이 필요하면 알려주세요! [>-]

(명령 프롬프트) 다음 두 자료의 분포를 비교하는 기술통계량을 제시하고, 기술통계량을 활용할 때 주의할 점을 알려줘.
자료1: 1 2 3 4 3 3 5 2 3 5
자료2: 1 2 3 3 3 4 5 6 1 100

Comparison Of Descriptive Statistics For Data1 And Data2

		Data1	Data2
1	count	10.0	10.0
2	mean	3.1	12.8
3	std	1.286683937707919	30.680431693326756
4	min	1.0	1.0
5	25%	2.25	2.25
6	50%	3.0	3.0

위 표는 두 자료(Data1과 Data2)의 기술통계량을 비교한 결과입니다. 이를 바탕으로 두 자료의 분포를 비교하고, 기술통계량 활용 시 주의할 점을 설명드리겠습니다.

주의할 점

1. **극단값(Outlier)의 영향**
   Data2의 평균이 크게 증가하고 표준편차가 커진 것은 극단값(100)의 영향 때문입니다. 이처럼 극단값은 평균과 표준편차와 같은 통계량에 큰 영향을 줄 수 있으므로 자료의 분포를 먼저 확인해야 합니다.
2. **중앙값(Median)의 활용**
   평균이 극단값에 민감하기 때문에, 자료에 극단값이 포함된 경우에는 중앙값이나 사분위수를 사용하는 것이 더 적합할 수 있습니다.
3. **자료의 특성 이해**
   기술통계량은 자료의 분포를 요약하지만, 자료의 분포 형태(왜도, 첨도 등)나 데이터의 맥락을 무시할 수 있으므로, 시각화(히스토그램, 상자그림 등)와 함께 사용해야 합니다.
4. **데이터의 크기와 스케일**
   데이터의 단위나 크기가 다르면 직접 비교가 어려울 수 있으므로, 표준화나 정규화를 고려해야 할 때도 있습니다.

추가 분석이나 해석이 필요하면 말씀해주세요!

위쪽 기술통계량 요약은 각 자료에 대해 개수, 평균, 표준편차, 최솟값, 최댓값, 사분위수를 표로 정리하여 제시했다. 반면 자료 2에서 극단값(100)으로 인해 평균과 표준편차가 크게 왜곡될 수 있음을 지적했다. 이를 보완하기 위해 평균 대신 중앙값이나 사분위수를 사용하는 방법을 제안했다. 이와 같은 분석은 자료의 특성을 명확히 이해하고, 적절한 통계적 방법을 선택하는 데 도움이 된다. ChatGPT는 단순 계산을 넘어 자료의 분포와 특성에 대한 통찰을 제공하고 있음을 알 수 있다.

두 번째로 〈표 3.18〉은 정형 자료의 양적변수에 대한 자료 분포의 파악을 위해 히스토그램(histogram), 줄기-잎 그림(stem and leaf plot), 상자그림(box plot)을 ChatGPT에 요청한 결과를 보여준다. 히스토그램의 경우 적절한 개수와 계급간격이 중요하므로 명령 프롬프트 작성에 조건으로 추가하였다. ChatGPT는 히스토그램 작성 과정에서 Sturges의 규칙(Sturges' Rule)[9]을 적용한 것을 명시하고 그래프를 제시하고 있으며, 줄기-잎 그림, 상자그림을 도시하고 설명하고 있다. 히스토그램은 자료

9) Sturges의 규칙(Sturges' Rule)은 데이터를 히스토그램으로 표현할 때 적절한 계급(bin)의 수를 결정하기 위한 경험적 규칙이다. 데이터의 크기(표본 수, n)에 따라 계급 수(k)를 계산하며, 다음과 같은 수식을 사용한다. $k=[1+3.322\log10(n)]$, [ ]: 천장 함수(계산 결과 올림)

분포 파악을 위해 적절한 계급과 간격을 만드는 과정이 요구되어 원자료를 가공한다. 반면 줄기-잎 그림은 원자료를 그대로 사용하는 편리함을 제공하면서 자료분포 파악에 용이하다. 상자그림은 자료의 변동과 극단값 또는 이상값(outlier) 검출에 유용함을 보인다.

표 3.18 ChatGPT 활용: 정형 자료 시각화

(명령 프롬프트) 다음 자료의 분포를 파악할 수 있는 히스토그램(histogram), 줄기-잎-그림(stem and leaf plot), 상자그림(box plot)을 그려줘.
- 조건: 히스토그램을 그릴 때 적절한 계급수와 계급간격에 유의해서 그려줘.
1.8 1.9 3.3 3.5 3.2 3.5 4.1 4.5 4.9 5.6
2.5 3.5 3.3 4.8 4.2 4.5 4.9 5.6 6.0 6.5
2.7 4.9 4.6 4.7 4.3 5.5 2.7 3.8 3.9 4.9

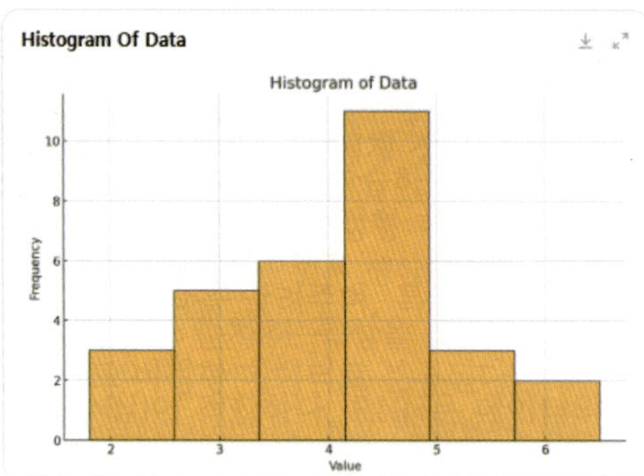

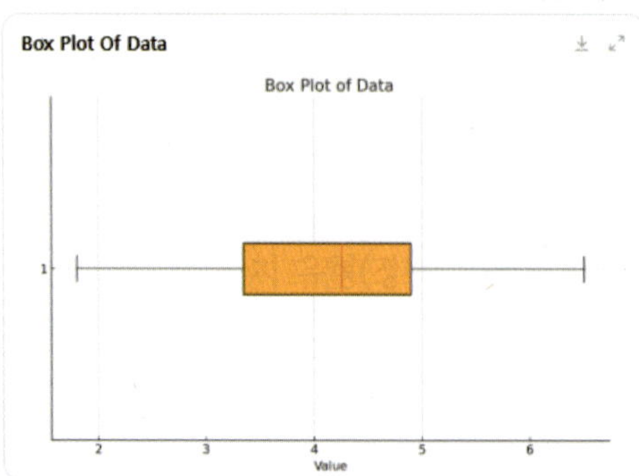

시각화 결과 및 설명

1. 히스토그램

- 히스토그램은 적절한 계급 수와 간격을 고려하여 Sturges' 규칙을 사용해 작성되었습니다.
- 데이터의 분포를 확인하기 쉽게 구간별 빈도수를 나타냈습니다.

2. 줄기-잎 그림 (Stem-and-Leaf Plot)

```
1 | 89
2 | 577
3 | 22255579
4 | 022555779999
5 | 555
6 | 05
```

- **Stem (줄기)**: 정수 부분을 나타냅니다.
- **Leaf (잎)**: 소수점 첫 번째 자리 숫자를 나타냅니다.
- 예를 들어, `1 | 89` 는 1.8과 1.9를 의미합니다.

3. 상자그림 (Box Plot)

- 상자그림은 데이터의 중앙값, 사분위수, 그리고 이상값(outliers)을 시각적으로 표현했습니다.
- 분포의 대략적인 형태와 데이터의 범위를 한눈에 확인할 수 있습니다.

추가적으로 설명이나 분석이 필요하면 말씀해주세요! [>-]

끝으로 〈표 3.19〉는 두 변수에 대한 산점도(scatter plot)와 상관분석(correlation analysis) 그리고 회귀분석(regression analysis)을 위해 ChatGPT를 활용한 결과를 보여준다. 한글 명령 프롬프트에 따른 ChatGPT의 시각화는 축 한글 변수명과 한글 제목이 깨지는 결과를 보여준다. 이를 개선하기 위해 변수명과 단위를 영문으로 수정하여 '한글+영문' 조합 프롬프트에 따른 ChatGPT 응답 차이도 확인할 수 있다.

따라서 ChatGPT 시각화 출력에서 한글이 깨지는 경우, '한글+영문' 명령 프롬프트로 수정하면 ChatGPT가 시각적으로 뛰어난 결과를 제시할 가능성이 커진다.

표 3.19 ChatGPT 활용: 산점도와 상관, 회귀분석

<table>
<tr>
<td>
(한글 명령 프롬프트) 다음 x, y 두 변수는 광고비(단위:억 원)와 매출액(단위: 십억 원)을 나타낸다.
x: 1.8 1.9 2.3 2.5 3.2 3.5 4.1 4.5 4.9 5.6
y: 2.5 3.5 3.3 3.8 4.2 4.5 4.9 5.6 6.8 7.2
이들 변수의 분포를 살펴보는 산점도를 그려주고, 상관분석와 회귀분석을 해주세요.
</td>
<td>
(한글+영문 명령 프롬프트) 다음 x, y 두 변수는 광고비(advertising cost, unit: 1 billion)와 매출액(revenue, unit:10 billion)이다.
advertising cost: 1.8 1.9 2.3 2.5 3.2 3.5 4.1 4.5 4.9 5.6
revenue: 2.5 3.5 3.3 3.8 4.2 4.5 4.9 5.6 6.8 7.2
이들 변수의 분포를 살펴보는 산점도를 그려주고, 상관분석와 회귀분석을 해주세요.
</td>
</tr>
<tr>
<td>

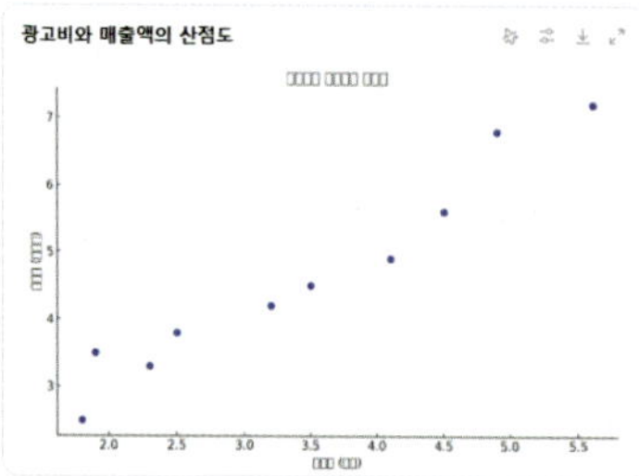

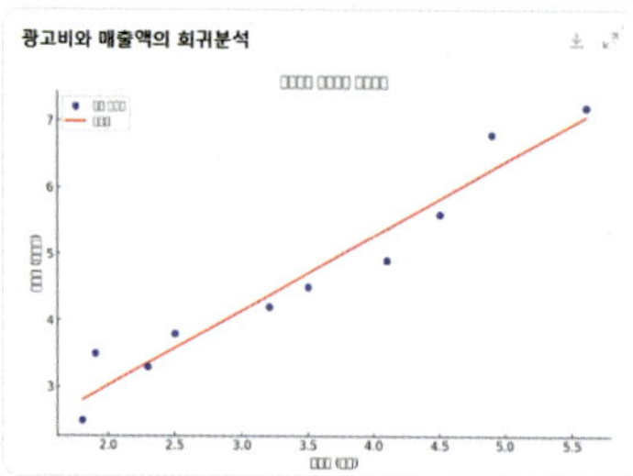

분석 결과

1. **산점도**
   광고비와 매출액 간의 관계를 시각적으로 확인한 결과, 두 변수 간에 양의 상관관계가 있어 보입니다.
2. **상관분석**
   - 상관계수 (r): **0.9724**
     광고비와 매출액 간에 매우 강한 양의 상관관계가 있습니다.
3. **회귀분석**
   - 회귀식:
     $$\text{매출액 (y)} = 1.121 \cdot \text{광고비 (x)} + 0.786$$
   - 결정계수 (R^2): **0.9456**
     광고비가 매출액의 약 94.56%를 설명합니다.
   - p-value: **2.45e-06**
     회귀분석 결과는 통계적으로 유의미합니다 (일반적으로 p < 0.05가 유의미 기준).
   - 표준오차: **0.0950**

결론

광고비가 증가할수록 매출액도 증가하는 매우 강한 상관관계가 있으며, 광고비는 매출액을 예측하는 데 효과적인 변수임을 알 수 있습니다. [>-]

</td>
<td>

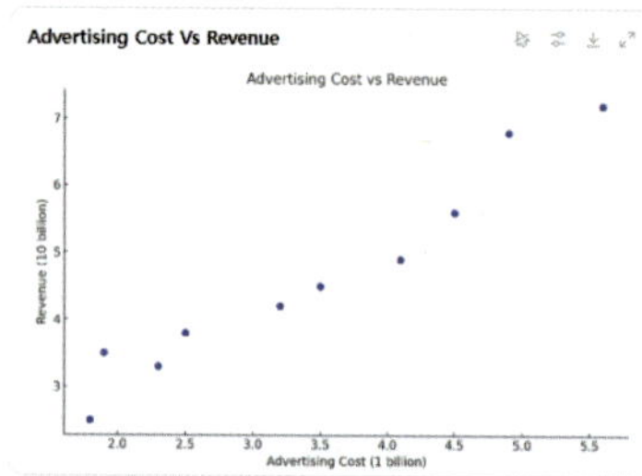

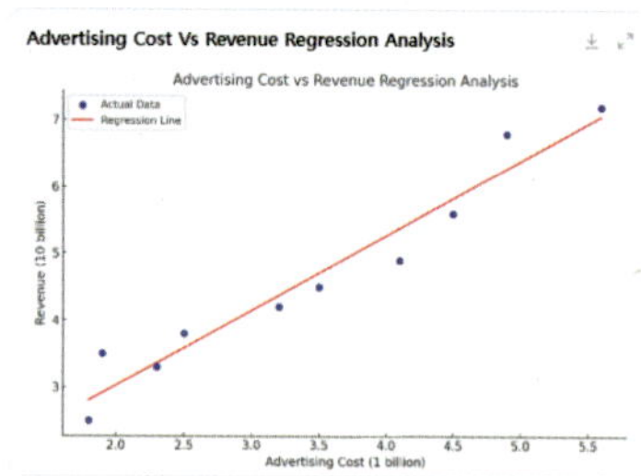

분석 결과

1. **산점도**
   산점도를 통해 광고비와 매출액 사이에 강한 양의 관계가 있음을 확인할 수 있습니다.
2. **상관분석**
   - 상관계수 (r): **0.9724**
     광고비와 매출액 간에 매우 강한 양의 상관관계가 있습니다.
3. **회귀분석**
   - 회귀식:
     $$\text{Revenue (십억원)} = 1.121 \cdot \text{Advertising Cost (억원)} + 0.786$$
   - 결정계수 (R^2): **0.9456**
     광고비가 매출액 변동의 약 94.56%를 설명합니다.
   - p-value: **2.45e-06**
     통계적으로 매우 유의미합니다 (p < 0.05).
   - 표준오차: **0.0950**

결론

광고비와 매출액 사이에는 매우 강한 양의 상관관계가 있으며, 회귀식을 통해 광고비를 기반으로 매출액을 효과적으로 예측할 수 있습니다. 추가로 분석이 필요하다면 요청해주세요! [>-]

</td>
</tr>
</table>

7. 자료의 형태에 따른 통계분석 추천

통계분석 방법은 변수의 자료 형태에 따라 다양하게 분류할 수 있으므로 올바른 통계분석을 위해서는 자료 형태를 먼저 이해해야 한다. 이유는 자료 형태에 따라 적합한 분석 방법이 다르기 때문이다. 제1장에서 자세히 소개하였으므로 여기서는 간단히 정리한다. 변수는 크게 질적 변수와 양적 변수로 나눌 수 있다. 질적 변수는 숫자가 아닌 범주나 그룹으로 나타나며, 명목척도나 서열척도가 여기에 해당한다. 예를 들어 성별(남/여), 지역(서울/부산), 혈액형(A, B, AB, O형), 교육 수준(고졸/대졸/석사/박사), 만족도(매우 나쁨 ~ 매우 좋음)도 등이 여기에 속한다. 양적변수는 숫자로 나타나며 크기를 비교할 수 있다. 예를 들어 키, 몸무게, 수입, 시험 점수 등과 연속적인 상황에서 발생하는 두 가지 형태로 나타나는 사고 횟수, 불량 건수 등도 여기에 속한다.

자료 형태에 따른 주요 분석 방법은 독립변수(설명변수, 원인변수 등)와 종속변수(반응변수, 결과변수, 목표변수 등)가 모두 양적 변수이면, 두 변수의 관계 정도를 측정하는 상관분석과 독립변수를 가지고 종속변수를 모형식으로 예측하거나 이들의 선형적 관련성을 함수식으로 살펴보는 회귀분석이 있다. 예를 들어 광고비와 매출액 간의 관계 분석, 공부 시간과 시험 점수의 관계 분석이 여기에 해당한다. 반면 독립변수가 질적 변수이고 종속변수가 양적 변수이면 두 집단의 평균 비교를 위한 t-검정(t-test), 세 집단 이상의 평균 비교 분석인 분산분석(ANOVA)이 있다. 예를 들어 남성과 여성의 평균 키 비교는 t-검정, 학력 수준에 따른 월급 차이 분석은 분산분석이 된다. 그리고 독립변수가 양적 변수, 종속변수가 질적 변수인 경우에는 양적 변수를 사용해 질적 변수 예측하는 로지스틱 회귀분석(Logistic Regression)을 적용한다. 예를 들어 키와 체중을 기준으로 비만 여부 예측이나 시험 점수를 기준으로 합격과 불합격을 예측하는 분석이 여기에 속한다.

만약 독립변수와 종속변수가 모두 질적 변수이면, 범주형 변수 간 분포나 연관성 관계를 분석하는 교차분석(Chi-square Test)을 적용한다. 예를 들어 성별과 흡연 여부의 관계나 지역별로 선호하는 음식 종류를 비교하는 것이 여기에 속한다. 지금까지 소개한 통계분석을 정리하면 〈표 3.20〉과 같다.

표 3.20 변수 형태에 따른 통계분석 가이드

독립변수	종속변수	분석 방법	예시
양적	양적	상관분석, 회귀분석	공부 시간과 시험 점수
양적	질적	로지스틱 회귀분석	점수를 기준으로 합격/불합격 예측
질적	양적	t-검정(Z-검정), 분산분석	A, B 지역 소득 비교 지역별 평균 소득 비교
질적	질적	교차분석	운동 여부와 질병 발생

〈표 3.20〉에 나열한 통계분석 방법 외에도 주성분 분석, 다중 회귀분석, 군집분석, 판별분석과 같은 다변량 통계분석이 존재한다. 이들 분석은 본서 수준을 넘어 생략하기로 한다.

최근 빅데이터는 정형 자료 이외에 특수한 자료 형태가 많다. 시간 데이터, 공간 데이터, 텍스트 데이터, 네트워크 데이터 등이 존재한다. 이들 자료는 시계열 분석 (Time Series Analysis), 공간 회귀분석 (Spatial Regression), 지리정보시스템 분석 (GIS Analysis), 텍스트마이닝 (Text Mining), 워드 클라우드 (Word Cloud), 감정분석 (Sentiment Analysis), 네트워크 중심성 분석 (Network Centrality Analysis), 커뮤니티 탐지 (Community Detection) 등이 있다.

또한, 통계분석 과정에서 시각적 자료를 활용하면 데이터를 더 쉽게 이해할 수 있다. 두 양적 변수 간 관계를 시각화하는 산점도, 양적 변수의 분포를 파악하는 히스토그램, 줄기-잎 그림, 그룹 간 차이와 이상값 확인하는 상자그림, 그리고 질적 변수의 빈도나 상대도수로 자료 분포를 파악하는 막대그래프, 원그래프, 꺾은선 그래프가 있다.

8. ChatGPT 활용 기타 자료처리

자료처리는 데이터의 정리, 변환, 분석 등을 통해 의미 있는 정보를 도출하는 과정이다. 효율적인 자료처리는 데이터 분석, 인공지능 모델 구축, 의사결정 등에 중요한 역할을 한다. 다음의 주요 자료처리 예제이다.

① 숫자, 문자 변환

자료에 숫자 1, 2, 3, 4, 5가 있을 경우, 이를 문자(열)로 변환, 또는 그 반대의 과정은 다음과 같이 간단한 처리를 통해 가능하다.

[1, 2, 3, 4, 5]를 문자로 변환한 결과는 다음과 같습니다:
['1', '2', '3', '4', '5']
문자 ['11', '21', '31', '41', '51']를 숫자로 변환한 결과는 다음과 같습니다:
[11, 21, 31, 41, 51]

---

② 구분자 지정 및 데이터 분리

', ; .' 등과 같은 구분자가 있는 자료인 경우 구분자를 지정하여 데이터 분리가 가능하다. 예를 들어 '홍길동,30,서울'을 쉼표(,)를 기준으로 분리는 다음과 같다.

(명령 프롬프트) "홍길동,30,서울"을 쉼표(,)를 기준으로 이름, 나이, 지역으로 분리해 줘.
문자열 "홍길동,30,서울"을 쉼표(,)로 분리한 결과는 다음과 같습니다:
이름: 홍길동
나이: 30
지역: 서울

---

③ 한글 숫자를 아라비아 숫자로 변환이 가능

은행 업무에서 대출 금액은 한글로 숫자를 표기하는 원칙을 따른다. 하지만 자료처리를 위해서는 한글 숫자를 아라비아 숫자로 변환한 이후에 분석이 용이하다. 예를 들어 "일천오백삼십"은 1530으로, 253 → "이백오십삼"으로 전환이 서로 가능하다.

(명령 프롬프트) "일천오백삼십"을 아라비아 숫자로 표기하고, 253은 한글 숫자로 표기하세요.
변환 결과는 다음과 같습니다:
"일천오백삼십" → 1530 (아라비아 숫자)
253 → 이백오십삼 (한글 숫자)

---

④ 성과 이름, 주소 분리

홍길동, 김영희, 김한밭 등과 같은 한글은 성과 이름으로 구성된 단어이다. 분석을 위해 성과 이름을 분리해야 하는 경우도 있으며, 또한 주소의 경우 시/도, 구/군, 동으로 구분하는 경우도 많다. 이런 경우에 간단한 명령 프롬프트로 해결할 수 있다.

(명령 프롬프트) 홍길동, 김영희, 오철수를 성과 이름으로 분리해 주세요. 그리고 대전광역시 유성구 동서대로 125를 시/도, 구/군, 대로, 숫자로 구분해 주세요.
결과는 다음과 같습니다:
성과 이름 분리:
홍길동 → 성: 홍, 이름: 길동
김영희 → 성: 김, 이름: 영희
김한밭 → 성: 김, 이름: 한밭
주소 분리:
시/도: 대전광역시
구/군: 유성구
대로명: 동서대로
숫자: 125

---

⑤ 유사성 분류

분석 항목이 여러 개인 경우, 먼저 유사한 특성끼리 그룹화한 뒤 분석을 진행하는 방법이 있다. 이 과정에서 ChatGPT의 도움을 받아 항목을 효율적으로 분류할 수 있다. 예를 들어, 볼펜, 노트, 메모지, 가위, 칼, 테이프, 지우개, 형광펜, 색연필, 사프펜, 딱풀, 화이트지우개와 같은 항목을 ChatGPT를 활용하여 유사한 특성으로 그룹화하면 다음과 같이 분류할 수 있다.

(명령 프롬프트) 아래 항목을 그룹 특성으로 나눠주세요.
볼펜 노트 메모지 가위 칼 테이프 지우개 형광펜 색연필 사프펜 딱풀 화이트지우개
아래 항목들을 그룹 특성에 따라 분류한 결과는 다음과 같습니다:
1. 필기구(Writing Tools)
볼펜
형광펜
색연필
사프펜
2. 문구류(Stationery)
노트
메모지
지우개
화이트지우개
3. 절단 도구(Cutting Tools)
가위
칼
4. 접착 도구(Adhesive Tools)
테이프
딱풀

이들 외에도 간단한 데이터베이스 검색이나, 상품 분류, 표 작성, 주제어 도출 등 다양한 자료처리가 가능하다.

결국 자료처리는 데이터를 효율적으로 가공하고, 가치 있는 정보로 변환하기 위해 필수적인 과정이며, 위 예제들을 통해 다양한 자료처리 기법을 익히고 실생활 및 전문 분야에 응용할 수 있는 ChatGPT 활용 능력을 배양하기 바란다.

9. ChatGPT 활용 음성 대화

음성으로 ChatGPT와 대화하면 보다 자연스럽고 효율적으로 소통할 수 있다. 이를 위해 음성대화를 시작하기 전에 필요한 설치와 활용 방법을 잘 이해해야 한다. 다음은 음성 대화를 준비하고 활용하는 방법에 대한 가이드이다. 독자는 이들 단계를 천천히 따라해 보기 바란다.

먼저 음성 대화 준비를 위한 설치이다. 음성 대화를 사용하려면 음성을 지원하는 ChatGPT 애플리케이션이나 플랫폼이 필요하다. OpenAI의 공식 모바일 앱(iOS 및 Android)이 이를 지원하므로 해당 앱을 설치하는 것이 첫걸음이다.

다음으로 음성 대화를 위해 마이크가 필요하다. 스마트폰, 노트북, 데스크톱의 내장 마이크를 사용하거나 외장형 마이크를 연결하면 된다. 고품질의 음성 인식을 원한다면 노이즈 캔슬링 기능이 있는 마이크를 사용하는 것이 좋다.

끝으로 필수 애플리케이션 설치와 권한 설정이다. iOS 앱스토어나 Google Play에서 OpenAI의 ChatGPT 앱을 다운로드하고 설치하고, 애플리케이션이 음성 인식을 위해 특정 음성 엔진(예: Apple의 Siri, Android의 음성입력)을 사용하는 경우 별도의 설정이 필요할 수도 있다. 권한 설정은 앱 설치 후, 마이크와 오디오 권한을 허용해야 한다. '스마트폰'에서는 '설정-앱-ChatGPT-권한'에서 '마이크 사용 권한 활성화', '데스크톱 PC'에서는 브라우저 또는 애플리케이션에서 마이크 권한 허용해야 한다. 이런 과정을 거치면 음성 대화 준비 설치는 거의 완성한 것이다.

다음 단계는 음성 대화 시작하기이다. ChatGPT에서는 음성 대화를 위한 버튼이나 설정이 제공된다. 음성을 입력하려면 마이크 아이콘을 터치하여 녹음을 시작한다. 이 과정에서 ChatGPT가 음성을 인식할 수 있도록 언어(예: 한국어, 영어)를 선택해야 한다. 마이크가 활성화된 상태에서 대화를 시작하면 ChatGPT가 음성을 텍스트로 변환하고 이를 기반으로 응답한다. 예를 들어, 질문은 '오늘 날씨 어때?'라고 하면

ChatGPT는 '사용자 위치 정보를 기반으로 날씨를 알려드릴게요.'라고 응답하면서 정보를 제공한다. (앱이 음성 출력 기능을 지원하는 경우) ChatGPT의 응답은 텍스트뿐만 아니라 음성으로도 출력된다.

〈그림 3.11〉은 음성 대화 시각 처음 단계를 보여준다. 마이크가 빨간색(점선 표기 부분)으로 표시되면 음성입력이 가능하다.

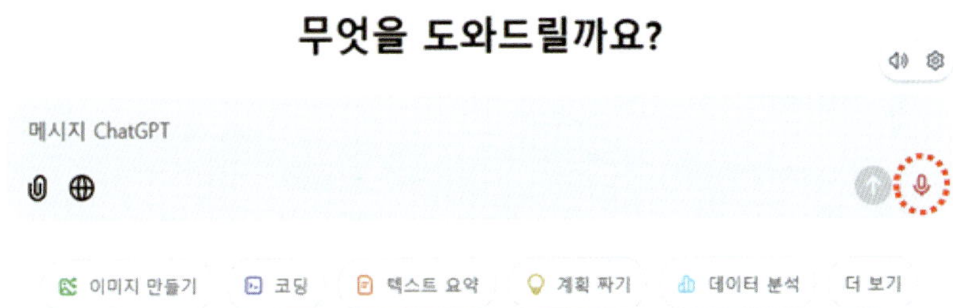

그림 3.11 음성입력 단계(마이크 빨간색) ChatGPT 4o

〈그림 3.12〉는 살고 있는 지역을 입력하고 날씨 정보를 음성입력으로 처리한 경우의 결과이다.

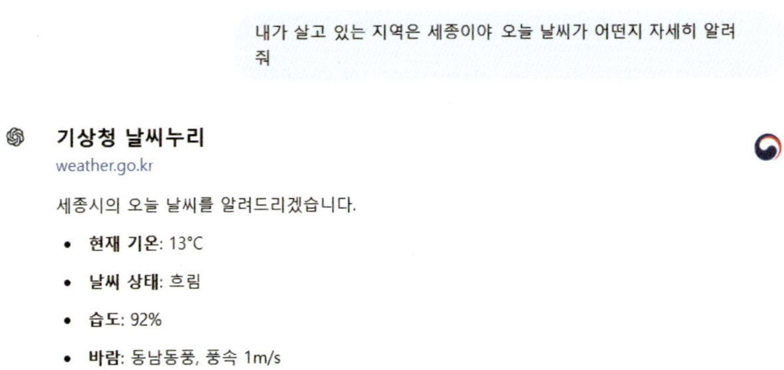

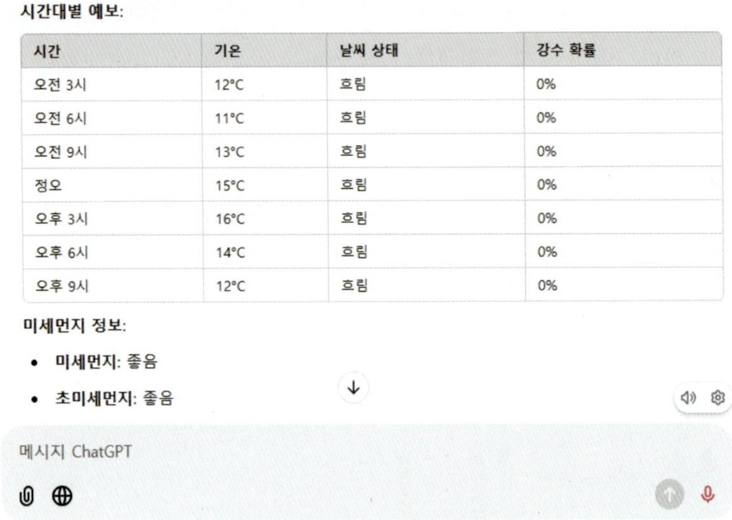

그림 3.12 음성입력 후 날씨 정보

이제 음성 대화의 주요 활용 방법과 주의할 점을 소개한다.

먼저, 주요 활용 방법을 살펴본다. 첫째, 빠른 정보 검색이다. 음성을 사용해 실시간으로 질문을 하고 답변을 받을 수 있다. 둘째, 학습과 교육 도구로 활용하는 것이다. 학생들은 음성으로 질문하고 ChatGPT로부터 즉각적인 피드백을 받을 수 있다. 외국어 학습에서도 유용하며, 발음과 문법 확인이 가능하다. 셋째, 비즈니스 지원이다. 음성 명령을 통해 일정 관리, 회의 준비, 업무 관련 정보를 간단히 요청할 수 있다. 넷째, 사용자 맞춤 대화이다. ChatGPT는 음성을 통해 사용자의 의도를 정밀하게 파악할 수 있으며, 자연스러운 대화를 통해 복잡한 질문도 쉽게 처리할 수 있다.

다음으로, 음성 대화를 활용할 때 주의해야 할 점을 살펴본다.

첫째, 주변 소음이 많으면 음성 인식 정확도가 떨어질 수 있으므로 조용한 환경에서 사용하는 것이 중요하다. 둘째, ChatGPT가 음성을 텍스트로 변환하기 때문에 정확한 발음으로 말하는 것이 필요하다. 셋째, 음성 대화 중 민감한 정보를 말할 경우,

데이터를 안전하게 보호하기 위해 ChatGPT의 개인정보 보호 정책을 확인해야 한다.

음성입력은 텍스트 입력보다 많은 장점을 가진다. 이를 효과적으로 활용하려면 몇 가지를 기억해야 한다. 음성입력은 텍스트보다 느릴 수 있으므로 질문을 명확하고 간단하게 말하는 것이 좋다. ChatGPT의 응답이 모호하거나 잘못된 경우에는 다시 요청하는 것이 필요하다. 또한, ChatGPT에서 제공하는 대화 기록 저장 및 공유 기능을 활용해 중요 정보를 보관할 수 있다.

결국, 음성으로 ChatGPT와 대화하는 기능은 생산성과 효율성을 높이는 강력한 도구이다. 위의 단계를 따라 설정하고 활용하면 음성 대화의 이점을 극대화할 수 있다. 기술의 발전으로 음성 대화는 점점 더 자연스럽고 정확하게 진화할 것이며, 다양한 분야에서 더욱 널리 활용될 것으로 보인다.

10. ChatGPT 활용한 이미지 자료처리

GPT-4는 이미지 판독 기능을 통해 다양한 이미지 데이터를 처리할 수 있는 기술을 제공한다. 예를 들어, 개인의 서명(sign), 숫자, 문자 등을 인식하고 판독하는 것이 가능해지고 있다. 이런 기술은 이미 우리 일상생활에서도 폭넓게 활용되고 있다.

예를 들어, 아파트나 건물 주차장에서는 차량 번호를 인식하여 등록된 차량인지 확인하고, 등록 차량일 경우에만 차단기가 열리도록 시스템이 작동한다. 또한, 주차 요금을 계산할 때는 차량의 입차 시간과 출차 시간을 분석하여 자동으로 금액을 산출하고 징수한다. 이처럼 이미지 인식과 판독 기술은 우리의 일상 속에 자연스럽게 스며들며 점점 더 큰 역할을 하고 있다.

위의 내용은 ChatGPT와 이미지 처리의 결합으로 표현 가능하다. ChatGPT는 주로 텍스트 생성 및 자연어 처리를 기반으로 한 AI 모델이다. 그런데 OpenAI가 제공하는 GPT-4와 같은 최신 기술은 이미지와 텍스트를 결합한 멀티모달(multimodal) 기능을 지원하여 이미지 판독 및 처리가 가능하다. 이 기능은 이미지 내의 텍스트 읽기, 물체 인식, 이미지 설명 생성 등 다양한 작업에 활용될 수 있다. 이러한 기술은 단순히 이미지를 판독하는 데 그치지 않고, 이를 텍스트와 결합하여 더 심층적인 이해와 해석을 제공하는 데 초점을 맞춘다.

이런 이미지 자료처리의 주요 기능으로 이미지를 분석하여 텍스트를 추출하는 기능이다. 예를 들어, 손글씨나 디지털 이미지에 포함된 문자를 판독하여 데이터화할 수 있다. 이를 텍스트 판독(OCR, Optical Character Recognition)으로 명칭하고 OCR 판독의 활용 사례는 청구서, 영수증, 계약서 등에서 필요한 정보를 추출하여 문서 자동화를 지원하는 것이다.

다음으로 이미지를 판독하여 그 안에 포함된 물체, 장면, 색상 등을 해석하는 기능인 이미지 내용 분석이다. 물체 감지 기술을 활용한 물류 관리나 공장 내 품질 검사에 활용되고 있다. 그리고 이미지를 분석한 결과를 텍스트 데이터와 연계하여 심화된 응용을 가능하게 한다. 교육 자료 제작 시 이미지 설명 자동 생성 또는 온라인 쇼핑몰에서 상품 이미지 기반 리뷰 생성에 활용되고 있다. 또한 번역 및 텍스트 변환도 가능하다. 이미지를 통해 추출한 텍스트를 다른 언어로 번역하거나, 형식 변환을 통해 데이터 활용도를 높일 수 있다. 이는 다국어 서류 처리, 국제 비즈니스에서의 문서 해석에 주로 활용되고 있다.

ChatGPT와 이미지 처리가 가져올 변화는 ChatGPT와 이미지 처리 기술의 결합으로 데이터 분석과 자동화의 새로운 가능성을 열고 있다. 이러한 기술은 업무 효율을 크게 향상시키고, 복잡한 문제를 간단히 해결할 수 있는 방법을 제시한다. 특히 교육, 의료, 보안, 상업 등 다양한 분야에서 생산성과 창의성을 증대시키는 도구로 자리잡고 있다.

하지만 정확성의 문제(이미지 판독은 여전히 환경적 요인(빛, 각도, 화질 등)에 영향), 데이터 보안(이미지에는 민감한 정보가 포함될 수 있으므로, 데이터 보호와 프라이버시 문제가 중요), 기술 접근성(이러한 기술을 효과적으로 활용하려면 일정 수준의 IT 인프라와 지식이 필요)의 한계와 도전이 수반된다.

결국 ChatGPT를 활용한 이미지 자료처리는 단순히 기술적인 편리성을 넘어 우리의 삶과 업무 방식에 큰 변화를 가져오고 있다. 정확성, 보안, 기술 접근성과 같은 한계와 도전이 있을 수 있으나 다양한 사례에서 확인할 수 있듯이, 이 기술은 현재에도 중요한 도구로 자리 잡았으며, 앞으로 더욱 발전할 것으로 기대된다. ChatGPT와 같은 도구를 창의적으로 활용함으로써 학습 효율성을 높이고 새로운 기회를 창출할 수 있을 것이다.

11. ChatGPT 환각(hallucination)을 제어하는 명령 프롬프트 익히기

GPT-4는 때때로 부정확한 정보를 아주 자신 있게 제공하거나 사실을 단순히 나열하는 경우가 종종 있다. 특히 생성형 AI는 매우 사실적인 이미지나 동영상을 생성할 수 있어, 진위 여부를 구분하기 어려운 콘텐츠가 만들어질 수 있다. 이는 출처가 불명확한 가짜 뉴스나 허위 정보의 확산으로 이어져 사회적 혼란을 초래할 수 있다. 이를 환각(hallucination) 현상이라고 한다.

이런 경우에는 환각을 제어할 수 있는 명령 프롬프트를 작성해야 한다. AI 모델의 환각을 억제하기 위한 간단한 명령 프롬프트 작성 방법은 〈표 3.21〉에서 제시하고 있으며, '모르면 모른다고 말해주세요'를 명시적으로 요청하는 제한된 답변 요청, 답변에 대한 출처를 제공하도록 지시하는 근거 요청, 특정 정보 범위 내에서만 답변하도록 지시하는 응답 범위 한정, 사용자가 제공한 추가 정보로 답변 검토 요청하는 검증 요청이 있다.

표 3.21 환각을 제어하는 프롬프트 예시와 기대효과

명령 유형	프롬프트 예시	기대 효과
제한된 답변 요청	'이 질문에 답할 수 없는 경우, 모른다고 답해주세요.'	AI가 불확실한 정보를 생성하지 않고, 명확히 모른다고 답변하여 환각 억제
근거 요청	'답변에 출처를 포함해 주세요. 출처가 없는 경우, 적절한 한계를 명시해 주세요.'	AI가 확인되지 않은 정보를 임의로 생성하지 않도록 제약을 가함
응답 범위 한정	'이 질문은 2020년 이후의 정보를 기반으로만 답해주세요. 이전 정보는 포함하지 마세요.'	특정 시간대나 주제에 국한된 답변을 요청하여 환각을 최소화
검증 요청	'다음 정보를 확인하고 답변을 수정해 주세요: [사용자가 제공한 데이터].'	AI의 답변이 검증 데이터를 바탕으로 보완되도록 유도
상상 요청 금지	'정확한 정보만 제공해 주세요. 추정하거나 상상하지 마세요.'	추측성 답변을 방지하여 환각 억제

환각 제어 프롬프트로 질문한 결과 사례는 〈표 3.22〉와 같다.

표 3.22 환각을 제어하는 프롬프트 결과

사용자 요청	명령 유형	결과
'세계에서 가장 큰 동물은 무엇인가요?'	제한된 답변 요청	"세계에서 가장 큰 동물은 푸른 고래입니다. 만약 다른 동물을 의미하셨다면 알려주세요."
'지구가 평평하다는 증거를 알려주세요'	근거 요청	"지구는 평평하지 않습니다. 이를 증명하는 과학적 근거는 중력, 지구의 곡률 등입니다. 관련 논문을 참고해 주세요."
'2024년 가장 인기 있는 트렌드는 무엇인가요?'	응답 범위 한정	"2024년 이후의 정보를 기준으로 하면, 현재까지 정확한 데이터는 확인되지 않았습니다."
'이 데이터를 분석하고 어떤 추세인지 알려주세요'	검증 요청	"사용자가 제공한 데이터에 따르면, 특정 연도에 NIG가 증가하는 추세가 있습니다."
'내가 놓친 중요한 점이 있을까요?'	상상 요청 금지	"정확한 정보를 기반으로 판단한 결과, 추가적인 중요 요소는 확인되지 않습니다."

위와 같은 방식으로 프롬프트를 구성하면 AI의 환각 가능성을 크게 줄이고, 보다 신뢰성 있는 답변을 받을 수 있다.

12. ChatGPT 친숙 세대가 되기를

요즘 MZ 세대 대학생들은 디지털 기술과 가상 세계에 익숙하며, 자신만의 디지털 공간에서 시간을 보내는 경향이 있다. 이러한 환경은 그들의 소통 방식, 글쓰기 능력, 그리고 논리적 주장 방식에 큰 변화를 가져왔다. 과거 세대와 비교했을 때, 대화와 표현 방식이 다소 다르며, 이는 대학 교수님들 사이에서도 공통으로 느껴지는 점이다. 물론 모든 학생이 이런 특징을 가진 것은 아니지만, 대체로 과거와는 다른 모습이 관찰된다.

이러한 변화는 학생들에게 새로운 방식의 교육 접근이 필요하다는 점을 시사한다. MZ 세대는 디지털 기술을 다루는 능력과 관심 면에서 이전 세대와 큰 차이를 보인다. 이들은 디지털 환경을 기반으로 정보를 얻고, 문제를 해결하며, 자신을 표현하는 데 익숙하다. 따라서 기존의 교육 방법만으로는 학생들의 잠재력을 충분히 끌어내기 어려울 수 있다.

이런 맥락에서 ChatGPT와 같은 인공지능 도구는 새로운 교육 도구로 활용될 수 있다. ChatGPT를 통해 학생들은 다양한 간접 체험을 할 수 있으며, 이를 통해 대화 능력, 글 작성 기술, 그리고 논리적 사고 능력을 향상시킬 수 있다. 예를 들어, ChatGPT와의 상호작용을 통해 복잡한 개념을 쉽게 이해하거나, 다양한 시나리오를 모의실험(시뮬레이션)하여 문제 해결 능력을 키울 수 있다. 또한, 논리적 주장과 반박 과정을 연습함으로써 자신의 의견을 더 명확하게 표현할 수 있는 기회를 얻을 수 있다. 이런 점에서 대학 교수들은 교수법의 전환과 변환이 요구되고, 동시에 교수법의 위기와 기회가 공존하는 때이다.

그리고 디지털 기술과 인공지능은 MZ 세대의 학습과 성장에 중요한 도구가 될 수 있다. 단순히 디지털 기술을 사용하는 것을 넘어, 이를 통해 현실의 문제를 이해하고 해결하는 능력을 기르는 것이 중요하다. 따라서 교수님들과 교육자들은 ChatGPT와 같은 도구를 적절히 활용하여 학생들에게 보다 효과적이고 현대적인 학습 경험을 제공할 필요가 있다. 이를 통해 MZ 세대는 디지털 세상에서의 강점을 기반으로 더 나은 대화 능력, 글쓰기 기술, 그리고 논리적 사고력을 갖추게 될 것이다(〈그림 3.13〉 참조).

그림 3.13 ChatGPT 세대

자료: ChatGPT DALL-E(명령 프롬프트: MZ세대 한국(korean) 대학생들이 ChatGPT를 활용하여 학습 능력을 높이고 스스로 만족하는 그림을 그려줘)

휴대폰 세대인 포노사피엔스, ChatGPT 세대, 디지털 세상과 공존하는 세대 등 예전과는 다른 요즘 MZ 세대에게 자신의 학습 능력과 다양한 경험을 할 수 있는 디지털 도구가 넘쳐나는 세상이다. 이런 면에서 MZ 세대에게 무한한 가능성과 희망이 있어 보인다. 독자들 모두 파이팅하기 바란다.

4장

인공지능 학습과 평가

4.1 인공지능 학습

1. 지도학습과 비지도학습

① 부모님, 선생님의 가르침과 유사한 지도학습

우리는 어릴 적 부모님으로부터 여러 가지를 배우며 자라왔다. 예를 들어, 그림책이나 동화책을 보면서 '이건 뭐야?' 또는 '이건 무엇일까?' 같은 질문을 주고받으며 동물이나 사물의 이름을 익혔다. 〈그림 4.1〉과 같이 이런 과정을 반복하다 보면 동물원이나 야외에서 우리가 배운 것과 비슷한 동물이나 사물을 보고 "아, 이건 ○○○이구나!"라고 맞추며 부모님께 칭찬받은 경험이 있다. 이런 칭찬은 다음 날 더 배우고 싶다는 의욕을 불러일으켰다. 점차 다양한 책을 읽거나 사물을 관찰하면서 학습 범위가 넓어지게 된다. 이런 과정을 통해 우리는 단순히 이미지를 인식하는 것을 넘어 논리적으로 생각하고 추론하는 능력을 키운다. 시간이 지나 성인이 되면 일정 수준의 지능(IQ)을 갖추게 되며, 이러한 경험의 차이가 사람마다 지능의 차이를 만들기도 한다.

그림 4.1 부모님 가르침과 유사한 인공지능 지도학습

그런데 인간에게 있는 지능은 컴퓨터에는 없다. 하지만 인간이 컴퓨터를 가르치고 지도하면 컴퓨터도 학습할 수 있다. 원리는 간단하다. 정답이나 주석이 달린 데이터를 컴퓨터에 보여주고 학습시키는 것이다. 이런 데이터를 인공지능(AI)의 학습데이터(training data)라고 한다. 예를 들어, 사과 이미지를 보여주며 "이것은 사과이다." 라고 가르치고, 고양이 사진을 보여주며 '이것은 고양이이다.'라고 학습시키는 것이다. 이 과정을 반복하면 컴퓨터는 사과와 고양이 사진을 정확히 구분할 수 있게 된다. 이런 방식의 학습을 인공지능(AI)의 대표적인 학습 방법인 지도학습(supervised learning)이라고 한다. 독자 이해를 돕기 위해 〈그림 4.2〉와 네이버의 지도학습 동영상[1)]을 소개한다. 〈그림 4.2〉는 고양이와 사과에 대해 미리 학습한 AI가 사과 이미지를 보여주면, 이것을 사과라고 분류하는 과정을 보여준다. 또 다른 예로 두 변수의 관계를 찾아 예측을 제시하는 경우를 알아보자. 10년간 S 기업의 '광고비(단위: 억 원)'

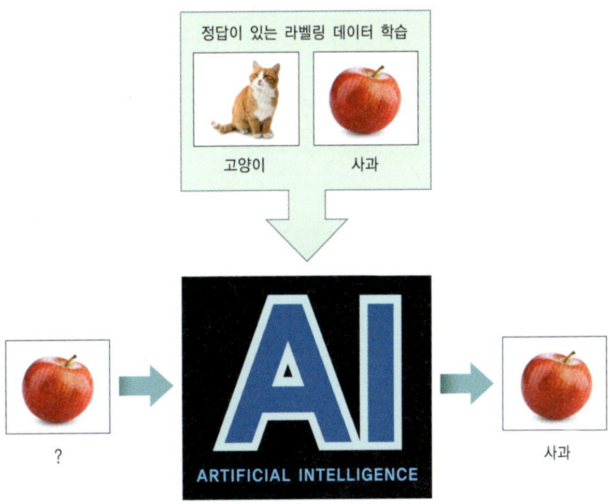

그림 4.2 지도학습

자료: 박성현 외 2인, 데이터 사이언스의 매력

1) https://terms.naver.com/entry.nhn?docId=6025457&cid=58367&categoryId=67050

와 '상품 인지도(10점 만점)'에 대한 데이터가 있다고 가정하자. 일반적으로 이 둘의 관계를 시각적으로 표현하면 광고비가 올라갈수록 상품 인지도는 동반 상승하는 우상향이다.

즉, 기업에서 광고비 비용을 올리면 노출 빈도가 높아져서 상품 인지도가 높아진다는 원리이다. 이런 데이터를 컴퓨터에 입력하고 '만약 광고비로 5억 원을 지출한다면, 상품 인지도는 어느 정도 수준일까?'라는 문제를 제시하면, 컴퓨터는 10년간의 데이터 추이를 살펴보고 대략적인 선(직선, 곡선 등)을 그어 광고비가 5억 원일 때에 대응하는 상품 인지도 값을 출력할 것이다.

이 두 예시는 가장 기본적인 기계학습으로 입력값과 그에 따른 출력값의 관계를 이용하여 주어진 입력값에 관계를 잘 나타내고, 적합한 출력값을 도출하는 학습 방법이라고 할 수 있다. 이런 기계학습은 여러 데이터를 통해 입력과 출력을 살펴보고, 주어진 입력에 적합한 출력을 제시하는 학습 방법으로 기계 번역, 상품추천, 질병 진단 등에도 응용될 수 있다. 이런 작업을 AI가 수행하기 위해서는 수많은 학습용 자료를 학습해야 한다. 우리에게 잘 알려진 2015년에 탄생한 구글 딥마인드의 알파고(Alphago)도 10만 번의 승리 기보(바둑 두는 법을 적은 책)를 통해 얻어진 결과물이다. 2022년에 탄생한 OpenAI의 대규모 언어모델(LLM) ChatGPT도 사용자가 질문하면 2023년 9월까지 미리 학습된 자료를 토대로 질문에 대한 합리적인 답을 찾아 기계어가 아닌 인간의 언어인 자연어(natural language)로 변환하여 결과를 제시한다.

〈표 4.1〉은 3장에서 선보였던 '나는 네가 ChatGPT라고 알고 있어. 얼마나 많은 학습용 자료를 학습했고, 그 많은 학습용 자료를 어디에서 어떻게 수집했니?'라는 질문에 대한 ChatGPT 응답이다. 자료 수집과 사용 방식 학습 과정과 자료 수집 및 처리를 상세하게 답변하고 있다.

이제 독자들이 지도학습의 개념을 이해했을 것으로 생각하고, 더 전문적인 정의를 소개하고자 한다. 네이버 지식백과에 따르면, 지도학습은 학습데이터 또는 훈련 데이터(training data)로부터 하나의 함수를 유추해 내기 위한 기계학습(machine learning)의 한 방법이다. 훈련 데이터는 입력 데이터의 속성값을 벡터 형태로 포함하고 있으며, 이를 통해 컴퓨터가 하나의 함수를 학습하도록 하는 방식이다. 이러한 과

표 4.1 LLM 학습데이터 ChatGPT 4o

저는 OpenAI에서 개발한 대규모 언어 모델로, 2023년 10월까지의 공개된 데이터를 학습했습니다. 학습 데이터는 다음과 같은 출처에서 수집된 대규모 텍스트 데이터로 구성되어 있습니다.

1. 인터넷의 공개 자료
   - 웹사이트, 블로그, 포럼 등에서 공개적으로 접근 가능한 정보
   - 기술 문서, 코딩 예제, 튜토리얼 등 다양한 주제의 자료
2. 공공 데이터셋
   - 프로젝트와 연구 목적으로 공개된 대규모 텍스트 데이터 셋
   - 예를 들어 Wikipedia, Common Crawl, OpenSubtitles 등
3. 책과 논문
   - 저작권이 만료된 고전 문학 작품이나 무료로 접근할 수 있는 자료
   - 공공 라이선스나 비상업적 이용이 허용된 출판물
4. 커뮤니티 및 토론
   - Reddit, StackOverflow와 같은 공개 포럼에서의 대화 형식 데이터
5. 다양한 언어 및 주제
   - 언어학, 과학, 수학, 역사, 예술 등 다양한 주제를 포함

하지만 중요한 점은 학습 데이터는 **공개적으로 사용 가능한 자료에 한정**되어 있고, 개인 데이터나 비공개 정보를 학습하지 않았습니다. 또한, 특정 출처의 데이터를 원본 그대로 학습한 것이 아니라, 주제와 스타일, 문맥에 대한 일반적인 패턴을 학습한 것입니다.

데이터 수집 및 처리
OpenAI는 학습 데이터의 수집 및 활용 시 다음 원칙을 따랐습니다.
- 데이터 수집 과정에서 개인정보가 포함되지 않도록 주의
- 학습 데이터에 대해 품질 필터링을 적용해 부정확하거나 유해한 정보를 배제
- 특정 출처에 과도하게 의존하지 않도록 균형 유지

저는 학습된 정보를 바탕으로 대화와 답변을 생성하지만, 훈련 이후에 발생한 최신 정보는 직접 알 수 없으며, 사용자의 질문에 따라 웹 검색 도구를 활용해 최신 정보를 제공할 수도 있습니다.

정을 기계학습, 영어로는 머신러닝(machine learning)이라고 한다. 이제 지도학습을 통해 학습된 인공지능이 우리 일상생활에서 어떻게 활용되는지 5가지 사례를 통해 알아보자.

첫째, 개인 메일의 스팸 필터링(spam filtering)이다. 전자 우편(e-mail) 서비스에서 AI는 수많은 전자 우편을 학습하여 스팸 메일과 정상 메일을 구분한다. 원리는 간단하다. 스팸 메일에서 자주 사용되는 단어는 '100%', 'hot', '인생역전', '전액 보장', '100% 환불' 등 사행성 또는 음란성 단어가 대부분이다. 이런 단어들을 주기적으로 업데이트해 가면서 지도학습으로 학습하여 이런 단어들이 포함한 제목이나 문장에 있다면 스팸 메일로 걸러내는 것이다. 그러므로 메일 사용자는 스팸 메일을 수동으로 걸러낼 필요 없이 자동으로 분류된 받은 편지함을 사용하게 된다.

둘째, 음성인식이다. Siri[2], Google Assistant[3], Alexa[4]와 같은 가상 비서들이 사용하는 음성 인식 기술도 지도학습을 사용하여 개발되었다. AI는 다양한 음성 데이터를 학습하고 사용자가 말하는 음성을 텍스트로 변환하며, 이 텍스트를 바탕으로 명령을 이해하고 처리한다.

셋째, 이미지 분류이다. Google Photos와 같은 사진 관리 서비스는 이미지를 분석하여 특정 사람이나 사물을 인식하고 분류한다. 지도학습을 통해 사람의 얼굴, 동물, 사물 등을 구분하고, 이를 자동으로 앨범으로 정리하거나 추천하는 기능을 제공한다.

넷째, 자율주행차에서는 AI가 도로 상황, 신호등, 보행자, 다른 차량 등을 인식하

---

2) Siri(한국어: 시리)는 iOS, iPadOS, macOS, watchOS, tvOS용 개인 단말 응용 소프트웨어로 질문에 답변하고 조언하며, 동작을 실행하는 과정에서 자연어 처리를 이용한다. 원래 시작은 미국 국방성의 DARPA에서 진행한 일종의 인공지능 프로그램 개발 프로젝트였던 Personalized Assistant that Learns (PAL)의 기능 중 하나인 Cognitive Assistant that Learns and Organizes (CALO)였다. 실제로 PAL은 미국 국방성의 CPOF라는 시스템에 성공적으로 접목이 되었고, 이에 고무받은 개발자 노만 위나스키는 SRI 인터내셔널을 설립하였고, 이를 2010년 4월 28일에 애플이 인수하여 애플이 소유하였다. (자료: Wikipedia).

3) 구글 어시스턴트(Google Assistant)는 구글이 개발하고 2016년 5월 자체 개발자 콘퍼런스에서 발표한 인공지능 비서이다. 구글 나우와 달리 구글 어시스턴트는 양방향 대화에 참여할 수 있다. 자료: 위키백과.

4) Alexa는 Amazon에서 제작한 인공지능 비서이다. 스마트 스피커인 Amazon Echo에 탑재되어 있다. (자료: Wikipedia).

고 그에 맞춰 운행한다. 지도학습을 통해 다양한 교통 상황 데이터를 학습하여 차선 변경, 주차, 교차로 통과 등 다양한 주행 결정을 내릴 수 있게 되었다. 예전 테슬라, 우버의 자율주행 차량의 사고로 인해 자율주행차에 대한 인식이 부정적이었으나, 최근에는 다양한 재현 학습자료를 통해 한층 진보된 자율주행차가 선보이고 있다. 최근 우리나라 서울에서 운행 중인 3단계[5] 자율 주행자 현황은 수요응답형 서비스인 상암동 일원과 관광 및 단거리 셔틀버스로 활약 중인 청계천 일대, 셔틀버스로 선보이는 여의도(국회의사당), 그리고 심야버스(합정역-동대문)가 있다.

다섯째, 의료 진단이다. 인공지능이 의료분야와 진료행위에 적용될 수 있는 대략 5개 분야(AI 기반 로봇수술시스템, 가상간호보조시스템, 의료진단시스템, 의료서비스관리, 영상해석)가 있다. 특히 AI 기반의 영상해석은 의료 진단 측면에서 가장 핵심적인 기능을 수행하고 있으며, 병리학 관련 다양한 데이터와 함께 인공지능 기반 의료 진단 기술의 핵심적인 영역이다. 지도학습 기반의 AI는 의료 영상(예: X-ray, MRI)을 분석해 질병을 진단하는 데 사용된다. 예를 들어, AI는 수천 개의 의료 영상을 학습하여 특정 암의 초기 징후를 인식하고, 이를 통해 의료 전문가가 더 정확한 진단을 할 수 있도록 돕는다. 우리나라 인공지능 기반 의료 진단은 인천 길병원에서 IBM 왓슨을 실제 임상에 적용하면서부터 시작되었다. 최근 국내 대형 병원들이 AI 의료체계를 속속 도입하여 첨단 의료 혁신은 진행 중이다.

---

5) 0단계(비자동) 자율주행과 관련된 기술을 적용하지 않은 일반 차량.
1단계(운전자 보조) 방향, 속도제어, 차선이탈 방지, 긴급 제동장치, 크루즈컨트롤 등 특정 기능의 자동화가 진행된 단계. 운전자는 차의 속도와 방향을 항상 통제해야 함.
2단계(부분 자동화) 단편적인 자율주행 가능, 고속도로와 같이 정해진 조건에서 차량 · 차선 인식, 앞차와의 간격 유지 기능 등 자율주행 기능이 두 가지 이상 동시 작동 가능. 운전자는 항상 주변 상황을 주시해야 함.
3단계(조건부 자동화) 일정 구간 자율주행이 가능하며, 운전의 주도권이 운전자가 아닌 자동차에 있음. 도로환경, 교통상황, 장애물 위치 등을 자동차가 스스로 모니터링하며 운행하고 운전자는 돌발 상황에 대비함.
4단계(고도 자동화) 자율주행의 조건을 갖춘 특정 도로에서 모든 안전 제어가 가능. 그 외 도로에서는 운전자가 주행에 개입해야 함.
5단계(완전 자동화) 운전자의 개입 없이 자동차 스스로 목적지까지 운행하고, 주차 등 차량 이동에 관한 모든 기능이 완전 자동화되어 운전자나 운전석이 없어도 되는 단계. (자료: https://mediahub.seoul.go.kr)

이처럼 지도학습은 다양한 분야에서 일상생활의 편리함과 효율성을 높이는 데 기여하고 있다. 네이버나 구글 또는 ChatGPT에서 지도학습의 사례를 문답으로 찾아볼 수 있다.

② 자율 학습으로 특징을 찾아내는 비지도학습

다음 예를 살펴보자. 식물학자가 아닌 일반인에게 다양한 식물 사진을 보여주면, 사람들은 색깔이나 모양 등 특징을 기준으로 식물을 구분한다. 또 학생들에게 검은색, 파란색, 빨간색 마카를 보여주면 색깔로 쉽게 구분할 수 있다. 이렇게 특정 특징(features)을 스스로 찾아 자율적으로 구분하는 것은 비지도학습(unsupervised learning)의 예이다.

반면, 다음과 같은 질문을 보자. 네이버 지식인에 소개된 질문이다. '남성 작가가 쓴 기사 50개와 여성 작가가 쓴 기사 50개를 학습용 자료로 제공한 뒤, 새로운 원고의 작가 성별을 예측하라고 하면, 이는 지도학습인가요, 비지도학습인가요?' 답은 지도학습이다. 이유는 학습용 자료가 성별로 이미 구분(데이터 라벨링)되어 있기 때문이다.

그러나 만약 기계에 100개의 기존 작품을 제공하고, 이를 바탕으로 성별에 따른 작품을 스스로 구분하게 한 뒤 새로운 원고의 작가 성별을 예측하도록 한다면, 이는 비지도학습이다. 지도학습 과정을 거치지 않고 기계가 스스로 데이터를 분석하기 때문이다.

이처럼, 'AI가 스스로 학습할 수 있을까?'라는 질문은 수많은 데이터 과학자들이 도전해 온 주제이다. 이를 비지도학습(unsupervised learning)이라고 한다. 비지도학습은 인간이 지도하지 않고, 인공지능이 자율적으로 학습하는 방식이다. 즉, 데이터 라벨링 없이 정제되지 않은 데이터를 기반으로 인공지능이 스스로 학습하는 것이다.

인간이 주도했던 지도학습에서 발생한 틈을 해소하는 방안으로 탄생한 비지도학습은 답이 없는 입력 데이터를 가지고 학습시키는 방법으로, 데이터 속에 숨겨져 있는 법칙, 구분, 분류 등을 데이터 특징으로부터 끌어내려고 하는 것을 의미한다. 이는 방대한 데이터와 경험을 몇 가지 기준을 가지고 자동으로 데이터를 줄여서(차원축소) 이해하는, 마치 인간이 뇌에서 여러 판단을 통해 패턴을 발견하는 것을 모방하는 원리이다. 더불어 분류되지 않은 데이터를 제공하고 알고리즘이 스스로 특징과 패턴을 추출함으로써 이 데이터를 이해하려고 노력한다. 이런 의미에서 자율학습 모델이라고도 명명한다.

〈그림 4.3〉은 데이터라벨링 없는 이미지 데이터에 대해 자율학습으로 데이터의 특징을 파악해 2개 군으로 분류하는 비지도학습을 보여준다.

사과와 고양이의 사진 4개를 각각 AI에 보여주면 AI는 지도학습처럼 사과와 고양이로 구분하는 것이 아니라 '둥글고 꼭지 부분이 움푹 파여 있는 개체'와 '네 다리와 귀가 쫑긋하고 뾰족하며 두 눈과 입을 가진 개체'로 특징을 구분한다. 즉, 사진 형상의 특성별로 분류한다. 다른 예로 강아지, 고양이, 기린, 원숭이 사진을 비지도학습으로 분류할 때, 각각의 동물들이 데이터 라벨링을 하지 않은 동물 데이터이므로, 이 동물을 무엇이라고 정의할 수는 없지만, 비지도학습으로 동물의 특징별로 분류한다. 다리가 4개인 강아지, 고양이, 기린은 한 분류가 될 수 있고, 목이 긴 기린이 한 분류가 될 수도 있으며, 다리가 2개인 원숭이가 한 분류로 나뉘게 된다. 또는 3종류의 과일이 있는 사진을 입력 데이터로 보여줄 때, 인공지능은 서로 다른 색깔과 모양으로 3종류의 과일을 분류한다. 3종류의 과일은 명칭은 모르지만(정답은 모르지만), 이들의 특징과 속성으로 구분한다는 것이다. 따라서 비지도학습은 예측이 아닌 데이터가 어떻게 구성되어 있는지를 밝히는 데 주로 사용되며, 이는 그룹화 알고리즘으로 볼 수 있다. 이런 비지도학습은 보통 3가지 방법으로 데이터를 특성화한다.

먼저 군집화(clustering)이다. 식물학자가 아니더라도 식물 사진을 보고 잎의 모양, 색깔, 줄기 크기 등과 같은 단서를 통해 식물을 구분한다. 이런 접근으로 군집화가 이

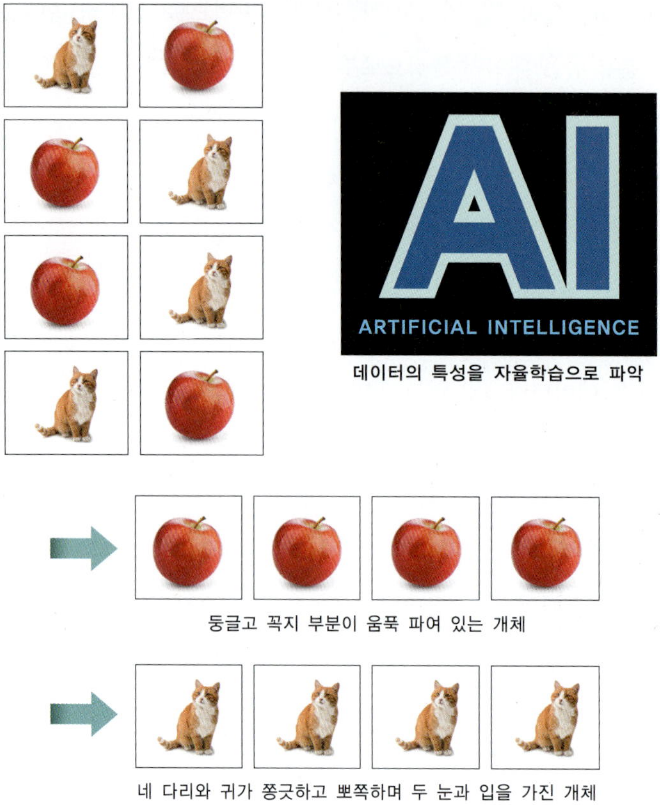

그림 4.3 비지도학습

자료: 박성현 외 2인, 데이터 사이언스의 매력

루어지는 방식이다. 군집화는 서로 다른 속성을 가진 데이터를 특성별로 구분하는 통계적 방법을 말한다. 3종류의 과일을 지도하지 않은 학습인 자율학습으로 구분한 것이므로 비지도학습이다. 군집화는 수없이 많은 뉴스 기사를 자율학습으로 구분하거나 개인 맞춤형으로 개인별 선호와 비선호의 상품으로 분리하는 것에 활용할 수 있다. 〈그림 4.4〉는 거리가 가까운 평균 기준에 따른 군집화 결과를 보여주고 있다.

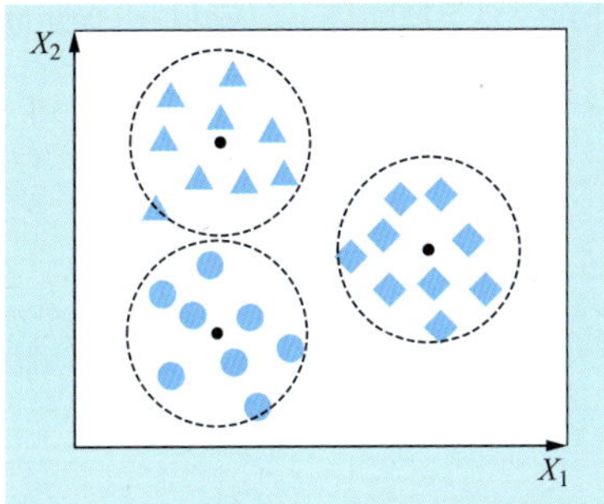

그림 4.4 평균 기준에 따른 3분류 군집화

다음은 연상(association)에 대한 설명이다. 아마존이나 쿠팡과 같은 온라인 쇼핑 플랫폼에서 기저귀를 장바구니에 넣으면 자동으로 턱받이, 분유와 같은 아기 관련 상품을 추천한다. 이는 연관성 규칙(association rule)을 활용한 것이다. 연관성 규칙은 데이터 샘플에서 어떤 특성을 다른 특성과 연관 짓는 원리를 이용한다. 연관성 규칙에서 사용되는 주요 지표는 지지도(support), 신뢰도(confidence), 향상도(lift) 세 가지이다. 지지도는 전체 거래 중 연관성 규칙에 해당하는 항목들이 포함된 거래의 비율이다. 신뢰도는 특정 조건이 발생했을 때 결과가 함께 일어날 확률을 의미한다. 즉, 어떤 상품을 구매했을 때 다른 상품도 함께 구매할 확률이다. 향상도는 지지도와 신뢰도를 동시에 고려하는 지표이다. 향상도는 1을 기준으로 해석한다. 만일 향상도가 1보다 크면 두 항목 간에 연관성이 있다고 보고, 향상도가 1이면 두 항목 간의 관계는 우연이라고 판단한다. 따라서 향상도가 1보다 클수록 의미 있는 연관성을 가진 규칙이라고 해석한다. 이를 통해 데이터에서 상품 간의 연관 관계를 파악하고, 추천 시스템 등에 활용할 수 있다.

① **지지도** = 연관성 규칙을 구성하는 항목/전체 거래 수
② **신뢰도** = 어떤 상품을 구매할 때 동시에 구매하는 거래 수/ 상품 구매 거래 수
③ **향상도** = 신뢰도/지지도

예를 들어, 주말마다 이마트에 방문하는 오통계 가족의 한 달 거래(4번 방문, 4번 거래)는 아래 〈표 4.2〉와 같다. 이들 구매 물품에 대해 위의 3가지 지표를 구해보자.

표 4.2 주별 구매 상품

주차	구매 물품
첫째 주	우유, 계란, 시리얼
둘째 주	우유, 시리얼
셋째 주	우유, 식빵
넷째 주	계란, 맥주, 쥐포

(우유) 지지도 = 3/4, (시리얼) 지지도 = 2/4, (계란) 지지도 = 2/4, 그 외는 구매 물품은 1/4이다. 다만 우유와 시리얼을 동시에 구매할 확률의 지지도는 (우유, 시리얼)을 포함한 '거래 수/전체 거래 수' = 2/4 = 0.5이다. 우유를 구매할 때 시리얼도 같이 구매할 조건부확률인 신뢰도는 (우유, 시리얼)을 포함한 '거래 수/우유 거래 수' = 2/3 = 0.66이다. 시리얼을 구매할 때 우유도 같이 구매할 조건부확률인 신뢰도는 (시리얼, 우유)를 포함한 '거래 수/시리얼' = 2/2 = 1이다. 이를 정리하면 우유를 구입할 때 시리얼을 구입하는 신뢰도는 66 %이지만, 시리얼을 구입할 때 우유를 구입하는 신뢰도는 100 %이다. 지지도와 신뢰도를 동시에 고려하는 향상도를 계산하면 다음과 같다.

Lift(우유, 시리얼)는 신뢰도(시리얼 → 우유)/지지도(우유)이고 (2/2)/(3/4)=1.333,
Lift(시리얼, 계란)는 신뢰도(시리얼 → 계란)/지지도(시리얼)이고 (1/2)/(2/4)=1.

끝으로, 이상탐지(anomaly detection)에 대해 설명하겠다. 이상탐지는 고객의 평소 구매 행동을 분석하여, 그와 크게 다르게 나타나는 경우를 탐지하는 것을 의미한다. 예를 들어, 평균적으로 온라인 쇼핑 결제 금액이 10만 원 내외였던 고객이 갑자기 500만 원 이상을 결제했다면 이는 이상탐지 대상이 된다. 또 다른 예로, 한 달 동안 A 종목의 주가가 10,000원 근방에서 유지되다가 최근 3일 동안 상한가를 기록한 경우도 이상탐지에 해당한다. 〈그림 4.4〉의 군집화 문제를 예로 들면, 특정 측정값이 어느 군집에도 포함되지 않을 때 이를 값 이상(Point Anomaly)이라고 한다. 이상탐지는 다양한 분야에 적용된다. 특히 비지도학습은 지도학습에서 적절한 특징을 찾아내기 위한 전처리 방법으로 활용되기도 한다. 비지도학습은 속성이 유사한 뉴스로 군집화하는 뉴스 분류, 인간 DNA 분류, SNS 관계 분류 등 여러 분야에 응용될 수 있다.

하지만 비지도학습의 단점은 정답에 기초하지 않은 기계학습 방식이기 때문에, 기대와 다른 예측 결과가 나올 가능성이 있다는 점이다. 예를 들어, 사자의 일부분 사진만 보여주고 비지도학습으로 '사자'라고 분류한 인공지능에 유사한 동물의 엉덩이 사진을 제공하면, 엉덩이의 특징만을 기준으로 데이터를 분류하여 이를 사자와 유사한 것으로 판단할 수 있다.

또한, 편향된 자료(예: 백인 중심 자료나 특정 성별로만 구분된 자료)로 학습된 인공지능은 올바른 분류나 결과를 제시하지 못하는 경우가 많다. 이에 관심 있는 독자들은 앞서 소개한 지도학습처럼, 비지도학습과 관련된 네이버 영상 자료[6)]를 참고해보면 도움이 될 것이다.

지금까지 소개한 비지도학습으로 학습한 인공지능이 우리 일상생활에 어떻게 활용되는지를 5가지 사례를 통해 알아본다.

첫째 경영분야의 고객 마케팅 고객 세분화이다. 마케팅에서 비지도학습을 사용하여 고객을 그룹으로 분류한다. 예를 들어, 쇼핑몰이나 전자상거래 사이트는 고객들의 구매 패턴, 선호도, 방문 빈도 등을 바탕으로 유사한 행동을 하는 고객 그룹을 도출한다. 이 결과를 통해 고객 맞춤형 마케팅 전략을 세우거나 추천 시스템을 개선할 수 있다.

---

6) https://terms.naver.com/entry.nhn?docId=6035953&cid=58367&categoryId=67050

둘째 비정형 데이터 수집방법에서 소개한 스트리밍 기법의 OTT 콘텐츠 플랫폼 추천이다. 넷플릭스Netflix나 유튜브You-tube 같은 OTT 콘텐츠 플랫폼은 비지도학습을 사용해 사용자들의 시청 이력을 분석하고, 유사한 취향을 가진 사용자 그룹을 찾아 그들에게 맞춤형 콘텐츠를 추천한다. 주로 지도학습과 비지도학습이 혼합된 하이브리드 방식을 적용하지만, 사용자 간의 패턴을 파악하는 데는 비지도학습이 중요한 역할을 한다.

셋째 금융 기관에서 자주 사용하는 이상탐지이다. 금융 기관에서 비지도학습을 사용해 사기 거래를 탐지한다. 비지도학습 알고리즘은 정상적인 거래 패턴을 학습한 후, 비정상적이거나 의심스러운 거래를 자동으로 감지해 경고할 수 있다. 이 방식은 새로운 유형의 사기 행위나 이상 거래를 미리 탐지하는 데 유용하다.

넷째 이미지 압축과 차원 축소이다. 이미지 데이터를 효율적으로 처리하기 위해 비지도학습을 활용하여 이미지의 복잡한 정보를 축소하고, 중요한 특징만 남겨 데이터를 압축한다. 이는 이미지 전송 속도를 높이고 저장 공간을 절약하는 데 기여한다. 예를 들어, 사진 공유 플랫폼에서 이미지 압축 알고리즘으로 사용될 수 있다. 우리에게 익숙한 이미지 파일 bmp, jpeg, jpg, png, svg 등은 이미지 압축 알고리즘으로 탄생한 것들이다.

다섯째 자연어 처리에서 자주 반복되거나 주요 의미로 부각되는 주제 모델링이다. 비지도학습을 통해 문서나 텍스트 데이터에서 특정 주제를 자동으로 찾아낼 수 있다. 예를 들어, 뉴스 기사를 분석하여 주제별로 분류하거나, 고객 리뷰에서 주요 키워드나 감정적 주제를 추출하는 데 사용된다. 특히 고객 피드백 분석이나 뉴스 요약 등에서 많이 활용된다. 이를 시각적으로 구현한 것이 워드클라우드(word cloud)[7]이다.

---

7) https://wordcloud.kr, https://www.wordclouds.com

③ 학습자료 데이터 라벨링 여부에 따른 지도학습과 비지도학습

앞에서 지도학습과 비지도학습에 대해 소개하였다. 지도학습과 비지도학습을 배우다 보면 약간 혼동이 생길 수 있다. 실제로 수업을 듣는 학생들도 지도학습과 비지도학습을 설명할 때 고개를 갸웃거리곤 한다. 이런 학생들에게 자주 보여주는 그림이 있어, 이를 소개하고자 한다.

〈그림 4.5〉는 지도학습과 비지도학습을 비교하는 데 도움을 주는 그림이다. 그림의 좌측과 우측은 모두 모양(동그라미, 네모)으로 구분된 데이터이지만, 좌측은 지도학습용 데이터이고 우측은 비지도학습용 데이터이다. 지도학습은 정답(데이터 라벨)이 포함된 자료를 기반으로 예측과 분류를 수행하는 방법이다. 반면, 비지도학습은 정답이 없는 데이터를 분석하여 자율적으로 군집화하는 방법이다.

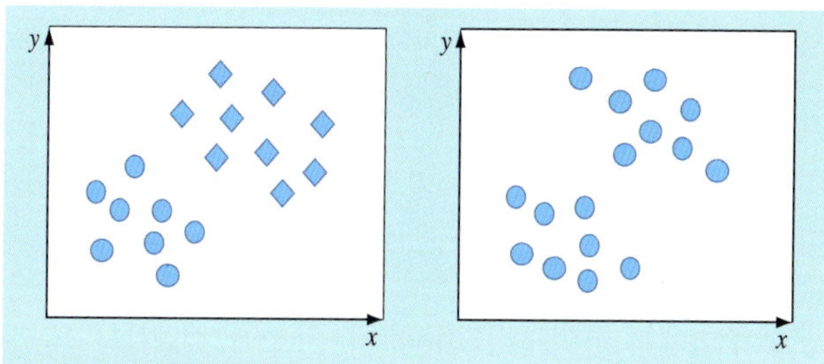

그림 4.5 지도, 비지도학습의 학습용 자료 차이
자료: 박성현 외 2인, 데이터 사이언스의 매력

〈그림 4.5〉를 자세히 보면, 좌측 그림은 정답이 있는 데이터(동그라미와 네모로 데이터라벨링)를 학습한 후, 새로운 데이터가 들어왔을 때 이를 분류하는 지도학습을 보여준다. 우측 그림은 정답이 없는 데이터를 입력받아, 〈그림 4.6〉처럼 데이터 간의 거리나 속성을 기준으로 자율적으로 군집화하는 비지도학습의 과정을 나타낸다.

정리하면, 지도학습은 정답(라벨링)이 있는 데이터를 학습하며, 비지도학습은 정답이 없는 데이터를 학습한다. 지도학습은 사전에 정답이 포함된 데이터를 기반으로 새로운 데이터를 분류하는 데 활용되며, 비지도학습은 데이터의 특징을 분석해 자율적으로 분류하거나 군집화하는 데 사용된다. 두 학습 방법의 가장 큰 차이점은 학습 데이터에 라벨링 여부가 있는지 없는지에 있다. 지도학습은 라벨링 데이터를 통해 학습하고 새로운 데이터를 분류하며, 비지도학습은 라벨이 없는 데이터를 자율적으로 분석해 학습한다.

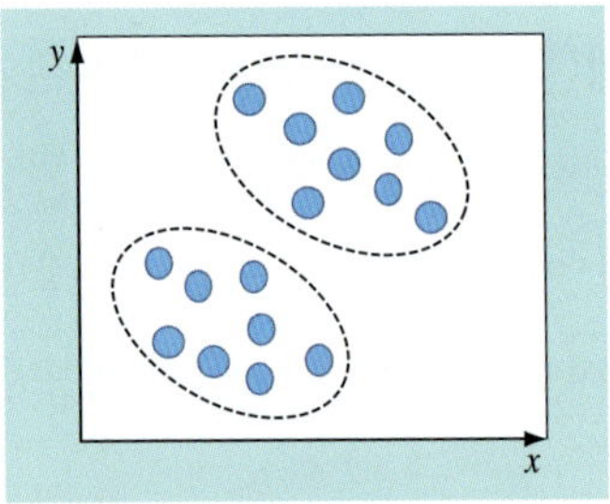

그림 4.6 비지도학습의 군집화
자료: 박성현 외 2인, 데이터 사이언스의 매력

2. 하이브리드 학습

최근 우리 생활 주변에는 하이브리드(hybrid) 자동차, 하이브리드 자전거 등이 많아지고 있다. 하이브리드 자동차는 전기와 휘발유, 경유를 연료로 하는 자동차를 말한다. 하이브리드 자전거는 여러 장르의 부품을 혼합한 자전거[8)]를 말한다. 또는 코로나19 이후로 새롭게 등장한 비대면학습(사전녹화 동영상, 줌 등)은 MZ세대에게 인기다. 이런 기조로 최근 대면수업과 비대면수업을 융합한 하이브리드 학습도 대학가에선 인기가 높다.

하이브리드 제품과 수업은 여러 가지 연료, 부품, 학습 방법 등을 결합하여 성능,

8) 듀얼 스포츠(온로드와 오프로드가 모두 가능하다는 의미), '피트니스' 등으로 불리기도 한다. 주로 로드바이크와 MTB의 부품을 섞어 만들어지며, 접근성과 범용성이 우수해 스포츠 사이클링 입문자에게 흔히 추천된다. (자료: Wikipedia)

효율성, 학습 효과를 높이고자 만들어진 것이다. 그렇다면 앞에서 배운 지도학습과 비지도학습을 결합하여 하이브리드 학습(hybrid learning)으로 구현할 수는 없을까? 이 질문을 바탕으로 하이브리드 학습을 살펴보겠다.

예를 들어, 병원에서 CT(Computed Tomography) 스캔이나 MRI(Magnetic Resonance Imaging, 자기 공명 영상법) 같은 의료 이미지 판독은 하이브리드 학습의 대표적인 사례이다. 전문의는 환자의 CT와 MRI를 분석하여 질병이나 종양을 판정하고 예측한다. 그러나 환자 수는 많고 전문의 수는 제한적이므로, 모든 환자의 CT와 MRI를 직접 분류하는 데는 많은 시간과 노력이 필요하다.

하이브리드 학습은 이러한 문제를 해결하는 데 도움을 준다. 병원의 과거 환자 차트를 통해 정리된 데이터(예: 위암 1, 2, 3기, 간암 1, 2, 3기, 췌장암, 뇌출혈 등)로 지도학습을 수행한다. 이후 새로운 환자의 CT와 MRI 데이터를 입력받아 암의 종류와 전이 상태별 특징으로 분류하는 비지도학습을 적용한다. 이러한 방식은 비지도학습만으로 데이터를 분류할 때보다 더 높은 정확성을 보인다. 이와 같은 지도와 비지도의 융합학습 방식이 하이브리드 학습이다.

하이브리드 학습의 대표적인 예는 2014년 요슈아 벤지오(Yoshua Bengio) 교수가 제안한 생산적 적대 신경망(Generative Adversarial Networks; GANs)[9]이다. GAN의 이름에서 Generative는 '생산하는'이라는 의미로, 이미지를 생성하거나 복원하는 데 사용된다는 뜻이다. Adversarial은 '적대적인'이라는 뜻으로, 두 네트워크가 서로 경쟁하며 하이브리드 학습을 최적화하는 구조를 의미한다. 즉, 이미지를 생성하는 네트워크와 이를 판별하는 네트워크가 서로 경쟁하면서 더 나은 결과를 만들어 내는 방식이다. GAN은 하이브리드 학습의 강력한 예로 자리 잡고 있다.

---

9) 몬트리올대학교 요슈아 벤지오(Yoshua Bengio) 교수 연구팀에서 고안되어 2014년 신경정보처리시스템(neural information processing systems, NIPS) 학회에서 발표되었으며, 당시 대학원생이던 이안 굿펠로우(Ian Goodfellow)가 주도적인 역할을 하였다. (자료: 네이버 지식백과)

GANs(생성적 적대 신경망)는 가짜 이미지(fake image)와 진짜 이미지(true image)를 경쟁하게 하여, 가짜 이미지를 최대한 진짜 이미지처럼 만드는 과정을 의미한다. 이 과정에서 생성자(generator)와 판별자(discriminator)가 서로 경쟁(adversarial)하며 데이터를 생성(generative)한다. 생성자는 가짜 예제나 이미지를 만들어 판별자를 속이도록 훈련한다. 반면, 판별자는 생성자가 만든 가짜 예제나 이미지를 진짜 예제와 구분하도록 훈련된다. 이처럼 두 네트워크가 서로 대립하며 학습하는 방식을 적대적 프로세스라고 한다.

GANs는 생성자와 판별자가 이러한 적대적 프로세스를 통해 실제 데이터와 매우 유사한 결과물을 생성한다. 이 과정을 양성 피드백 고리(positive feedback loop)라고 하며, 판별자는 가짜와 진짜를 더욱 능숙하게 구별할 수 있도록 발전하며, 생성자는 판별자를 속이기 위한 가짜를 더욱 정교하게 만들어 낸다. 결과적으로 판별자는 잘못 판단할 확률을 최소화하려 하고, 생성자는 판별자가 속을 확률을 최대화하려는 경쟁적 학습이 이루어진다.

GANs의 원리를 이해하기 위해 위조지폐를 만드는 사람(생성자)과 위조지폐 감별사(판별자)의 관계를 예로 들어보자. 위조지폐 생성자의 목적은 가짜 지폐를 진짜처럼 보이게 만들어 감별사를 속이는 것이다. 위조지폐 감별사의 목적은 가짜 지폐를 정확히 판별해내는 것이다. 위조지폐 생성자는 감별자를 속이기 위해 점점 더 정교한 가짜 지폐를 만들고, 감별사는 이런 가짜 지폐를 진짜와 구분하기 위해 판별 능력을 계속 향상시킨다. 이 과정에서 두 주체는 서로 발전하며 GANs의 학습이 이루어진다. 결과적으로, GANs는 진짜와 거의 구별할 수 없는 고품질의 데이터를 생성하게 된다.

요즘 컴퓨팅 능력의 발달로 GANs를 이용하면 매우 정교한 위조 동영상이나 이미지를 컴퓨터가 쉽고 빠르게 자동으로 〈그림 4.7〉과 같이 만들어 낼 수 있다. 이런 것을 Deepfake라고 한다. Deepfake는 심층학습(Deep learning)과 가짜(fake)의 합성어이다. 그리고 purevpn[10]을 방문하면 Deepfake 관련 2024년 top 10 앱(App)을 소개하고 그 위험성('Top 10 Deepfake Apps & Why They Can Be Dangerous')도 제공하고 있다.

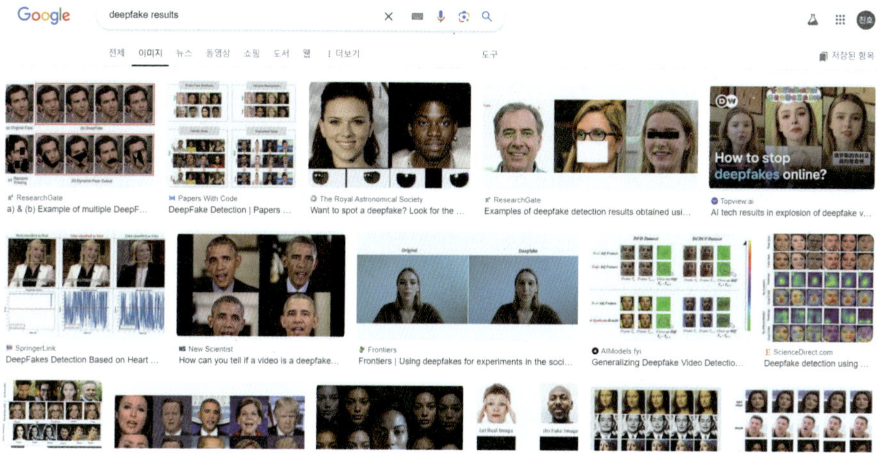

그림 4.7 구글의 'Deepfake results' 검색 결과

자료: Google

이처럼 가짜 뉴스 딥페이크 등 GANs가 악용될 우려가 높고 주변에서 악행 사례들을 쉽게 접할 수 있으며, 딥페이크 기술을 활용한 디지털 범죄가 심각한 사회문제로 떠오르고 있다. 피해 사례는 특정인의 얼굴 등을 특정 영상에 합성한 영상물로, 미성년자부터 성인까지 대상을 가리지 않고 범죄의 표적이 되고 있다.

특히, 전 세계적으로 Deepfake 피해자가 한국인이 53%로 세계 최고이고 그중 99%가 여성이라는 조사[11]결과가 있다. 이러한 조사 결과는 '여성을 위한 한국은 없

10) https://www.purevpn.com/blog/deepfake-apps

11) 조선일보, https://atlantachosun.com/news/405108. 홈시큐리티히어로즈(home security heroes)는 작년 온라인에 올라온 딥페이크 비디오 9만 8,520개와 딥페이크와 관련한 웹사이트 100여 개를 분석한 '2023 딥페이크 현황(2023 state of Deepfakes)' 보고서

다'라고 표현한 Deepfake 피해 사례로 언론매체에서 소개하기도 한다.

따라서 이런 Deepfake 범죄 처벌의 목소리가 높아져 2024년 9월 26일에 딥페이크를 이용한 디지털 성범죄에 대한 처벌 강화를 강화하는 내용의 '딥페이크 성범죄 방지법'[12)]이 국회를 통과했다. 주요 내용은 '딥페이크 성 착취물을 만드는 것은 물론 보거나 갖고만 있어도 처벌을 받게 되고, 딥페이크 성착취물 제작에 대한 처벌을 기존 최고 5년형에서 최고 7년형으로, Deepfake 성 착취물을 소지하거나 시청했을 때도 3년 이하 징역으로 처벌하도록 했다. 특히, 성 착취물 등을 이용해 아동, 청소년을 협박하거나 강요를 했을 경우, 협박은 3년 이상, 강요는 5년 이상 징역으로 기존 성폭력처벌법보다 강하게 처벌한다.'이다. 이처럼 딥페이크의 피해와 처벌 수위가 높아짐에 따라 올바른 GANs 사용이 필요하다.

이런 우려와 심각성에도 GANs를 잘 사용하면 장점도 많다. 여기서는 GANs를 활용한 우수 성과물을 소개한다.

먼저 NVIDIA AI GauGAN이다. GauGAN은 몇 초안에 스케치를 사실적 풍경으로 탄생하는 것으로 엔비디아 리서치가 개발한 딥 러닝 모델 툴이다. 대충 그려도 입이 딱 벌어지는 사실적인 작품을 탄생시키고, GAN을 활용해 분할 지도를 실제 같은 이미지로 변환시킨다. 이 모델을 사용한 인터렉티브 앱은 후기 인상파 대표 화가인 폴 고갱의 이름을 따 고갱(GauGAN)으로 불린다. 〈그림 4.8〉은 NVIDIA AI GauGAN을 보여준다.

다음으로 보안(security)이다. 흐릿한 차량 번호판을 선명하게 만들거나, 연구 목적을 위해 실제 데이터를 사용하지 않고도 유사한 합성 데이터를 생성할 수 있다. 또한, CCTV 영상 선명도를 향상시키는 데 사용된다.

끝으로, 사진, 스타일 분야이다. FaceApp과 같은 앱을 통해 얼굴을 다양한 스타일

12) (https://www.law.go.kr/법령/성폭력범죄의처벌등에관한특례법) 제14조(카메라 등을 이용 촬영), 제14조의2(허위영상물 등의 반포 등), 제14조의3(촬영물 등을 이용한 협박, 강요)

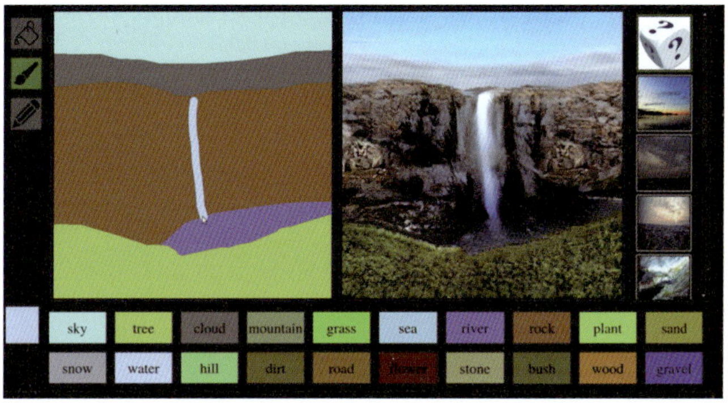

그림 4.8 NVIDIA의 GauGAN

자료: https://www.nvidia.com/ko-kr/studio

(〈그림 4.9〉 참조)로 변환할 수 있으며, 가상 착용을 통해 다양한 의상을 시뮬레이션할 수 있다.

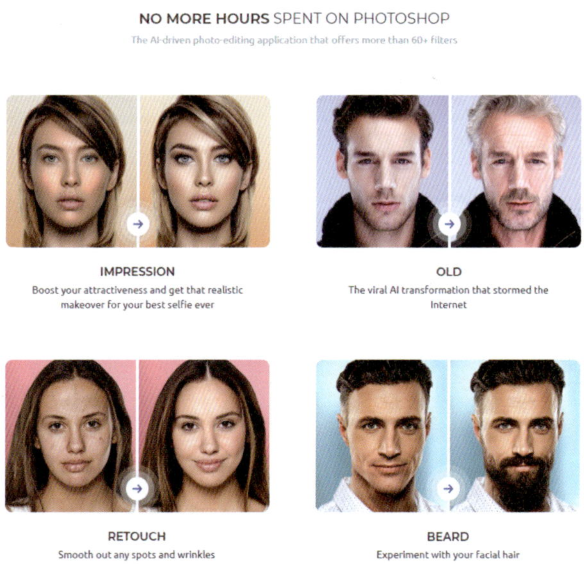

그림 4.9 FaceApp

자료: https://www.faceapp.com

이들 외에도 GANs의 활용 범위는 넓다. 음성합성(WaveGAN)[13]과 자연어 처리(SeqGAN)[14] 등 음성 및 텍스트와 관련된 작업에도 활용(〈그림 4.10〉)된다. 게임개발과 가상현실(AR)에서 실시간으로 고품질의 이미지와 동영상을 생성하는 데도 사용된다. 의료 영상해석에서도 이미지, 영상 개선하거나 의료영상을 분석하여 질병을 탐지하는 데에도 사용된다. 이러한 광범위한 GANs의 활용 범위를 자세히 정리한 파이미디어 랩(paimedialab)[15]은 GANs의 18개 활용 영역을 소개한다.

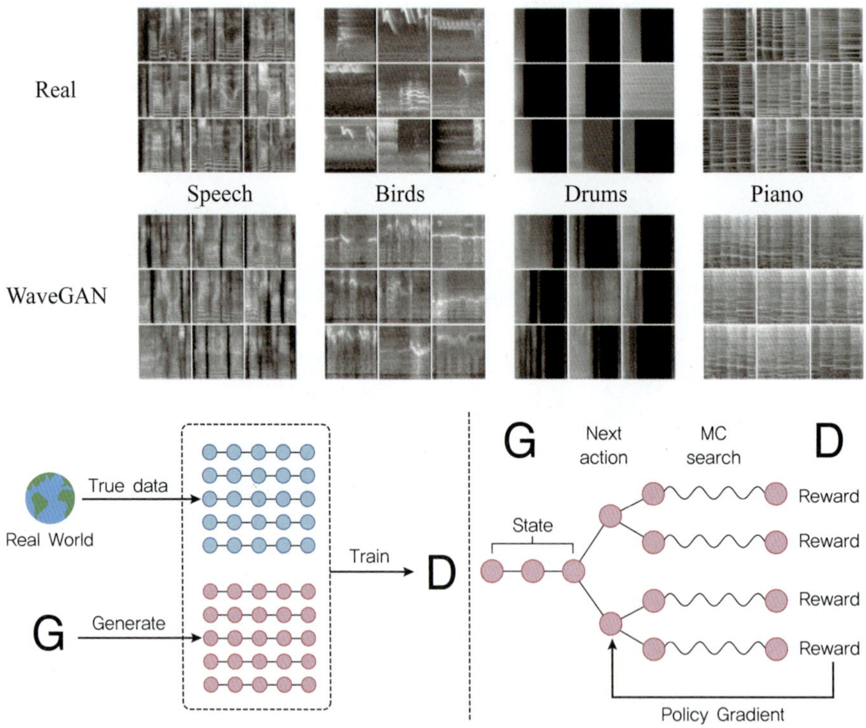

그림 4.10 WaveGAN과 SeqGAN 소개

13) https://github.com/chrisdonahue/wavegan. https://chrisdonahue.com/wavegan_examples/

14) https://github.com/LantaoYu/SeqGAN

15) https://www.paimedialab.com. GANs 어떻게 활용되고 있을까?

18가지는 다음과 같다. 이미지 데이터 생성(Generate Examples for Image Datasets), 인간 얼굴 사진 생성(Generate Photographs of Human Faces), 사실적인 사진 생성(Generate Realistic Photographs), 만화 캐릭터 생성(Generate Cartoon Characters), 이미지 변환(Image-to-Image Translation), 텍스트 변환(Text-to-Image Translation), 의미론적 이미지 사진 변환(Semantic-Image-to-Photo Translation), 얼굴 정면도 생성(Face Frontal View Generation), 새로운 인간 포즈 생성(Generate New Human Poses), 사진 이모지 변환(Photos to Emojis), 사진 편집(Photograph Editing), 얼굴 노화(Face Aging), 사진 블렌딩(Photo Blending), 초고해상도 연출(Super Resolution), 사진 인페인팅(Photo Inpainting; 사진 일부분이 없을 때 복원하는 것), 의상 변환(Clothing Translation), 비디오 예측(Video Prediction), 3D Object Generation(3D 객체 생성)이다. 이들에 대해 자세히 알고 싶은 독자는 각각의 단어를 구글 검색이나 ChatGPT에 질문한다면 자세한 설명과 사용법을 소개받을 수 있다.

18개 중 〈그림 4.11〉은 인간 얼굴 사진 생성(Generate Photographs of Human

그림 4.11 Canva의 Meaig Media 얼굴 생성 과정

자료: https://www.canva.com

Faces)의 Canva(https://www.canva.com/features/ai-face-generator)의 Magic Media를 보여준다. 간단한 가입 절차 후 자신이 원하는 얼굴 사진을 구체적으로 묘사(예: 대학생 여러 명이 마라톤 결승선을 웃으면서 지나치는 사진을 그려줘)하면, 이에 맞는 얼굴 사진을 생성해 준다.

3. 강화학습

다음 상황을 살펴보자. 학생이 열심히 공부하면 성적이 오르고, 부모님께 칭찬을 받는다. 반대로 성적이 떨어지면 잔소리나 조언을 듣게 된다. 잔소리가 반복되면 학업 성취감이 떨어질 수 있고, 부모님은 특별한 방법을 동원하기도 한다. 이렇게 학생의 학업 성취도를 높이기 위해 '당근과 채찍'을 겸한 방법을 사용한다고 유명한 교육학자들이 종종 소개한다.

이 원리를 인공지능에 적용하면 어떻게 될까? 예를 들어, 컴퓨터에 사과 사진을 보여주고 정답을 맞히면 100점을 주고, 다른 과일로 판정하면 -100점을 주는 방식으로 학습시키는 것이다(컴퓨터는 감정을 느끼지 못하지만 비유적으로 설명한 것이다). 인공지능은 정답을 맞혀 점수를 얻으면 긍정적인 방향으로 나아가고, 틀려서 점수가 떨어지면 잘못된 방법을 수정하려 한다. 이런 시행착오 과정을 반복하며 정답을 맞히는 방법을 터득하게 되고, 결과적으로 더 똑똑한 인공지능으로 발전한다.

위 사례는 강화학습(reinforcement learning)에 대한 설명이다. 강화학습은 성공하면 보상을 얻고, 실패하면 벌칙을 받는 과정을 반복하며 학습하는 방법이다. 이 과정에서 인공지능은 여러 시행착오를 통해 점점 더 나은 행동 방식을 배우게 된다. 강화학습의 이론적 배경은 행동심리학에서 출발하며, 보상을 통해 학습 효과를 높이는 데 중점을 둔다. 즉, 에이전트(학습 주체)가 특정 행동에 대해 보상(당근)이나 벌칙(채찍)을 받으며 학습하는 것이다. 알파고, 알파제로, IBM 왓슨과 같은 혁신적인 AI 기술도 이 과정을 통해 탄생했다.

강화학습은 게임과 유사한 방식으로 작동한다. 게임의 기본 규칙은 주어진 임무나 레벨을 달성하면 보상(reward)을 받아 아이템 또는 훈장을 얻는 것이다. 적을 물리치거나 특정 목표를 달성하면 상여금을 받고, 반대로 함정이나 위기를 극복하지 못하면 게임이 끝난다. 마찬가지로, 강화학습은 AI가 환경과 상호작용하며 보상을 최대화하는 방향으로 학습하도록 한다. AI는 시행착오를 통해 최적의 행동 방식을 스스로 찾아간다.

〈그림 4.12〉는 구글 AI가 강화학습을 통해 동물의 동작을 모방하며 민첩한 4족 로봇을 훈련시키는 기술을 공개한 사례를 보여준다. 이 기술은 실제 개의 동작 데이터를 학습해 Laikago 로봇에 적용한 것이다. 맨 위는 '개에서 기록된 동작 캡처 데이터'를 나타낸다. 가운데는 '참조 동작을 모방한 시뮬레이션된 Laikago 로봇'이다. 아래는 '참조 동작을 모방한 실제 Laikago 로봇'이다. 이처럼 강화학습은 AI가 환경을 이해하고 동작을 최적화해 가는 강력한 학습 방식이다.

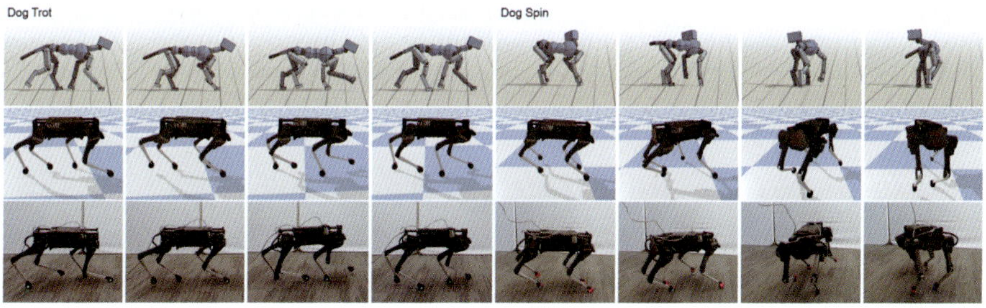

그림 4.12 동물모방 강화학습

자료: https://www.roboticsproceedings.org

구글 AI 연구팀은 로봇이 실제 동물(개)의 움직임과 패턴을 모방할 수 있는 학습과 구동을 위해 강화학습을 사용해 개의 움직임을 한 줄씩 코딩하는 대신 실제 개의 행동 비디오를 제공해 4족 로봇을 훈련시켜 빠른 보행에서 뛰고, 점프하고, 꼬리추적, 회전에 이르기까지 다양한 민첩한 행동을 수행할 수 있는 기술을 개발[16)]했다고 밝혔다.

정리하면 강화학습은 인공지능이 스스로 학습하고 발전하는 방식 중 하나로, 목표를 달성하기 위해 시행착오를 통해 최적의 행동을 찾는 학습 방법이다. 강화학습에서는 에이전트(agent, AI가 수행하는 주체)가 환경(environment)과 상호작용하면서 보상(reward)을 받으며 학습한다. 따라서 강화학습의 과정 초기, 보상과 패널티, 최적화이다. 먼저 초기 학습은 인공지능이 아무것도 모른 채 무작위로 행동을 시도한다. 다음으로 보상과 패널티 단계인데 각 행동에 따라 보상 또는 패널티를 받으며 무엇이 좋은 행동인지 점차 배우게 된다. 끝으로 최적화로 보상이 높은 행동을 우선으로 선택하여 점점 더 좋은 결과를 얻는 방향으로 나아간다.

지금까지 소개한 강화학습으로 학습한 인공지능이 우리 일상생활에 어떻게 활용되는지를 5가지 사례를 통해 알아본다.

첫째, 스마트 교통 시스템이다. 교통 신호 제어에서 강화학습은 교차로의 신호등을 효율적으로 관리하는 데 사용된다. 교통량, 차량 흐름, 대기 시간 등을 반영하여 신호등의 타이밍을 최적화함으로써 교통 체증을 줄이고 차량의 이동을 원활하게 만든다. 인공지능은 실시간 데이터를 바탕으로 교통 상황에 맞는 최적의 신호 제어 방식을 학습한다.

둘째, 로봇 자동화로 알려진 로보틱스(Robotics)나 휴머노이드(Humanoid)이다. 강화학습은 산업용 로봇이나 가정용 로봇의 움직임을 최적화하는 데 사용된다. 예를 들어, 로봇이 물체를 잡고 이동시키는 작업을 수행할 때, 실패와 성공을 반복하며 최적의 경로와 동작을 학습하게 되며, 이러한 기술은 제조 공정 자동화나 가정 내 로봇 청소기, 물건 배달 로봇에 적용된다.

셋째, 게임 인공지능이다. 알파고(AlphaGo)와 같은 인공지능은 강화학습을 사용

---

16) https://www.roboticsproceedings.org/rss16/p064.pdf. 동물을 모방한 민첩한 로봇의 이동 기술 학습 (Learning Agile Robotic Locomotion Skills by Imitating Animals) 논문

하여 바둑, 체스, 스타크래프트(알파스타) 등의 복잡한 게임에서 최고의 전략을 찾는다. 인공지능은 수많은 게임을 플레이하면서 승리할 수 있는 최적의 전략을 스스로 학습한다. 이는 게임에서뿐만 아니라 전략적 의사결정 시스템에도 적용될 수 있다. 최근 구글 딥마인드의 허사비스는 인간의 단백질이 어떻게 구성되었는지 규명하는 데 일조한 알파폴더를 개발하여 노벨 화학상(알파폴더 3)을 받았다.

넷째, 맞춤형 추천 시스템이다. 미디어 플랫폼이나 광고 시스템에서 사용자의 반응을 바탕으로 강화학습을 적용하여 개인 맞춤형 콘텐츠를 추천한다. 사용자가 클릭하거나 구매하는 행동을 보상으로 간주해, 강화학습 알고리즘은 계속해서 사용자에게 적합한 광고나 콘텐츠를 추천하는 방식으로 학습한다.

다섯째, 에너지 최적화로 잘 알려진 스마트 그리드(Smart Grid) 분야이다. 에너지 관리 시스템에서 강화학습은 전력 사용을 최적화하는 데 도움을 준다. 예를 들어, 전기차 충전 스테이션이나 스마트 홈의 에너지 관리는 시간대별로 전력 소비를 조정하고, 그리드에서의 전력비용과 수요를 최적화하는 방식으로 강화학습을 통해 학습된다.

이처럼 강화학습은 자율적인 결정을 필요로 하는 다양한 분야에서 최적의 행동을 찾고, 실시간으로 환경에 적응하는 방식으로 실생활에 적용되고 있다.

4. 심층학습

심층학습(Deep Learning)은 인공지능의 한 분야로, 인공신경망(Artificial Neural Network, ANN)을 기반으로 다층의 은닉층(hidden layers)을 사용하는 학습 방법이다. 심층학습은 대량의 데이터를 처리하고, 데이터의 복잡한 패턴을 학습하며, 이를 바탕으로 예측, 분류, 생성 등의 다양한 작업을 수행하는데, 기존의 머신러닝 기법에 비해 훨씬 더 복잡한 문제를 해결할 수 있으며, 데이터에서 직접적으로 특성을 추출하고 학습하는 능력을 가지고 있다. 특히, 대규모 데이터에서 패턴을 찾아내고 예측하는 데 뛰어난 성능을 보여 최근 다양한 분야에서 큰 주목을 받고 있다.

심층학습의 핵심은 다층 신경망(Deep Neural Network, DNN)이다. 인공지능 학습 과정에서도 언급했듯이 신경망은 입력층(Input Layer), 은닉층(Hidden Layer), 출력층(Output Layer)으로 구성[17]된다. 이런 구조에서 심층학습은 은닉층이 〈그림 4.13〉과 같이 여러 층으로 이루어져 있어 '깊다'라는 의미에서 심층(Deep)이라는 이름이 붙었다.

심층학습의 작동 원리는 전달 과정, 활성화 함수, 오차 역전파, 가중치 최적화 과정으로 구성된다. 먼저 전달 과정(Feedforward)은 입력 데이터를 신경망에 넣으면,

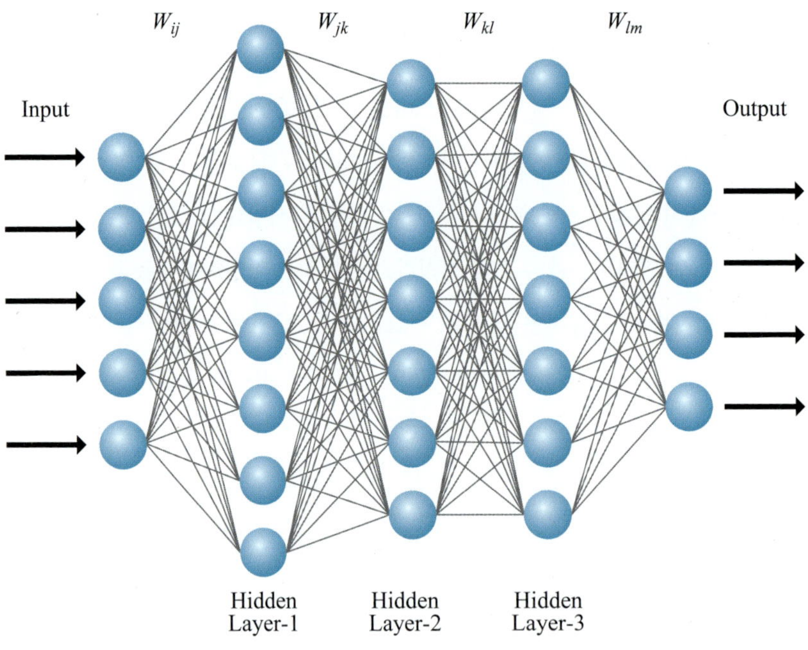

그림 4.13 DNN 또는 MLP

17) 입력층은 데이터를 입력받는 층이며, 이미지의 픽셀값, 텍스트의 단어 등 원본 데이터를 입력한다. 은닉층은 입력된 데이터를 처리하는 중간층이며, 이 층에서는 각 뉴런이 일정한 가중치를 적용하여 데이터를 변환하고, 비선형 함수(활성화 함수)를 통해 학습에 필요한 패턴을 추출한다. 출력층은 최종 결과를 출력하는 층이다. 예를 들어 이미지 분류 모델이라면, 분석 이미지가 어떤 클래스에 속하는지를 출력층에서 결정하게 된다.

각 층을 거치면서 데이터가 가공되고 변환된다. 입력층에서 시작해 은닉층을 거쳐 최종적으로 출력층에 이르기까지 데이터가 계속 전달되며, 각 층에서는 가중치와 활성화 함수가 적용된다. 이때 활성화 함수(Activation Function)는 각 층의 뉴런이 데이터를 처리할 때 비선형성을 추가하는 역할을 한다. 대표적인 활성화 함수로는 로지스틱(Logistic), ReLU(Rectified Linear Unit), 시그모이드 함수(Sigmoid Function), 소프트맥스 함수(Softmax Function) 등이 있다. 이러한 함수는 심층학습 모델이 단순한 선형 회귀 이상의 복잡한 패턴을 학습할 수 있도록 도와준다. 오차 역전파(Backpropagation)는 출력층에서 예상 결과와 실제 결과의 차이, 즉 오차를 계산하고, 이 오차를 줄이기 위해 가중치를 조정하는 과정이다. 오차 역전파 알고리즘은 최적의 가중치를 찾아내기 위해 각 층의 가중치들을 조정하며 모델을 학습시킨다. 끝으로 최적화(Optimization)는 예상 결과와 실제 결과의 오차를 최소화하기 위해 사용되는 기법으로, 심층학습에서는 주로 경사하강법(Gradient Descent)을 사용한다. 경사하강법은 가중치를 조금씩 수정하면서 오차가 최소화되는 방향으로 모델을 개선해 나간다.

심층학습은 매우 유용하지만, 한계도 존재한다. 심층학습에는 대량의 데이터와 고성능 컴퓨팅 하드웨어 자원이 필요하며, 학습 과정이 복잡하고 느릴 수 있다. 또한, 심층 신경망은 많은 층(layer)과 뉴런을 포함하고 있어 과적합(overfitting)의 위험이 있다. 모델이 지나치게 복잡하면 새로운 데이터를 잘 일반화하지 못할 가능성도 있다.

딥러닝에서 사용되는 주요 인공신경망 알고리즘에는 다양한 종류가 있다. 예를 들어 심층 신경망(deep neural network; DNN), 합성곱 신경망(convolution neural network; CNN), 순환 신경망(recurrent neural network; RNN), 제한 볼츠만 머신(restricted boltzmann machine; RBM), 심층 신뢰 신경망(deep belief network; DBN) 등이 있다. 이 알고리즘들은 각각의 장단점에 따라 다양한 분야에서 활용된다. 대표적으로, CNN은 이미지 분석에 강점을 가지며, RNN은 시계열 데이터와 같은 시간의 흐름에 따라 변화하는 데이터를 분석하는 데 적합하다.

오늘날 심층학습 기술은 레이블이 잘 정의된 데이터를 활용할 때 특히 높은 성과를 보인다. 주로 인식과 분류 작업에서 뛰어난 성능을 발휘한다. 그러나 앞으로는 심층학습에 상식, 변화하는 상황에 대한 대응 능력, 계획 수립과 결정과 같은 추론 기능을 추가해야 할 필요성이 커지고 있다.

최근 연구에서는 수학적인 접근을 통해 딥러닝 알고리즘에 추론 과정을 도입하려는 시도가 이루어지고 있다. 특히, 중첩된 이미지와 같은 복잡한 문제를 다룰 때, 단순 분류 방식보다 추론을 활용한 해결 방법이 더 효과적이라는 연구 결과가 보고되었다. 이러한 추론 기술은 영상에서 주요 물체를 감지하는 데도 유용하다. 실험 결과, 벤치마크 데이터를 사용한 알고리즘 비교에서 추론이 포함된 방법이 기존 방식보다 성능이 뛰어나다는 사실이 확인되었다.

또한, AI 성능 향상에는 데이터의 양이 중요하지만, 너무 많은 데이터는 비효율적일 수 있다. 이에 따라, 적은 데이터로도 효과를 발휘할 수 있는 기술 개발이 중요한 연구 과제가 되고 있다. 이는 비지도학습 연구로 연결될 가능성이 크다. 예를 들어, Christoph Baur의 연구에서는 뇌의 백질 분류 실험에서 지도학습(레이블이 있는 데이터), 비지도학습(레이블이 없는 데이터), 하이브리드 학습 방식을 비교한 결과, 하이브리드 학습 방식을 사용할 때 성능이 크게 개선되었다는 점이 보고되었다.

하지만 이러한 성과는 많은 데이터가 있을 때만 가능하며, 순수한 비지도학습에 대한 연구는 아직 초기 단계에 있다. 인간의 뇌가 최적의 비지도학습을 수행한다는 점을 고려할 때, 인공지능 성능을 인간 수준으로 끌어올리기 위해서는 비지도학습 기반의 추론적 접근이 필요하다. 앞으로 심층학습 기술도 점차 완전한 비지도학습 방식으로 발전해 나갈 것으로 예상된다.

끝으로 심층학습을 학습한 인공지능이 실생활에서 활용되는 10가지 사례를 소개한다.

첫째, 음성인식이다. Siri, Google Assistant, Alexa와 같은 음성 비서는 심층학습을 사용해 사람의 음성을 텍스트로 변환하고, 명령을 이해하여 적절한 응답을 제공한다. 심층 신경망은 방대한 음성 데이터를 학습해 다양한 발음, 억양, 방언 등을 인식할 수 있다.

둘째, 이미지 인식과 분석이다. 심층학습은 CNN(Convolution Neural network)을 활용하여 이미지 인식에 뛰어난 성능을 보이며, 이는 자율주행차의 물체 인식, 얼굴 인식, 의료영상 분석 등에 활용된다. 예를 들어, Google Photos는 심층학습을 통해 사람, 동물, 사물 등을 자동으로 분류하여 앨범을 정리한다.

셋째, 의료 진단이다. 의료 분야에서는 심층학습을 사용해 X-ray, MRI와 같은 의료 이미지를 분석하고 질병을 진단한다. 예를 들어, 암 진단에서 AI가 방대한 의료 데이터를 바탕으로 초기 암의 징후를 찾아내어 의사들이 보다 신속하고 정확한 진단을 내릴 수 있도록 돕는다. 특히 영상해석 분야에 우수한 성과를 보이고 있다.

넷째, 자연어 처리(natural language Processing, NLP)와 번역이다. 심층학습은 인간의 언어인 자연어를 이해하고 번역하는 데 매우 유용하다. Google 번역이나 Deepl 같은 서비스는 심층 신경망을 사용하여 자연어 문맥을 이해하고, 문장 내에서 자연스럽고 정확한 번역을 제공한다. 또한, 심층학습은 텍스트 요약, 감정 분석, 문서 분류에도 활용된다.

다섯째, 자율주행차이다. 자율주행차에서 심층학습은 차량이 주행하는 동안 주변 환경을 인식하고, 도로 위에서의 장애물, 보행자, 도로 표지판 등을 식별하며, 안전하게 운행할 수 있도록 돕는다. 자율주행 AI는 심층 신경망을 사용하여 교통 상황을 실시간으로 분석하고, 최적의 경로를 선택한다.

여섯째, 가상 얼굴 생성(딥페이크, Deepfake)이다. 심층학습은 이런 딥페이크 기술에도 활용된다. 딥페이크는 심층 신경망을 사용하여 실제 사람의 얼굴을 매우 정교하게 생성하거나 바꾸는 기술이다. 이 기술은 영화나 엔터테인먼트 분야에서 가상의 배우나 캐릭터를 만들거나, 특정 인물의 얼굴을 다른 영상에 합성하는 데 사용된다. 최근에는 이미지뿐만 아니라 음성에도 가능함을 보였다.

일곱째, 보안 시스템이다. 심층학습은 보안 시스템에서 비정상적인 행동을 탐지하는 데도 사용된다. AI는 정상적인 행동 패턴과 비정상적인 패턴을 학습하여, 해킹 시도나 사기 행위를 자동으로 탐지하고 경고한다. 또한, 골목, 대로, 지하철 등에 설치된 CCTV 영상에서 범죄 행위를 실시간으로 탐지하는 시스템에도 심층학습이 사용된다.

여덟 번째, 스마트 가전제품에 활용되는 예이다. 스마트 스피커, 냉장고, 세탁기와 같은 가전제품은 심층학습을 사용해 사용자와 상호작용하고, 사용자의 패턴을 학습하여 맞춤형 서비스를 제공한다. 일명 사물인터넷(IoT)과 유사하다. 예를 들어, 스마트 냉장고는 음식의 유통기한을 관리하고, 소비자가 자주 사용하는 식품 목록을 기반으로 쇼핑 목록을 제안할 수 있다.

아홉 번째, OTT(Over the top)에 활용되는 추천시스템이다. 넷플릭스, 유튜브, 아마존 등에서 사용하는 추천 시스템은 심층학습을 기반으로 사용자에게 맞춤형 콘텐츠나 상품을 추천한다. 인공지능은 사용자의 선호도와 행동 패턴을 학습하여 그들에게 가장 적합한 영화를 추천하거나, 관심 있을 법한 제품을 보여준다.

마지막으로 의약품 개발과 신약 탐색이다. 심층학습은 화학 구조와 생물학적 데이터를 학습하여 새로운 약물을 설계하고, 기존 약물의 효능을 개선하는 데 사용된다. AI는 수천 개의 화합물 데이터를 분석해, 특정 질병에 맞는 잠재적인 약물을 탐색하고 개발하는 시간을 단축시킬 수 있다.

이 외에도 예술 창작 분야, 챗봇 및 고객 지원의 AICc(인공지능 고객(Customer) 센터center)에서도 활용되고 있다. 이처럼 심층학습은 매우 다양한 분야에서 사용되며, 복잡한 문제를 해결하는 데 특히 강력한 성능을 발휘하는 기술이다.

5. 노벨물리학상의 제프리 힌튼, 노벨화학상 허사비스와 존 점퍼

① 2024년 노벨물리학상과 화학상은 인공지능 분야

알베르트 아인슈타인은 20세기를 대표하는 과학자로, 질량과 에너지가 서로 전환될 수 있다는 개념을 공식으로 나타내었으며, 이 공식을 $E=mc^2$으로 표현했다. 여기서 E는 에너지(Energy), m은 질량(Mass), 그리고 c는 광속(Speed of Light)이다. 또한, 공간, 시간, 중력에 대한 새로운 이해를 제시하는 상대성 이론을 통해 과학에 큰 변혁을 일으켰고, 이 업적으로 인해 아인슈타인은 1921년, 43세의 나이에 노벨물리학상을 받았다.

마리 퀴리(퀴리 부인)는 우라늄 광석에서 라듐과 폴로늄이라는 새로운 원소를 발견하며 방사능 연구의 선구자로 인정받았다. 방사능 현상을 연구하고 설명하는 데 큰 공헌을 하여, 1903년 노벨물리학상과 1911년 노벨 화학상을 받았다. 마리 퀴리는 두 번의 노벨상을 받은 최초의 인물이며, 최초의 여성 노벨상 수상자로도 잘 알려져 있다.

이처럼 노벨물리학상과 화학상은 우주와 역학 원리, 새로운 원소나 광물의 발견과 같은 과학적 성취를 통해 수여되는 경우가 많다.

그런데 2024년 노벨물리학상은 제프리 힌튼과 존 홉필드에게 수여[18)]되었다. 이들은 인공 신경망을 이용한 기계 학습의 근본적인 원리와 방법을 개발한 공로를 인정받았는데, 홉필드(John J. Hopfield)는 신경망이 기억을 저장하고 복원할 수 있는 연관 기억 모델을 설계했으며, 이는 특정 패턴을 저장하고 불완전한 데이터를 입력받아 기억된 패턴을 복원할 수 있도록 설계되었다. 인공신경망 CNN으로 잘 알려진 제프리 힌튼(Geoffrey E. Hinton)은 홉필드의 연구를 기반으로 볼츠만 머신[19)]이라는 새로운 네트워크를 개발하여 신경망이 특정 데이터의 특성을 스스로 학습하도록 했다. 이러

18) https://www.nobelprize.org/prizes/physics/2024/press-release/

19) 볼츠만 머신(Boltzmann Machine)은 제프리 힌튼이 개발한 인공지능 모델 중 하나로, 패턴을 학습하고 특정한 특징을 찾아내는 데 사용된다. 이 모델은 사람의 뇌 구조에서 영감을 받은 인공신경망의 일종이며, 특정 데이터에서 중요한 패턴을 자동으로 감지할 수 있도록 설계되었다. 볼츠만 머신은 다양한 노드(뉴런 역할을 하는 단위)로 구성되어 있으며, 이 노드들은 서로 연결되어 있다. 각 노드는 데이터를 받아들이고, 그 연결들을 통해 데이터를 처리한다. 볼츠만 머신의 핵심은 에너지 기반 학습이다. 학습 과정에서 볼츠만 머신은 특정 상태로 에너지를 최소화하려고 하며, 이 상태가 되면 데이터의 패턴이나 특징을 학습했다고 간주한다. 예를 들어 볼츠만 머신이 여러 고양이 사진을 학습했다면, 고양이의 얼굴 형태나 고양이의 특징을 자동으로 학습한다. 이후 고양이 사진이 아닌 새로운 이미지를 보여주면, 볼츠만 머신은 학습한 고양이 특징과 비교하여 해당 이미지가 고양이인지 아닌지를 예측할 수 있다.

한 연구는 현대의 심층학습과 인공 지능 기술의 기초가 되어, 다양한 데이터 처리 및 분석 기술의 발전을 이끌었다.

그림 4.14 2024년 노벨물리학상 존 홉필드와 제프리 힌튼

자료: https://www.nobelprize.org/prizes/physics/2024/summary

노벨 화학상은 데미스 하사비스와 존 점퍼, 그리고 데이비드 베이커에게 수여[20]되었다. 하사비스와 점퍼는 알파폴더(AlphaFold)라는 AI 모델을 개발하여, 단백질 구조 예측이라는 50년 된 과제를 해결했다. 알파폴더는 단백질의 아미노산 서열만으로 3차원 구조(〈그림 4.15〉 참조)그림을 정확히 예측[21] 할 수 있는 시스템으로, 이는 신

---

20) https://www.nobelprize.org/prizes/chemistry/2024/press-release/
https://deepmind.google/discover/blog/demis-hassabis-john-jumper-awarded-nobel-prize-in-chemistry/

21) 단백질 구조 예측은 단백질이 어떤 모양을 갖는지 알아내는 과정이다. 단백질은 우리 몸에서 중요한 역할을 하는 분자이며, 각 단백질은 여러 아미노산이 연결되어 만들어진다. 이 아미노산들이 특정 순서로 배열되면 단백질이 자연스럽게 접혀서 독특한 3차원 구조를 형성하는데 단백질이 어떤 구조를 가지느냐에 따라 그 기능이 결정되므로, 구조를 예측하는 것은 의약품 개발이나 질병 연구에 매우 중요하다. 과거에는 단백질 구조를 직접 실험

약 개발과 같은 생명과학 연구에서 중요한 역할을 하고 있다. 알파폴더 데이터는 전 세계 2백만 명 이상의 연구자에게 무료로 제공되어 과학 연구의 효율성을 크게 향상시켰다.

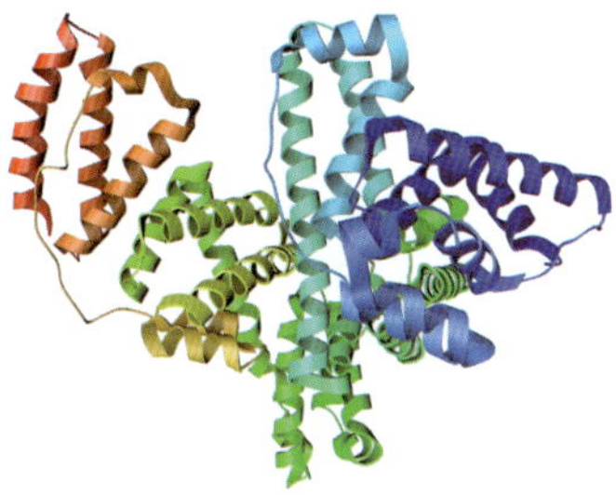

인간의 단백질 구조

그림 4.15 2024년 노벨 화학상 데미스 하사비스와 존 점퍼

자료: https://deepmind.google/discover/blog/demis-hassabis-john-jumper-awarded-nobel-prize-in-chemistry/

이 두 상은 인공지능과 기계학습의 발전이 물리학과 화학 같은 과학 분야에서 얼마나 중요한 변화를 이끌고 있는지를 보여주는 사례로 평가받고 있다. 이처럼 인공지능은 융합학문 시대에 없어서는 안 될 중요한 도구로, 인공지능 사용여부에 따라 결과물은 엄청난 차이를 보일 것이다.

4.2 인공지능 모형 평가

빅데이터를 분석하고자 할 때, 여러 후보 인공지능 모형을 적용하여 최적의 모형을

으로 관찰하는 데 많은 시간과 비용이 들었지만, AlphaFold와 같은 인공지능 기술 덕분에 이제 아미노산 서열만으로도 단백질이 어떻게 접히고 어떤 구조를 가질지 정확히 예측할 수 있게 되었다. AlphaFold는 단백질이 자연적으로 형성하는 3D 구조를 빠르고 정확하게 예측해 주기 때문에 연구자들이 신약 개발이나 질병 연구에 더 빠르게 접근할 수 있도록 도와준다.

선정하는 것은 중요한 일이다. 이때 공정한 방법과 기준이 있다면 최적 모형을 결정할 때 도움을 받을 수 있다. 이번 절은 이에 대한 기준과 방법을 알아본다.

1. 혼동행렬

인공지능은 분류 문제나 회귀 문제를 다루며, 이미지를 정확하게 구분하거나 다음에 나올 데이터를 예측하는 데 자주 사용된다. 예를 들어, 강아지 사진이 있을 때 이를 정확히 강아지로 구분하는 것이 분류의 목적이다. 강아지와 다른 동물의 사진을 섞어 놓고, 이를 분류하는 문제를 생각해 보자.

〈표 4.3〉과 같이 학습 자료에는 강아지 사진과 강아지가 아닌 사진이 섞여 있다. 분류 문제의 목표는 이 데이터를 강아지와 강아지가 아닌 것으로 나누는 것이다. 앞서 설명했듯이, 인공지능은 강아지를 분류하기 위해 많은 학습 자료를 활용해 최적의 강아지 분류 기준 w를 도출한다. 이 과정에서 종종 정확하게 분류하지만, 경우에 따라 오류가 발생할 수도 있다. 이러한 분류 결과를 〈표 4.3〉으로 정리할 수 있다.

표 4.3 강아지 학습 자료와 이미지 분류 결과

판정 · 예측 / 사실(학습자료)	강아지	강아지 아님
강아지	옳은 결정	잘못된 결정
강아지 아님	잘못된 결정	옳은 결정

강아지를 강아지로, 강아지가 아닌 것을 강아지가 아니라고 판단하면 올바른 분류이다. 반면, 강아지를 강아지가 아니라고 판단하거나, 강아지가 아닌 것을 강아지라고 판단하면 오류이다. 이처럼 강아지 이미지 분류 문제에서는 네 가지 결과가 나올 수 있으며, 이를 〈표 4.3〉처럼 교차표로 정리할 수 있다. 이 교차표를 분류 행렬 또는 오차 행렬(confusion matrix)이라고 부른다.

표 4.4 사실과 판정의 교차표

판정 · 예측 / 사실(학습자료)	Positive	Negative
Positive	True Positive (TP)	False Negative (FN)
Negative	False Positive (FP)	True Negative (TN)

강아지를 positive, 강아지가 아닌 것을 negative라고 할 때, 올바른 판정에는 true positive(강아지를 강아지로 판단)와 true negative(강아지가 아닌 것을 강아지가 아니라고 판단)가 있다. 잘못된 판정에는 false negative(강아지를 다른 개체로 판단)와 false positive(강아지가 아닌 것을 강아지라고 판단)가 있다. 일반적으로 인공지능이 이미지 분류와 같은 이진형(0, 1) 분류를 수행할 때, 오차 행렬에서 TP와 TN의 결과가 많을수록 정확성(Accuracy)이 높아진다고 할 수 있다. 다음 절에서는 정확성과 유사한 다른 평가지표에 대해 알아본다.

2. 평가지표

〈표 4.3〉과 〈표 4.4〉의 네 가지 상황을 기반으로 평가지표를 살펴보자. 실제 결과가 참(True)과 거짓(False)으로 나뉘고, 예측도 참과 거짓으로 나뉘면, 이를 통해 정확성을 측정할 수 있다. 이러한 기준을 바탕으로 한 정확성 지표는 '정확도(Accuracy) = (TP + TN)/N(총예측 수)'와 '에러율(Error Rate) = 오분류율 = 1−정확도'가 있다. 정확도는 참 양성(TP)과 참 음성(TN)의 개수를 전체 예측 수(N)로 나눈 값이다. 에러율 또는 오분류율은 1에서 정확도 수치를 뺀 것으로 잘못된 예측의 비율이다.

또 다른 주요 지표로 정밀도(Precision)와 재현율(Recall)이 있다. 정밀도는 양성(positive)으로 예측된 값(TP + FP) 중에서 참 양성(TP)이 차지하는 비율을 의미한다. 재현율은 실제 결과가 참인 경우(TP + FN)에서 참 양성(TP)이 차지하는 비율을 의미하며, 이를 '리콜'이라고도 부른다.

예를 들어, 인터넷 검색에서는 내가 원하는 결과가 상단에 나오기를 기대하는데(예측이 positive되기를 기대), 이는 예측의 정확성이 중요한 상황이므로 정밀도가 높을수록 좋다. 반면에, 의료 분야의 정밀 검사는 오진 가능성(병이 있는데 없다고 진단)을 최소화해야 하므로 민감도가 높은 것이 중요하다. 민감도(Sensitivity) 또는 '참 양성 비율(True Positive Rate; TPR)'은 FN에 매우 민감한 지표다. 반면 건강 검진은 과잉 진료(병이 없는데 있는 것처럼 진단)보다 필요한 검사만을 권장해야 하므로 병이 없는 경우(TN)를 잘 구분해야 한다. 이때 사용되는 지표는 '특이성(Specificity)'로, '참 음성 비율(True Negative Rate; TNR)'이다. 민감도와 특이성은 주로 의료 분야에서 많이 사용되는 지표다.

이상의 4가지 지표를 정리하면 〈표 4.5〉와 같다.

표 4.5 인공지능 성능 평가지표

지표	기준	간결 표현
정확도	(True Positive+True Negative)/N	(TP+TN)/N
정밀도	True Positive/(True Positive+False Positive)	TP/(TP+FP)
민감도(재현율, 참 양성 비율)	True Positive/(True Positive+False Negative)	TP/(TP+FN)
특이도(참 음성 비율)	True Negative/(False Positive+True Negative)	TN/(FP+TN)

이제 다음 두 사례를 통해 인공지능 성능 평가지표를 적용해 보자.

첫째, H 병원은 지난 10년간 위암 환자로부터 수집된 위암 1, 2, 3기, 말기에 대한 MRI 이미지 파일 10,000을 보유하고 있어, 이 자료를 최근 도입된 인공지능 판독 기계에 학습용 자료로 활용하였다. H 병원은 2025년부터 위암 환자의 진단과 처치를 위한 위함 MRI 사진을 비지도학습으로 변경하고자 여러 검정을 하는 단계이다. 2023년 위함 2기 환자 이미지를 판독 장치에 입력하여 판단한 결과는 〈표 4.6〉과 같다.

표 4.6 인공지능 성능 평가지표

사실 \ 판정 · 예측	위암 2기	위암 2기 아님
위암 2기	8,500	400
위암 2기 아님	600	500

위의 판독 결과에 따른 H 병원의 인공지능 판독 기계의 정확도는 '8,500+500/10,000'로 91%이다. 따라서 에러율은 10% 아래 수준인 9%이다. 그리고 민감도는 '8,500/(8,500+400)'로 95.5%이다. 따라서 H 병원에서 도입한 인공지능 위암 판독 기계의 정확도, 에러율, 민감도는 각각 91%, 9%, 95.5%로 나타났다.

둘째, 10,000의 학습용 자료를 대상으로 이진형 문제를 분류하는 인공지능 두 모형을 평가한 결과 〈표 4.7〉과 같다. 두 모형의 성능을 정확도와 재현율 지표를 기준으로 평가할 수 있다. 모형 1의 정확도는 (7,500+500)/10,000으로 80%, 에러율은 20% 수준이며, 재현율인 민감도는 7,500/(7500+1500)로 83.3%이다. 이에 반해 모형 2의 정확도는 (8,500+100)/10,000으로 86%, 에러율은 14% 수준이며, 재현율인 민감도는 8,500/(8500+1000)로 89.5%이다. 따라서 정확도, 에러율, 민감도 지표 기준에서 모형 2가 모형 1보다는 성능이 우수한 모형이다.

표 4.7 두 인공지능 모형 혼동행렬

(모형 1)

사실 \ 판정 · 예측	1	0
1	7500	1500
0	500	500

(모형 2)

사실 \ 판정 · 예측	1	0
1	8500	1000
0	400	100

이처럼 평가지표를 활용하여 인공지능 모형의 성능을 손쉽게 평가할 수 있다. 다음

절에서는 이진형 분류가 아닌 범주형 분류 문제에서 고려할 수 있는 평가지표를 소개한다.

3. 평가지표 다양성

일반적인 이진형 분류 문제에서 혼동행렬 형태는 교차표 형태이다. 하지만 이진형 분류 문제 이외에 확장된 범주형 분류 문제에 접하는 경우도 많다. 예를 들어 강아지, 고양이, 사자, 기린을 분류, 알파벳 A, B, C, D를 구분하는 문제가 여기에 속한다.

예를 들면, 인공지능 학습자가 두 인공신경망 모형 1과 2를 활용하여 알파벳 A, B, C, D를 분류하는 문제를 살펴보자. 두 인공신경망 모형 1과 2의 혼동행렬은 〈표 4.8〉과 같다. A, B, C, D 알파벳으로 구성한 400개의 이미지를 인공신경망 A, B 모형이 각각 〈표 4.8〉과 같이 분류한 것이다.

표 4.8 (범주형 분류) 두 개의 인공신경망 모형 혼동행렬

인공신경망 1

실제 \ 예측	A	B	C	D
A	100	0	0	0
B	0	50	30	20
C	0	10	80	10
D	0	10	0	90

인공신경망 2

실제 \ 예측	A	B	C	D
A	80	20	0	0
B	10	70	0	20
C	0	0	90	10
D	20	30	0	50

〈표 4.8〉과 같이 이진형 분류를 넘어서 범주형 분류 문제에서도 동일하게 혼동행렬이 만들어진다. 이와 같은 방식으로 범주형 이미지 분류를 수행할 수 있으며, 개별 모형 성능 평가도 가능하다. 〈표 4.8〉에 대해 정확도, 에러율, 재현율 등을 구해보면,

정확도(Accuracy)는 (TP+TN)/N=(100+50+80+90)/400=0.80이다.

정밀도(Precision)는 TP/(TP+FP)이고 각 문자의 정밀도를 구해 평균을 제시한다. 따라서 P(A)=100/(100+0), P(B)= 50/(50+10+10), P(C)=80/(80+30), P(D)=90/(90+20+10)이고 이들의 평균은 0.798((P(A)+P(B)+P(C)+P(D))/4=3.1916/4)이다.

재현성(리콜, Recall)은 TP/(TP+FN)이고, 정밀도와 동일한 방식으로 R(A)=100/(100+0), R(B)=50/(50+30+20), R(C)=80/(80+10+10), R(D)=90/(90+10)이고, 이들의 평균은 0.800([R(A)+R(B)+R(C)+R(D)]/4=0.320/4)이다.

따라서 인공신경망 A의 정확도는 80%, 에러율은 20%, 평균정밀도는 79.8%, 평균재현율은 80%이다. 동일 방식으로 인공신경망 B의 지표를 산정한 결과, 정확도는 72.5%, 평균정밀도는 73.4%, 평균재현율은 72.5%이다. 결과적으로 A, B, C, D의 문자인식의 경우 정확성, 에러율, 정밀도, 재현성 지표 기준에서 인공신경망 1이 인공신경망 2보다 상대적으로 우수한 모형으로 평가된다.

위의 문제에서 주의해야 하는 점은 이진 분류의 교차표를 넘어서는 범주형 분류 문제는 정밀도와 재현율 계산과정에서 인식 개체별로 계산한 후 이들의 평균으로 제시해야 한다는 것이다. 또한 정확도는 혼동행렬의 대각 부분에 수치가 많이 분포되어 있을수록 정확도가 높다는 것을 알 수 있다. 인공신경망 A는 320이고 B는 280개이다.

또 다른 예제를 소개해 본다. 숫자 1, 2, 3, 4를 분류하는 문제이다. 앞장에서 인공지능은 다양한 은닉층의 구조를 갖는다고 했다. 히든 레이어는 블랙박스이므로 어떤 모형인지는 모르나, 층의 개수나 깊이는 연구자가 지정한다. 따라서 인공지능 연구자가 히든 레이어 층과 깊이에 따른 모형 성능을 비교할 경우에도 평가지표 활용이 가능하다. 히든 레이어가 다를 때 숫자 1, 2, 3, 4를 구분하는 결과의 혼동행렬은 〈표 4.9〉와 같다.

표 4.9 히든 레이어 차이에 따른 혼동행렬

은닉층 4개

실제 \ 예측	1	2	3	4
1	198	2	0	0
2	7	1	0	2
3	0	8	1	1
4	2	3	4	1

은닉층 3개

실제 \ 예측	1	2	3	4
1	100	80	10	10
2	0	9	0	1
3	0	1	8	1
4	0	1	0	9

〈표 4.9〉에 대해 정확도, 에러율, 재현율을 구해보면, 은닉층 4개일 때의 정확도는 (TP+TN)/N=(198+1+1+1)/230=0.8739, 정밀도 TP/(TP+FP)는 P(1)=198/(198+7+2), P(2)=1/(1+2+8+3), P(3)=1/(1+4), P(4)=1/(1+1+2)이므로 이들의 평균 정밀도는[P(1)+P(2)+P(3)+P(4)]/4=1.4779/4=0.370이다.

재현성(리콜, Recall)은 TP/(TP+FN)은 R(1)=198/(198+2), R(2)=1/(1+7+2), R(3)=1/(1+8+1), R(4)=1/(1+2+3+4), 평균 Recall은 0.323[R(1)+R(2)+R(3)+R(4)]/4=1.29/4]이다.

반면, 은닉층 3개일 때의 정확도는 (TP+TN)/N=(100+9+8+9)/230=126/230=0.5478, 정밀도(Precision)는 TP/(TP+FP)이고, P(1)=100/(100+0), P(2)=9/(9+80+1+1), P(3)=8/(8+10), P(4)=9/(9+10+1+1)이다. 평균 정밀도는 (P(1)+P(2)+P(3)+P(4))/4=1.9719/4=0.4930, 재현성(리콜, Recall)은 TP/(TP+FN)이고 R(1)=100/(100+80+10+10), R(2)=9/(9+1), R(3)=8/(8+1+1), R(4)=9/(9+1), 평균 Recall은 0.775[(R(1)+R(2)+R(3)+R(4))/4]이다.

따라서 1, 2, 3, 4의 숫자 인식의 경우, 은닉층 4개는 87.4%, 37.0%, 32.3%이고 은닉층 3개는 54.8%, 49.3%, 77.5%이다. 정확성 지표 기준으로는 은닉층 4개의 결과가 3개보다 모형 성능이 우수해 보이지만, 정밀도와 재현성 관점에서는 반대로 나타난다. 이 결과는 〈표 4.8〉의 지표평가 결과와 다르다.

이는 〈표 4.8〉과 같이 자료 분포가 균형자료(balanced data)로 나타날 경우 지표 간의 일치성과 유사성을 보이지만, 〈표 4.9〉와 같은 불균형자료(unbalanced data)는 지표 간의 일치성을 보이지 않는다. 이 경우, 이들 지표값의 조화평균으로 제시하는 F1-Score를 사용하기도 한다. 식은 아래와 같고, 이 지표를 두 혼동행렬에 대입하면,

$$\text{F1}-\text{Score} = 2 \times \frac{(\text{정밀도} \times \text{재현율})}{(\text{정밀도} + \text{재현율})}$$

은닉층 4개는 0.4689, 은닉층 3개는 0.6419가 도출되어 은닉층 3개가 더 우수한 성능 모형을 나타내고 있다.

위 2개 결과를 참고할 때, 3차원 이상 교차표의 혼동행렬은 데이터 분포 형태에 따라 정확도, 민감도, 정밀도 외에 다른 평가지표가 필요함을 알 수 있다.

4. 인공지능과 통계적 모형성능 평가지표 차이

일반적으로 통계적 모형 성능을 비교할 때 평균제곱오차(*MSE*), 평균절대오차(*MAE*), 평균절대백분율오차(*MAPE*)[22] 등의 지표로 사용한다. 그런데 앞 절에서 살펴본 바와 같이 인공지능에서는 이런 지표를 적용하지 않고 정확성, 민감도, 에러율 등을 사용한다. 그러면 왜 이런 지표를 적용하지 않을까?

그 이유는 통계적 모형 성능 평가 지표(*MSE*, *MAE*, *MAPE* 등)와 인공지능에서 자

22) 평균제곱오차(Mean Squared Error, *MSE*): 예측값과 실제값 간의 차이를 제곱하여 평균을 구한 값으로, 큰 오차에 대해 더 큰 패널티를 주기 때문에 큰 오차가 중요한 경우에 유용하다. 예측값이 실제값과 얼마나 가까운지를 평가하는 데 적합하며, 특히 오차의 분포가 일정하거나 큰 오차에 민감한 경우 활용된다.
평균절대오차 (Mean Absolute Error, *MAE*): 예측값과 실제값 간의 절대 차이의 평균을 구하는 지표로, 각 오차의 절댓값을 계산하여 평균을 낸다. 오차의 크기를 상대적으로 이해하기 쉬우며, 큰 오차와 작은 오차를 균일하게 평가하고, *MSE*보다는 큰 오차에 덜 민감하여, 예측값과 실제값의 차이를 일반적으로 평가할 때 적합하다.
평균절대백분율오차(Mean Absolute Percentage Error, *MAPE*): 실제값에 대한 예측값의 오차를 백분율로 나타내어 평균을 구하는 지표이다. 예측값과 실제값의 비율 차이를 평가하기 때문에, 상대적 오차가 중요한 경우 적합하다. 단, 실제값이 0에 가까울 때는 계산이 불가능해질 수 있으므로, 이를 피할 수 있는 데이터에 적합하다.

주 쓰이는 지표(정확도, 민감도, 에러율 등)는 서로 다른 목적과 데이터 특성을 반영한 차이점이 있어 선택적으로 적용되기 때문이다.

이는 주로 문제 유형(회귀와 분류)과 평가하고자 하는 성능 요소에 따라 달라지는데, 먼저 '회귀와 분류 문제의 차이 관점'에서 설명한다. *MSE*, *MAE*, *MAPE* 등은 회귀 문제에서 모델이 예측한 연속형 변수값이 실제 값에 얼마나 가까운지 평가할 때 사용된다. 이들 지표는 예측값과 실제값의 차이이므로, 예측의 '정확한 값'을 예측하는 데 적합하다. 이에 반해 정확도, 민감도, 특이도, 에러율 등은 분류 문제에서 주로 사용되며, 예측한 클래스(또는 범주)가 실제 클래스와 일치하는지를 평가하는 데 초점이 있다. 따라서 분류 문제에서는 *MSE*와 같은 연속형 오차 지표는 적합하지 않으며, 이 대신 각 클래스의 예측 성능을 평가할 수 있는 분류 지표가 더 적절하다.

다음으로 '지표의 해석과 목적 차이'이다. *MSE*는 예측값과 실제값 간의 차이의 제곱 평균을 통해 오차가 큰 경우 더 큰 페널티를 준다. 이는 예측값의 '정확한 수치'가 중요할 때 유용하며, 예를 들어 주가 예측, 온도 예측 등에서는 예측값이 실제와 얼마나 가까운지가 핵심이다. 정확도는 전체 샘플 중 예측이 맞은 비율을 계산한다. 클래스 간 불균형이 클 때는 중요한 지표가 아닐 수 있지만, 분류 문제가 비교적 균형 잡힌 경우에는 직관적으로 성능을 파악하는 데 유리하다. 민감도는 양성 클래스에 대한 예측 성능을 평가하며, 특히 중요한 클래스를 놓치지 않는 데 중점을 둔다. 예를 들어 질병 진단이나 사기 탐지 같은 상황에서는 민감도가 중요한 지표가 된다.

끝으로 '문제의 특성과 결과의 중요성'이다. 인공지능 모델의 목적에 따라 평가지표를 설정해야 한다. 예를 들어, 의료영상 분류에서는 질병의 정확한 진단이, 금융사기 탐지에서는 사기 거래를 놓치지 않는 것(민감도)이 중요하다. 반대로, 주식 가격 예측 모델처럼 예측값의 오차를 줄이는 것이 중요한 경우에는 *MSE*나 *MAE*와 같은 지표가 더 적합하다.

따라서 인공지능에서는 문제 유형에 맞는 적합한 지표를 사용하는 것이 일반적이며, 통계적 회귀 지표는 회귀 문제에, 분류 지표는 분류 문제에 사용되는 것이다.

그런데 인공지능으로 양적변수의 추이를 검토하여 앞으로 어떤 값이 나올까? 하는 예측하는 문제에도 활용될 수 있다. 이런 문제에서는 분류 지표가 더 이상 활용될 수 없다. 이런 경우에는 통계 성능 지표를 적용할 수 있을까?

물론 가능하다. 예를 들어 인공지능 모델이 평균제곱오차(*MSE*)나 평균절대오차(*MAE*)와 같은 지표를 계산하는 과정은 실제값과 예측값 간의 차이를 통해 이루어진다.

'주택 가격 예측 모델'에서 주택 가격을 예측하는 모델을 학습시켰고, 모델이 〈표 4.10〉과 같은 예측값을 제공했다고 하자. 실제 주택 가격과 모델의 예측값이 다음과 같을 때, *MSE*와 *MAE*를 계산해 보면,

표 4.10 아파트 실제 가격과 예측 가격

주택 ID	실제 가격(만원)	예측 가격(만원)
집1	500	520
집2	700	680
집3	300	310
집4	900	850
집5	400	450

평균제곱오차는 (실제값−예측값)의 제곱을 계산하여 평균을 구한 값으로 식은 아래와 같다.

$$MSE=\frac{1}{5}\{(500-520)^2+\cdots+(400-450)^2\}=1{,}180$$

각 집에 대해 제곱오차를 계산한 후, 이를 평균 내면 *MSE*를 구하면 1,180이 된다. 평균절대오차는 (실제값−예측값)의 절댓값을 계산하여 평균을 구한 값으로 식은 아래와 같다.

$$MAE = \frac{1}{5}\{|500-520| + \cdots + |400-450|\} = 30$$

각 집에 대해 절대 오차를 계산한 후, 이를 평균 내면 *MAE*를 구하면 30이 된다.

결국, *MSE*는 큰 오차에 대해 더 큰 페널티를 주기 때문에 큰 오차가 중요한 경우에 적합하다. 이 예제에서는 *MSE*가 1,180으로 계산되었다. 반면, *MAE*는 단순히 오차의 절댓값을 평균하므로 오차의 크기를 균일하게 평가하고 싶을 때 유용하다. 이 예제에서는 *MAE*가 30으로 나왔다. 이렇게 *MSE*와 *MAE*는 예측값과 실제값 간의 차이를 기반으로 인공지능 모델의 성능을 평가할 수 있다. 지금까지 회귀 문제에서의 인공지능 평가지표에 대해 알아보았다.

이제 인공지능이 어떤 방식으로 예측값을 도출하는지를 살펴보겠다. 인공지능이 예측값을 도출하기 위해 모형을 만드는 과정은 모델 학습이라는 단계에서 이루어지며, 지도학습을 통해 데이터로부터 규칙을 학습한다.

이 과정은 데이터 준비 → 모델 선택 → 학습 → 예측의 단계로 나눌 수 있다. 이러한 과정을 수행하기 위해 인공지능은 학습용 데이터를 각 과정에서 사용할 수 있도록 데이터를 분할한다. 이를 인공지능의 데이터 분할이라고 하며, 이에 대한 내용은 다음 절에서 상세히 다룰 예정이다.

4.3 데이터 분할과 인공지능 모델 성능 평가의 원리

일반적인 통계분석에서는 수집한 데이터를 활용해 모델을 만들고, 실제값과 예측값을 비교하여 모델 성능을 평가한다. 반면, 2장의 신뢰할 수 있는 인공지능 편에서 살펴봤듯이 인공지능에서는 데이터를 모두 모델 생성에 사용하지 않고, 여러 부분으로 나누어 활용한다. 이는 데이터를 모델 생성, 평가, 성능 비교 목적으로 나누는 방식이다. 이렇게 하는 이유는 학습 데이터에 지나치게 의존하면 모델이 새로운 데이터에 잘 대응하지 못하는 문제가 발생할 수 있기 때문이다. 예를 들어, 10,000개의 데이터를 인공지능 학습용으로 제공한다고 가정해 보자. 인공지능 모델은 이 데이터를 세 부분으로 나누어 사용한다. 약 6,000개의 데이터는 모델 훈련과 생성에 사용하고, 2,000개의 데이터는 모델 평가에 사용하며, 나머지 2,000개의 데이터는 훈련이나 평가에 사용되지 않은 상태로 남겨두었다가 모델의 최종 성능을 측정하는 검정용으로 사용한다. 이렇게 데이터를 분할하여 학습하는 이유는 무엇일까? 이번 절은 이런 의문점에 대해 학습한다.

1. 학습, 평가, 검정용으로 분할

예를 들어, 된장찌개를 만들 때 재료를 한꺼번에 다 쓰지 않고 조금씩 나누어 사용하며 맛을 평가한다고 생각해 보자. 먼저, 마트에서 10만 원어치 된장찌개 재료를 산다. 첫날에는 6만 원어치 재료로 찌개를 만들고, 며칠 후에는 2만 원어치 재료를 사용해 처음 만든 찌개와 맛을 비교하며 조리법을 조정한다. 이렇게 최적의 조리법을 찾은 후, 남은 2만 원어치 재료로 다시 찌개를 만들어 여러 사람에게 맛을 평가받는다. 이런 과정을 통해 최적의 조리법으로 만든 찌개가 가장 맛있다는 평을 받을 가능성이 커진다.

이 원리를 인공지능 학습과 평가에 적용해 보자. 인공지능 학습용 자료는 한꺼번에 사용하지 않고 세 부분으로 나누어 활용한다. 이 세 부분은 훈련(training), 평가(validation), 검증(test) 데이터 세트라고 하며, 보통 5:2.5:2.5 또는 6:2:2 비율로 나눈다.

훈련 데이터 세트는 주로 모델을 생성하고 매개변수(된장찌개)를 학습하는 데 사용된다. 평가 데이터 세트는 학습된 매개변수를 조정(튜닝)하거나 최적의 변수와 모델(가장 맛있는 조리법)을 선택하는 데 활용된다. 마지막으로 검증 데이터 세트는 최종적으로 선택한 모델의 성능을 평가하고 오류율을 측정하는 데 사용된다.

정리하면, 훈련 데이터는 모델이 패턴을 학습하는 데 사용되고, 평가 데이터는 학습된 모델을 개선하는 데 쓰인다. 검증 데이터는 최종 모델의 성능을 객관적으로 평가하는 데 활용된다. 이처럼, 인공지능은 최적의 모델을 만들기 위해 데이터를 한꺼번에 사용하지 않고 훈련, 평가, 검증 데이터로 나누어 활용한다. 경우에 따라서는 훈련과 검증 데이터 두 부분으로 나누기도 한다.

이 방법이 유용한 이유는 무엇일까? 여러 인공지능 모델 중에서 과적합(overfitting)과 과소적합(underfitting) 문제를 탐지하고, 최적의 일반화 성능을 가진 모델을 선택할 수 있기 때문이다. 〈그림 4.16〉과 같이 과적합과 과소적합은 모델 학습 과정에서 흔히 발생하는 두 가지 주요 문제로, 모델이 데이터를 얼마나 잘 학습하고 일반화할 수 있는지와 깊은 관련이 있다.

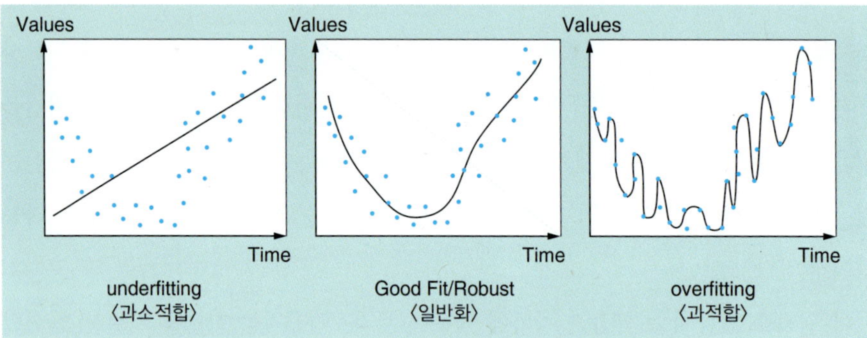

그림 4.16 과소적합, 일반화(좋은), 과적합 모형 결과

과적합은 모델이 훈련 데이터에 지나치게 맞춰지는 현상이다. 이로 인해 훈련 데이터에서는 높은 정확성을 보이지만, 새로운 평가나 검증 데이터에서는 성능이 떨어진다. 이는 모델이 훈련 데이터의 패턴뿐 아니라 데이터에 포함된 불필요한 잡음까지 과도하게 학습하면서 발생한다. 과적합된 모델은 지나치게 복잡한 패턴을 찾아내려 하기 때문에 새로운 데이터에 대해 좋은 예측을 하지 못한다.

과적합의 주요 원인으로는 다음과 같은 것들이 있다.

모델이 지나치게 복잡하거나 데이터의 특징 수가 너무 많을 때, 또는 모델의 학습 용량이 훈련 데이터에 비해 너무 클 때 발생한다. 또한, 훈련 데이터가 너무 적거나 대표성이 부족한 경우에도 과적합 문제가 생길 수 있다.

이와 반대로, 과소적합은 모델이 훈련 데이터의 패턴을 제대로 학습하지 못해 성능이 낮아지는 현상을 말한다. 따라서 과적합과 과소적합 사이에서 균형을 맞추는 것이 중요한 과제다.

과적합의 해결 방법으로는 모형 생성을 위한 학습용 자료를 증가시키거나 데이터를 여러 번 분할[23)]하여 모델의 성능을 안정적으로 평가(교차검정 Cross-Validation, 〈그림 4.17〉 참조) 또는 모형의 복잡성을 낮추어 학습을 좀 더 일반화시키는 방법도 효과적이다.

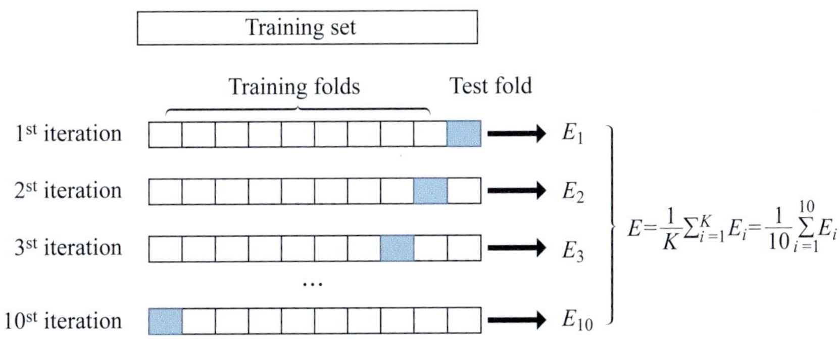

그림 4.17 10-fold cross Validation

23) 데이터를 분할할 때는 여러 가지 전략이 있다. 가장 기본적인 방식으로는 홀드아웃(Holdout) 방식이 있으며, 데이터를 학습, 검증, 테스트 세트로 한 번 나눈 뒤 그대로 사용하는 것이다. 하지만 데이터의 편중을 피하기 어렵다는 단점이 있다. 다음으로 교차검증(Cross-Validation)을 통해, 데이터를 여러 번 나누고 반복적으로 학습과 평가를 진행함으로써 데이터의 양이 적을 때 더욱 신뢰성 있는 성능 평가를 가능하게 한다. 끝으로 K-폴드 교차검증(K-fold Cross-Validation)이 있다. 데이터를 K개로 나눈 뒤, 각 부분을 한 번씩 검증 세트로 사용하며 학습과 평가를 반복하는 방식입니다. 이를 통해 모델이 다양한 데이터 패턴을 학습하게 되어, 편향된 성능 평가를 방지할 수 있습니다.

교차검정은 인공지능 학습데이터를 랜덤(10개 그룹)으로 나누고, 첫 번째 평가 과정에서는 1~9개 그룹 데이터를 이용해 모델링하고 10번째 데이터를 이용해 검증한다. 두 번째 과정에서는 2~10개 그룹 데이터를 이용해 모델링하고 1번째 데이터를 이용해 검증한다. 이런 과정을 10번 반복하여 10번의 결과를 종합적으로 분석해 모델의 효과를 평가하고 검증한다면 과적합 문제는 해결 가능하다. 〈그림 4.17〉의 *E*는 *i*번째 그룹의 교차검정의 *error*(*MAE* 또는 *MAPE* 등)를 의미한다.

과소적합은 모델이 훈련 데이터에서조차 제대로 학습하지 못해 데이터의 주요 패턴을 포착하지 못하는 현상이다. 이 경우, 모델이 지나치게 단순해 훈련 데이터에 포함된 다양한 특성을 반영하지 못하기 때문에 훈련 데이터와 평가 데이터 모두에서 성능이 낮게 나타난다. 과소적합된 모델은 데이터의 특성을 제대로 파악하지 못해 예측 정확도가 낮다.

과소적합의 원인으로는 다음과 같은 경우가 있다.

모델이 너무 단순하거나, 데이터의 복잡도를 반영하지 못할 때, 적절한 특징(feature)을 사용하지 못했을 때, 학습 시간이 부족하거나 반복 학습이 충분하지 않을 때 주로 발생한다. 과소적합을 해결하려면 더 복잡한 모델을 사용하거나 추가적인 특성을 도입해 데이터의 패턴을 잘 반영하게 해야 한다. 또한, 학습 과정을 더 반복해 데이터의 주요 패턴을 학습하도록 하고, 데이터의 특성을 더 잘 나타내는 새로운 변수를 생성해 모델 성능을 높이는 방법도 있다.

결국, 인공지능 학습 과정에서 데이터를 분할하는 이유는 모델 성능을 객관적이고 신뢰성 있게 평가하기 위해서다. 데이터를 분할하지 않고 동일한 데이터를 모델의 학습과 평가에 모두 사용하면, 모델은 새로운 데이터를 접했을 때 성능이 크게 저하될 가능성이 높다.

2. 분할 효용성

인공지능 학습 데이터를 분할하는 방법은 다음과 같은 효용성과 장점을 가진다.

먼저, 데이터를 학습, 평가, 검증 데이터로 나누어 모델 성능을 점검하면 새로운 데이터에 대한 예측 능력, 즉 일반화 능력이 높아진다. 이를 통해 모델이 훈련 데이터에만 최적화되지 않아 실제 환경에서도 안정적인 성능을 낼 가능성이 커진다.

또한, 데이터를 분할하고 학습 과정 중간에 검증 데이터를 사용하면 과적합과 과소적합 문제를 쉽게 발견할 수 있다. 즉, 과적합은 모델이 학습 데이터에만 지나치게 맞춰져 새로운 데이터에서는 성능이 떨어지는 상태를 말하며, 과소적합은 모델이 충분히 학습되지 못한 상태를 뜻한다. 검증 및 테스트 데이터를 활용하면 과적합을 방지하고 모델의 적절한 복잡성을 조정할 수 있다.

검증 데이터를 활용하면 학습에 사용되지 않은 데이터로 모델 성능을 평가할 수 있기 때문에 보다 객관적이고 신뢰성 있는 평가가 가능하다. 이는 모델이 실제 상황에서 어느 정도의 성능을 낼지 예측하는 데 큰 도움을 준다.

예를 들어, 강아지 사진 9,000장과 고양이 사진 1,000장이 있다고 가정하자. 이 데이터를 '강아지'와 '강아지가 아님'으로 분류하는 세 가지 인공지능 모델(모형 1, 모형 2, 모형 3)을 비교해 보자.

데이터를 학습용 6,000개, 평가용 2,000개, 검증용 2,000개로 나누어 각 모델을 훈련시키고 성능을 비교했다. 학습 데이터(6,000개)에서의 정확도는 모형 1이 95%, 모형 2가 85%, 모형 3이 50%로 나타났다. 훈련 데이터의 정확도만 보면, 모형 1이 가장 높은 성능을 보이고, 모형 2가 그다음, 모형 3은 성능이 매우 낮아 과소적합 상태임을 알 수 있다.

평가 데이터(2,000개)에서는 모형 1이 80%, 모형 2가 88%, 모형 3이 40%의 정확도를 보였다. 이 결과를 통해 모형 1의 정확도가 훈련 데이터에 비해 크게 떨어진 것을 알 수 있는데, 이는 모형 1이 훈련 데이터에 과적합 되었음을 의미할 수 있다. 모형 3은 여전히 낮은 정확도로 과소적합 상태를 유지하고 있다. 반면, 모형 2는 88% 의 정확도로 가장 안정적인 성능을 보여준다. 검증 데이터(2,000개)에서도 결과는 비슷했다. 모형 1은 과적합 상태, 모형 3은 과소적합 상태였으며, 모형 2는 가장 일반화된 성능을 보여 강아지와 강아지가 아닌 사진을 분류하는 데 가장 우수한 모델임을 확인할 수 있다.

이처럼, 학습 과정에서 여러 모델을 비교하거나 하이퍼파라미터(hyperparameter)를 최적화할 때 검증 데이터는 매우 중요한 역할을 한다. 검증 데이터를 활용하면 가장 적합한 모델을 선택하고 하이퍼파라미터를 조정할 수 있어 최적의 성능을 가진 모델을 구축할 수 있다. 또한, 이 과정을 통해 시간과 자원을 효율적으로 사용할 수 있다는 장점이 있다.

정리하면, 데이터를 분할하는 방법에는 다음과 같은 여러 가지 장점이 있다.

첫째, 학습, 평가, 검증 데이터를 나누어 사용하면 모델이 다양한 데이터 패턴을 학습할 수 있어 예측 능력이 강화된다. 검증 과정을 통해 최종 성능이 입증된 모델은 실제 환경에서도 더 안정적이고 신뢰성 있는 성능을 보일 가능성이 높다.

둘째, 모델 성능 최적화를 위한 유연성을 제공한다. 교차 검증 같은 분할 전략을 활용하면 데이터를 여러 번 나누어 평가할 수 있어, 학습 데이터가 적더라도 모델 성능을 최적화할 수 있다. 이를 통해 작은 데이터 셋에서도 신뢰성 높은 모델을 구축할 수 있다.

셋째, 데이터 자원을 효율적으로 사용할 수 있다. 학습 중에는 평가 데이터를 사용해 성능을 확인하고, 최종 평가는 검증 데이터로 한 번만 수행하기 때문에 데이터 리소스를 절약할 수 있다. 이렇게 하면 전체 데이터를 최대한 활용하면서도 모델 성능을 신뢰성 있게 평가할 수 있다.

결국 데이터를 분할하면 모델의 신뢰성과 예측력을 높일 수 있으며, 데이터 자원을 효율적으로 활용해 최적의 모델을 구축할 수 있는 장점이 있다.

〈그림 4.18〉은 훈련 데이터를 사용해 세 가지 인공지능 후보 모델을 생성하고, 평가 데이터를 사용해 이들 모델을 비교한 뒤 과적합과 과소적합 문제를 분석해 최종적으로 검증 데이터를 통해 'Model 2'를 최적의 일반화 모델로 결정하는 과정을 보여준다.

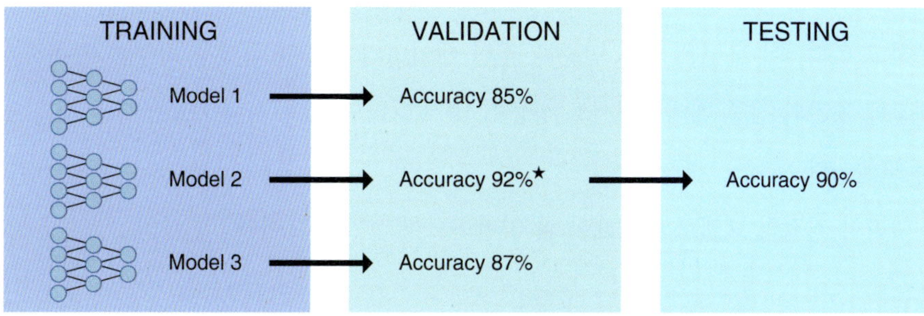

그림 4.18 인공지능 학습데이터 분할에서 최적모형 도출

지금까지 인공지능 학습 데이터 분할의 효용성과 장점을 살펴보았다. 다음 예제는 이런 효용성과 장점을 통해 과적합, 과소적합과 일반화 최적모형을 찾는 문제이다.

김한밭 학생은 지도학습으로 두 변수의 관계를 모색하고 예측하고자 한다. 이를 위해 인공지능 후보 3개 모형에 대해 10,000개의 데이터를 6:2:2로 분할한 뒤, 각각 훈련, 평가, 검증데이터로 적용하여 각 후보 모형 성능을 평가하기 위해 정확도(Accuracy) 지표를 조사하였다. 그 결과는 다음과 같다.

표 4.11 데이터 분할에 따른 모형별 정확도

	훈련	평가	검증	진단
모형1	100%	60%	50%	과적합
모형2	85%	88%	90%	일반화 모형
모형3	50%	40%	30%	과소적합

훈련, 평가, 검증 데이터의 정확도 지표를 보면, '모형 1'은 훈련 데이터에서 100%의 완벽한 적합을 보였지만 평가와 검증 단계에서는 정확도가 크게 떨어진다. 이는 새로운 데이터에 대한 예측력이 낮아 일반화된 모델로 사용하기 어려운 과적합 문제가 있음을 보여준다.

반면, '모형 3'은 훈련 데이터조차 제대로 학습하지 못하여 주요 패턴을 포착하지 못하고 있다. 이 모델은 너무 단순해 훈련 데이터의 다양한 특성을 반영하지 못하기 때문에 평가와 검증 데이터에서도 성능이 낮게 나타난다. 이처럼 과소적합 문제가 있는 모델이다.

따라서 최적의 모델로 선택해야 할 일반화모형은 '모형 2'이다.

4.4 인공지능 기계학습 알고리즘

이번 절은 심층신경망 중에서 대표적인 이미지 인식과 분류에 효과적인 합성곱 신경망(Convolutional Neural Network, CNN)과 시간 흐름을 갖는 텍스트나 시계열 데이터를 분석하는 순환 신경망(Recurrent Neural Network, RNN)의 특징과 사례를 소개한다.

1. 큰 그림을 작은 창문(필터)으로 관찰

우리가 어떤 이미지를 보고 있을 때 거기에서 고양이나 강아지 같은 구체적인 것들을 찾으려고 한다고 생각해 보자. 합성곱 신경망(CNN)은 마치 이런 큰 그림을 작은 창문을 통해 조금씩 관찰하면서 중요한 부분을 찾아내는 도구와 같다.

합성곱 신경망의 이미지 인식 과정은 다음과 같다.

먼저, 합성곱 신경망에는 작은 창문 같은 필터(filter)가 있는데, 이 필터를 가지고 큰 그림을 부분 이동하면서(stride) 살펴본다. 필터를 통해 이미지에서 고양이의 귀, 눈, 코 같은 작은 특징을 찾아낸다. 다음으로 그림에서 정말 중요한 부분만 남기고 나머지는 살짝 무시하는 작업이 있다. 이런 작업을 풀링(pooling)이라고 한다. 예를 들어, 고양이의 귀, 눈, 코가 가장 중요한 정보일 수 있다. 그래서 고양이 그림의 세세한 부분을 간단하게 줄일 수 있다. 이 풀링 과정 덕분에 컴퓨터가 더 쉽게 고양이와 강아지를 구별할 수 있다. 끝으로 이런 특징들을 모두 모아, "이건 고양이다!" 또는 "이건 강아지다!" 하고 판단할 수 있게 된다. 작은 창문으로 고양이 그림에서 귀와 눈 같은 특징들을 찾아서 "이건 고양이구나" 하고 알아보는 것이다.

정리하면 합성곱 신경망은 작은 창문과 같은 필터로 그림의 부분을 조금씩 보면서 중요한 것들을 풀링 작업을 통해 찾아내고, 그것들을 모아 큰 그림을 이해하는 똑똑한 도구이다.

① 작은 창문 이동으로 특징만 뽑아내는 컨볼류션

이제 CNN의 전문용어를 활용하여 설명해 보겠다. 〈그림 4.19〉와 같이 크기 이미지에 검은색 숫자 '2'가 적혀있다고 하자. 이것은 숫자 '2'가 적힌 전체 그림이다. 그리고 5×5 크기 이미지를 25×1의 세로로 나열하는 것을 reshape라고 하며, 검은색은

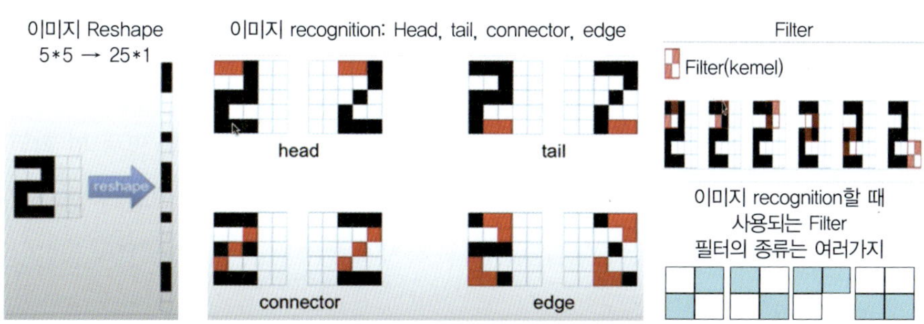

그림 4.19 CNN의 reshape, recognition, Filter

1, 흰색은 0으로 구분한다. 즉, 1은 검은색 숫자 '2'가 이미지 특정 부분에 위치하고 있음을 알 수 있다.

그리고 다양한 작은 창문과 같은 필터를 사용하여 한 칸씩 이동(이를 stride라고 함) 숫자 2가 중첩되는지를 살펴본다. 이미지 인식(recognition)은 머리(head), 꼬리(tail), 연결(connector), 가장자리(edge) 등과 같은 위치에 따라 검은색이 존재하는지를 파악한다.

필터를 이동하여 숫자 2와 필터가 겹치는 부분을 숫자로 계산해 보자. 여기서 255는 컴퓨터 픽셀 256가지[24)]를 의미한다. 필터가 가장자리(edge)에는 255, 255가 위치하고 반대 부분에는 흰색이므로 0이다. 이런 필터를 숫자 '2'가 적인 5×5이미지 큰 사진을 관찰한다고 했을 때, 필터와 숫자가 겹치는 부분은 255×255이고, 이를 컨볼류션(convolution)이라고 한다. 만약 겹치지 않으면 0×0 또는 255×0, 0×255이다. 〈그림 4.19〉의 왼쪽은 이런 stride과정에서 컨볼류션(convolution)과 0인 부분을 보여준다. 만약 이 컨볼류션 값이 높다라면, 작은 창문인 필터에 숫자 '2'의 특징 부분이 보인다는 것이고 컨볼류션 값이 0이거나 낮다면 이미지 중에서 0인 부분으로 숫자 '2'의 특징 부분이 보이지 않는 것을 의미한다.

② 영리한 차원 축소

이런 Striding 과정을 거치는 목적은 차원을 줄일 수 있다는 것이다. 예를 들어 처음 이미지 큰 사진을 처음 왼쪽 가장자리에서 오른쪽 맨 아래까지 전 영역에 걸쳐 Striding을 하면 이미지 큰 사진은 로 사이즈가 줄어든다. 이런 과정을 여러 번 하면 차원이 줄어들고 0인 부분은 없어지는 효과를 보인다. 〈그림 4.20〉의 오른쪽 맨 아래 그림이 이미지 layer가 이미지 layer로 변경된 특징 지도(feature map)를 보여준다.

---

24) 흰색은 0 검은색은 255로 총 256가지이며, 숫자 2는 검은색으로 되어 있으므로 255로 표현한 것이다.

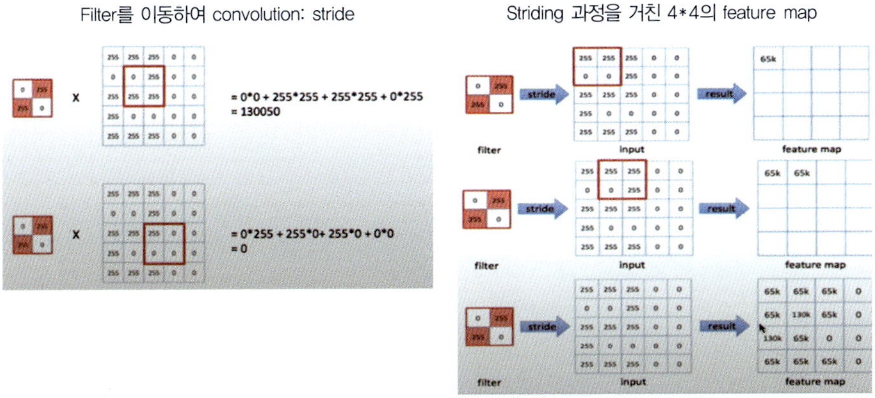

그림 4.20 CNN의 stride와 feature map

CNN의 또 다른 매력은 계산시간과 메모리 절약 그리고 과적합 방지를 위해 풀링(Pooling) 과정을 거친다는 것이다. 이는 그림에서 정말 중요한 부분만 남기고 나머지는 살짝 무시하는 작업이 있다고 볼 수 있다. 〈그림 4.21〉은 풀링 작업을 보여준다. 필터 이동에 따라 도출한 4×4 feature map에서 일정 중요한 부분만 가져오는 것이다. 즉, 4×4의 왼쪽 위는 130K, 오른쪽 위는 65K, 왼쪽 아래는 130K, 오른쪽 아래는 65K가 주요 특징을 대략적으로 대변하는 수치로 볼 수 있다. 이런 풀링 과정을 거치면 4×4 CNN layer를 2×2로 CNN layer로 차원이 축소된다.

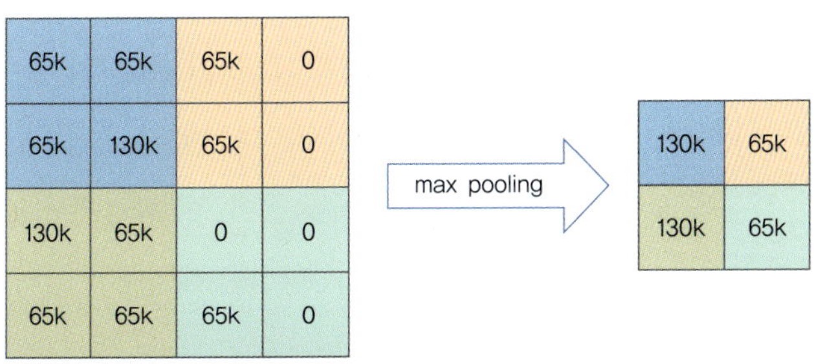

그림 4.21 풀링 작업에 따른 CNN layer 차원 축소

이제 실제 자동차 이미지 사진이 입력되면 인공지능 CNN이 어떤 과정을 거쳐 최종적으로 자동차 이미지를 인식하는지 알아보자. 〈그림 4.22〉는 CNN 이미지 인식 과정을 보여준다.

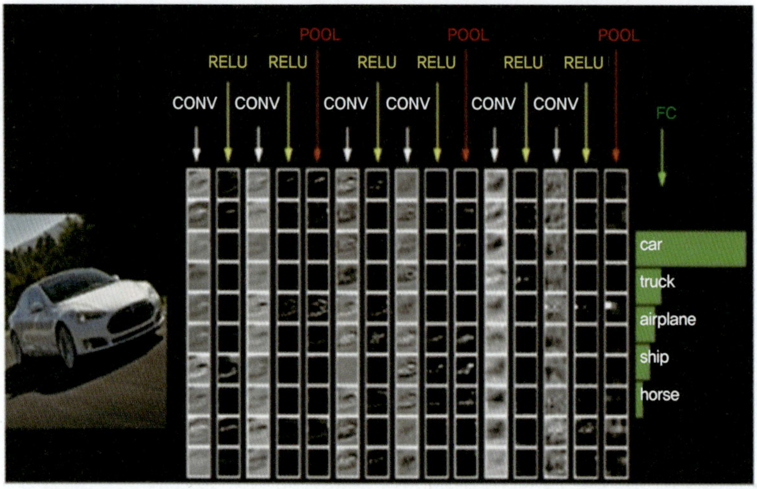

그림 4.22 CNN 자동차 인식 과정

〈그림 4.22〉를 보면, 먼저 왼쪽에 자동차 사진이 있다. 사람은 이 사진을 보고 즉시 '자동차'라고 알 수 있지만, 컴퓨터는 숫자와 패턴을 통해 이미지를 이해한다. 합성곱신경망(CNN)은 이 자동차 사진을 아주 작은 부분으로 나누어 각 부분을 하나씩 분석하는 과정을 거친다. 첫 번째 단계는 합성곱 레이어(CONV)이다. 이 단계에서 작은 창문(필터)이 이미지를 훑으며 각 부분을 살펴본다. 필터는 자동차의 모서리, 윤곽, 질감 같은 특징을 찾아내는 역할을 한다. 예를 들어, 이 과정에서 타이어의 모양이나 차창의 윤곽과 같은 중요한 패턴을 찾는다. 합성곱 레이어는 여러 층을 거치며 점점 더 복잡하고 중요한 특징을 추출한다.

다음은 ReLU 활성화 함수단계이다. ReLU는 이미지 분석 결과에서 중요한 정보를 남기고, 불필요한 정보는 제거하는 역할을 한다. 이를 통해 모델은 더 빠르고 정확하게 학습할 수 있다. ReLU는 특히 비선형성을 추가해 복잡한 데이터에서도 의미 있는 패턴을 학습하게 한다.

그다음은 풀링 레이어(Pooling Layer)단계이다. 풀링은 이미지 크기를 줄이면서도 중요한 정보는 남기고 세부 사항을 줄이는 작업이다. 〈그림 4.22〉에서 'POOL'로 표시된 부분이 이 과정에 해당한다. 풀링은 사진 속 자동차의 중요한 특징을 요약해 저장하는 데 도움을 준다. 이렇게 하면 이미지의 크기는 작아지지만, 본질적인 특징은 유지된다.

마지막으로 완전 연결 레이어(Fully Connected Layer, FC) 단계로 넘어간다. 이 단계에서는 이전 과정에서 추출한 모든 중요한 정보를 바탕으로 CNN이 이미지를 분석하고 어떤 물체인지 판단한다. 〈그림 4.22〉에서 CNN은 '이 사진은 자동차야!'라고 예측한다. 오른쪽에 표시된 리스트에는 '자동차, 트럭, 비행기, 배, 말'과 같은 여러 선택지가 있으며, CNN은 이 중에서 '자동차'를 가장 높은 확신으로 선택한다.

자동차 사진이 입력되면, 작은 창문(필터)이 이미지를 이동하며 특징을 찾아낸다. 필터를 적용한 결과로 특징 지도(feature map)가 생성된다. 이때 활성화 함수인 ReLU는 특정 값 이상인 특징만 남기도록 한다. 이미지가 크면 비선형 활성화 함수가 필수적이며, 합성곱 값이 일정 기준 이상이어야만 해당 특징이 자동차와 관련 있다고 판단된다.

이 과정을 여러 번 반복하면 점점 더 중요한 특징이 추출되고, 저차원의 특징 지도가 만들어진다. 마지막으로 풀링 과정을 통해 차원을 축소하며, 이 반복 작업을 통해 최종적으로 자동차 사진의 본질적인 특징만 남긴다.

결과적으로 CNN은 '이 이미지는 자동차다'라는 결론을 내릴 수 있게 된다.

CNN 흑백 필터(0, 255)뿐만 아니라 CNN의 컬러 필터는 RGB 조합으로 해결 가능하다. 〈그림 4.23〉은 하늘색 숫자 '2'는 Red(100)×Green(150)×Blue(200)의 3개

의 컬러 이미지 프레임을 만들고, 여기에 필터를 적용하여 하늘색 숫자 '2'를 관찰하여 feature map, 차원축소, 활성화 함수, 풀링 과정을 거쳐 최종적으로 하늘색 숫자 '2'를 판독한다.

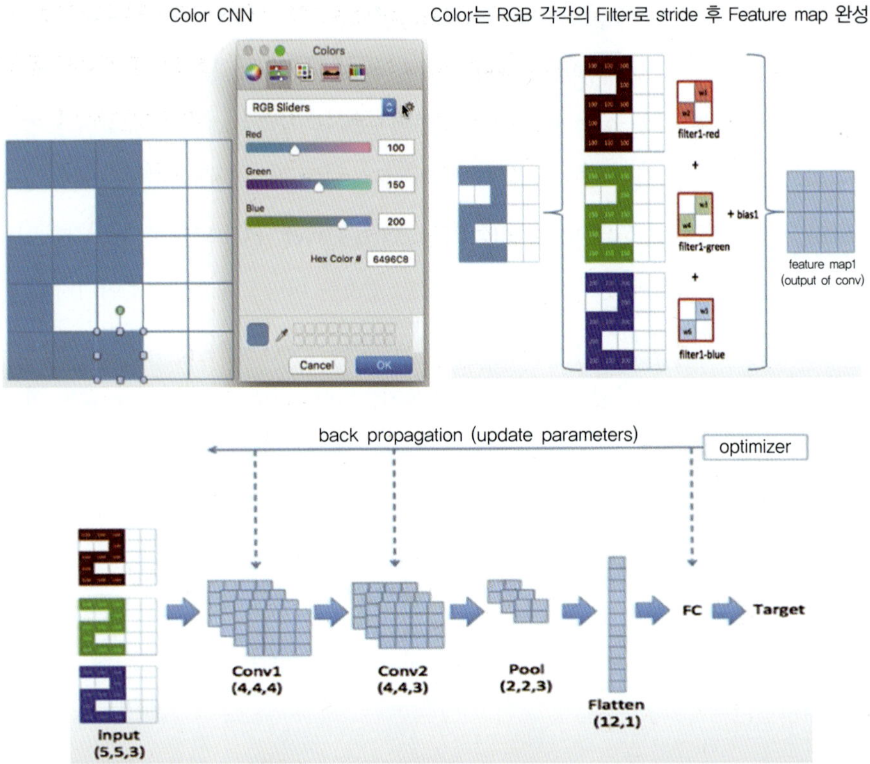

그림 4.23 CNN 컬러 이미지 처리 과정

하늘색 숫자 '2' 이미지는 컴퓨터가 이해할 수 있도록 작은 숫자들의 집합으로 표현된다. 이 숫자들의 집합을 픽셀(pixel)이라고 부르며, 각 픽셀은 이미지의 색상 정보를 담고 있다. 예를 들어, 빨간색, 초록색, 파란색의 값을 조합해 색상을 나타낸다. 여기서 이미지의 크기 (5,5,3)은 가로 5, 세로 5 크기의 픽셀로 이루어진 이미지이며,

색상 채널이 3개(RGB)라는 뜻이다.

먼저, 첫 번째 합성곱 레이어(Conv1)에서는 작은 필터를 사용해 숫자 '2'의 모양에서 중요한 특징을 찾는다. 필터는 이미지의 작은 부분을 훑으면서 모양을 분석한다. 이 과정에서 숫자 '2'의 곡선이나 꺾인 부분 같은 특징이 추출된다. 이렇게 만들어진 특징 지도(feature map)는 숫자 '2'의 중요한 특징들을 모아놓은 결과물로, 크기는 (4,4,4)로 줄어든다.

다음으로, 두 번째 합성곱 레이어(Conv2)에서는 Conv1에서 추출된 특징을 바탕으로 숫자 '2'의 모양을 더 명확히 분석한다. 이 단계에서도 필터를 사용해 숫자 '2'의 주요 모양을 강조한다. ReLU 활성화 함수가 적용되어, 중요한 정보만 남기고 불필요한 정보는 제거된다. 이 과정을 통해 (4,4,3) 크기의 새로운 특징 지도가 만들어진다. 이 특성 맵은 이전보다 간결하면서도 숫자 '2'의 본질적인 모양을 더 잘 표현한다.

그다음은 풀링 레이어(Pooling Layer)단계이다. 풀링은 이미지 크기를 줄이는 동시에 중요한 정보는 유지하는 과정이다. 여기서는 최대 풀링(max pooling)을 사용해 가장 중요한 특징들만 남기고 나머지는 제거한다. 이 과정을 통해 이미지 크기는 (2,2,3)으로 줄어들며, 숫자 '2'의 핵심적인 특징만 남는다.

이제 남은 정보를 하나의 긴 벡터 형태로 펼치는 작업을 한다. 이를 평탄화(Flatten)라고 부른다. 평탄화는 reshape와 유사한 것이다. Flatten 레이어는 (2,2,3) 크기의 이미지를 (12,1)로 변환해 리스트처럼 정리한다. 이를 통해 CNN은 숫자 '2'의 특징을 더 단순한 형태로 표현할 수 있다.

마지막으로, 완전 연결 레이어(Fully Connected Layer, FC)가 숫자 '2'의 모든 특징을 조합해 최종적으로 "이것은 숫자 '2'다"라고 예측한다. 이 레이어는 CNN이 분석한 모든 특징을 종합해 답을 내리는 단계다. 결과적으로, 합성곱신경망은 이 이미지가 숫자 '2'임을 높은 확신으로 예측한다. 오른쪽에 표시된 Target이 그 결과이다.

〈그림 4.23〉 상단에 보이는 'back propagation (update parameters)'와 'optimizer'

는 학습 과정에서 사용되는 중요한 과정이다. CNN이 처음에는 숫자를 정확히 맞추지 못할 수 있기 때문에, 학습 중에 발생한 오류를 역으로 추적하여 필터(가중치)를 조정하는 과정이 추가로 필요하다. 이 과정을 역전파(backpropagation)라고 한다. 최적화(Optimizer)는 역전파로 업데이트된 가중치를 가장 효율적으로 조정해 주는 방법이다. 최적화가 잘 이루어지면 CNN은 숫자 '2'를 점점 더 정확하게 인식하게 된다. 최적화는 2장에서 학습한 옵티마이저 과정과 동일한 것이다.

2. 텍스트 순차적 흐름 파악

순환 신경망(RNN)은 인공지능이 시간에 따라 이어지는 정보나 순서가 중요한 내용들을 잘 이해하게 해주는 똑똑한 방법이다. 순환 신경망을 이해하려면 이야기 읽기로 생각해 볼 수 있다. 우리가 긴 이야기를 읽을 때, 앞의 내용을 기억하고 있어야 다음 내용도 잘 이해할 수 있는데, 순환 신경망도 이와 비슷하다.

예를 들어, 우리가 이야기를 읽을 때 '옛날 옛적에 공주와 왕자가 살았어요…'라는 내용을 읽고, 그다음에는 무슨 일이 일어나는지 궁금해지죠? 공주와 왕자가 누군지 알고 있어야 다음 이야기가 이해되기 쉬워진다. 이처럼 순환 신경망은 앞에서 읽은 이야기 내용을 기억하면서 다음 내용을 이해한다. 그래서 앞에서 본 중요한 내용을 잘 기억할 수 있어야 하고, 앞에서 본 내용을 다음 단계로 전달한다. '왕자와 공주가 등장'한 이야기를 읽고 나면, 그다음 내용에서는 "왕자와 공주"를 알고 있어야 한다. 순환신경망도 앞에서 얻은 정보를 다음 부분으로 전달하면서 이야기를 계속 이해할 수 있다.

이제 순환신경망은 앞에서부터 끝까지 쭉 이야기를 따라오면서 전체 내용을 이해한다. 이렇게 해서 이야기를 마무리할 때, 앞의 내용을 기억한 덕분에 이야기가 어떻게 끝날지 잘 예상할 수 있다. 예를 들어 '그들은 행복하게 살았답니다.' 같은 결말을 만들어 내기도 한다.

이처럼 순환신경망은 시간의 흐름에 따라 변화하는 데이터를 학습하기 위한 알고리즘이다. 〈그림 4.24〉는 영어 문장 'I am a boy.'와 같은 문장이 시간의 흐름에 따라 어떤 원리로 생성되는 지를 보여준다.

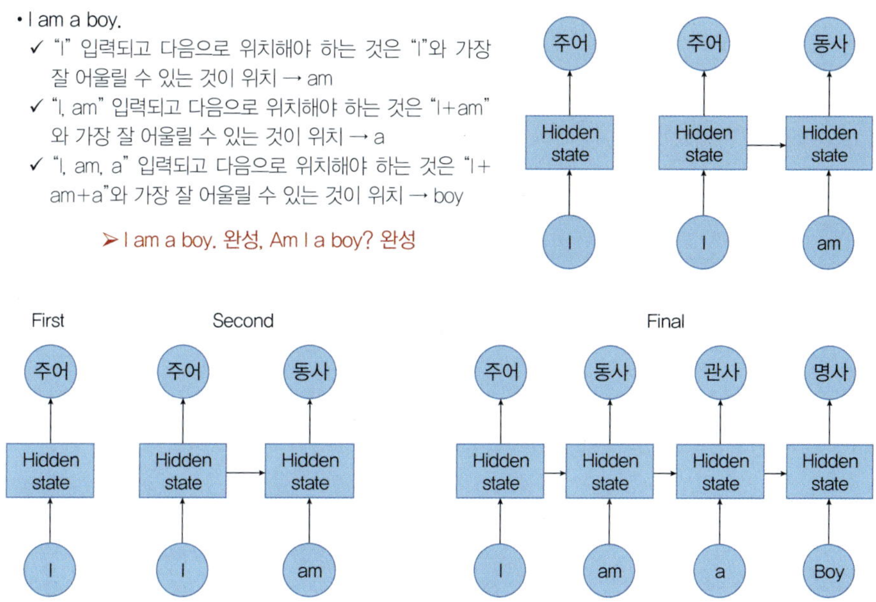

그림 4.24 순환신경망 원리

그리고 순환신경망은 이야기 읽기뿐만 아니라 채팅 로봇을 만드는 데도 쓰인다. 채팅 로봇이 사람의 말을 이해하고 대답할 때, 앞에 한 말을 기억해야 더 똑똑하게 대답할 수 있다. 예를 들어, 인간이 '안녕! 오늘 날씨 어때?'라고 물어보면, 순환신경망은 '안녕'이라는 인사와 '오늘 날씨'에 대한 질문을 이해하고, "안녕하세요! 오늘 날씨는 맑아요!"처럼 앞에서 받은 정보를 바탕으로 대답할 수 있다. 결국 순환신경망은 이야기처럼 순서가 중요한 데이터를 잘 이해하는 신경망이다.

이제 본격적으로 순환신경망을 알아보자. 순환신경망은 시간 순서 데이터에서 시간의 흐름을 반영하여 정보를 처리할 수 있는 네트워크이다. 일반적인 신경망과 달리, 순환신경망은 이전의 은닉 상태(hidden state) 정보를 다음 단계로 전달하여, 연속된 데이터 간의 의존성을 반영할 수 있다.

따라서 순환신경망은 각 시간 단계마다 은닉 상태를 업데이트한다. 은닉 상태는 이전 단계에서 얻은 정보를 저장하며, 현재 입력과 함께 다음 단계로 전달된다. 이를 통해 RNN은 시간 순서에 따른 데이터 간의 관계를 학습할 수 있다.

앞의 'I am a boy' 문장에 대한 순환신경망의 입력층과 출력층, 은닉 상태(hidden state), 그리고 각 단계별 가중치는 〈그림 4.25〉와 같다. 순환신경망은 구조상 입력층의 은닉 상태마다 가중치(W_{xh})가 있고, 정보를 다음 단계로 전달을 담당하는 가중치(W_{hh})가 별도로 필요하다.

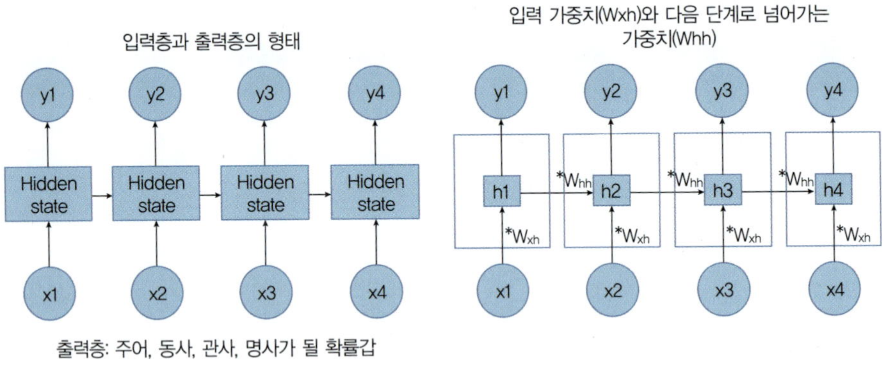

그림 4.25 순환신경망의 은닉 상태와 2개 가중치

순환신경망의 활성화 함수는 정보 흐름과 학습에 중요한 요소로 작용한다. 순환신경망에서서 자주 사용하는 활성화 함수에는 탄젠트 하이퍼볼릭 함수(tanh)와 시그모이드 함수(sigmoid)가 있으며, 최근에는 ReLU (Rectified Linear Unit) 같은 함수도 사용되기도 한다.

이들은 먼저 순환신경망이 복잡한 패턴을 학습할 수 있도록 비선형성을 추가한다. 순환신경망은 여러 층을 거쳐 데이터를 학습하는데, 비선형적인 활성화 함수를 사용하면 더 복잡하고 다양한 관계를 학습할 수 있다. 다음으로 각 노드의 출력값을 특정 범위로 제한하여, 출력값이 너무 크거나 작아지지 않도록 한다. 이를 통해 네트워크가 안정적으로 학습할 수 있도록 돕는다. 끝으로 순환신경망은 시퀀스(sequence) 데이터의 시간적 흐름을 따라가기 위해 이전 단계의 정보를 현재 단계로 전달하는 구조를 가지는데, 활성화 함수가 이를 조절하여 과거의 정보가 현재와 어떻게 연결될지 조정한다.

〈그림 4.26〉은 'I work at Google'이라는 문장은 순환신경망에서 어떻게 시퀀스(sequence) 데이터의 시간적 흐름을 만드는지를 보여준다. 출력값이 너무 크거나 작아지지 않도록 하면서, 네트워크가 안정적으로 학습할 수 있도록 softmax를 시퀀스(sequence) 데이터의 시간적 흐름을 따라가기 위해 이전 단계의 정보를 현재 단계로 전달을 담당하고, 과거의 정보가 현재와 어떻게 연결될지를 조정하는 tanh 함수도 보여준다.

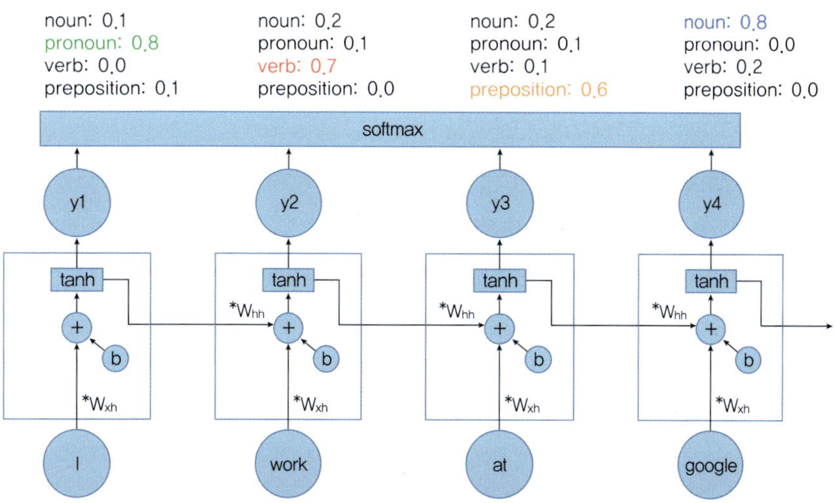

그림 4.26 순환신경망 활성화 함수

순환신경망은 순차적인 데이터 학습에 특화된 인공신경망의 한 종류이면서, 내부의 순환적 구조가 내재되었으며, 순환구조를 이용하여 과거의 학습을 통해 현재의 데이터 학습에 반영하는 것이다. 따라서 신경망 내부에 상태를 저장할 수 있게 해서 내부의 메모리를 이용해 순차적 형태의 입력을 처리해 주어 앞으로의 데이터를 예측하는 것이다.

결국 순환신경망은 텍스트 데이터, 오디오 데이터, 시계열 데이터와 같은 순차적인 데이터 처리에 뛰어나다. 순환신경망은 데이터의 시간 흐름에 따른 문맥을 이해할 수 있기 때문에 기계 번역, 감정 분석, 주식 가격 예측과 같은 분야에서 널리 사용된다. 예를 들어, 기계 번역에서는 앞선 문장의 단어들이 후속 단어의 번역에 영향을 주므로, 이러한 연관성을 반영하는 순환신경망 구조가 유리하다.

〈그림 4.27〉은 실제 순환신경망 국가시험문제 예측 사례로 2019년 일본 사법시험 예비시험 출제를 예측하기 위해 순환신경망을 사용한 예이다. 이 사례에 따르면, 이번 인공지능이 출제하는 예상 문제는 사법 예비시험의 본 시험 출제의 예측 적중률 60%를 예상하고 있다고 한다. 이는 결코 낮지 않은 적중률임을 알 수 있다.

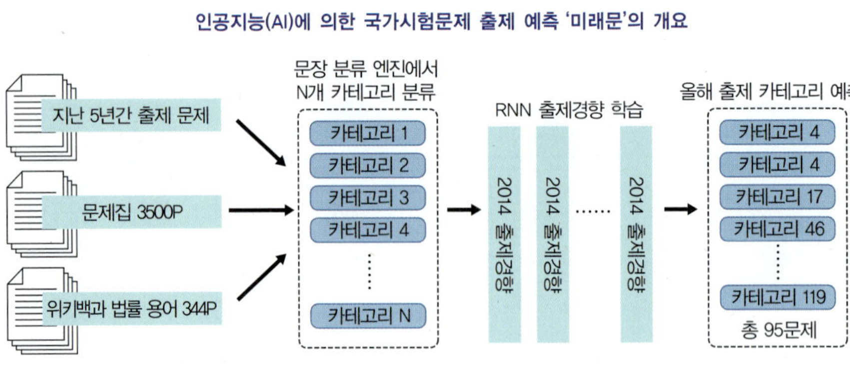

그림 4.27 순환신경망으로 국가시험문제 예측

5장

인공지능의 과거와 미래

5.1 진화하는 인공지능

1. 인공지능 발전

① 인공지능의 도구 컴퓨터

1946년, 미국 펜실베이니아 대학의 연구실에서 에커트(John Presper Eckert)와 모클리(John William Mauchly)가 ENIAC(Electronic Numerical Integrator and Computer)을 개발했다. ENIAC은 세계 최초의 전자식 디지털 범용 컴퓨터로 알려져 있으며, 이후 정보화 사회로 나아가는 데 큰 기여를 했다. ENIAC은 약 18,800개의 진공관과 1,500개의 계전기로 구성되었고, 무게는 약 30톤, 폭은 1m, 높이는 2.5m, 길이는 25m에 달하는 거대한 장비였다. 처음에는 군사용으로 포탄의 궤적을 계산하기 위해 개발되었지만, 이후에는 난수 연구, 우주 탐사, 풍동 설계, 일기예보 등 다양한 과학 분야의 복잡한 계산에도 활용되었다.

한편, 일부 학자들은 ENIAC보다 앞선 1942년에 아이오와 주립대학에서 개발된 ABC(Atanasoff-Berry Computer)를 최초의 전자식 컴퓨터로 주장하기도 한다. ABC는 아타나소프(John Vincent Atanasoff)와 베리(Clifford Berry)가 개발한 컴퓨터로, ENIAC보다 크기가 작았으며, 약 280개의 진공관과 320kg의 무게로 책상 정도의 크기였다. 그러나 ABC는 큰 주목을 받지 못했다.

ENIAC 이후 컴퓨터 기술은 빠르게 발전했다. 1951년에는 숫자와 문자를 처리할 수 있는 최초의 상업용 컴퓨터인 UNIVAC이 등장했으며, 이는 진공관을 사용하는 1세대 컴퓨터였다.

1950년대 후반에는 트랜지스터를 사용한 2세대 컴퓨터가 나왔다. 트랜지스터는 진공관보다 효율적이고, 크기가 작으며, 속도가 빨랐다. 1960년대에는 집적 회로가 사용되면서 컴퓨터 크기는 더욱 작아지고, 데이터 처리 속도는 초당 수백만 회에 이를 정도로 빨라졌다. 이를 통해 대용량 메인프레임 컴퓨터도 저렴하게 생산될 수 있었다.

1970년대 초에는 고밀도 집적 회로 기술이 발전하면서 실리콘 칩 위에 수천 개의 트랜지스터를 집적한 3세대 컴퓨터가 등장했다. 이 기술로 1971년에는 최초의 상업용 마이크로프로세서인 인텔 4004가 출시되었으며, 이를 통해 휴대용 전자계산기도 개발되었다. 마이크로프로세서는 컴퓨터를 점점 작고 강력하게 만들었다.

1980년대에는 초고밀도 집적 회로 기술의 발전으로 애플과 IBM 같은 회사들이 개인용 컴퓨터(PC)를 보급했다. 이로 인해 이동식 컴퓨터 시대가 시작되었다. 당시 마이크로컴퓨터는 프로세서, 메모리, 인터페이스 기능을 하나의 칩에 담을 수 있었으며, 손바닥만 한 크기의 칩이 항공기나 산업용 기계에도 사용할 만큼 뛰어난 성능을 가졌다.

컴퓨터 그래픽 기술도 발전하면서 컴퓨터는 영상, 게임, 디자인 등 다양한 분야에 사용되기 시작했다. 이후에는 로봇, 스마트폰, 스마트워치 같은 다양한 기기들로 발전했다.

4세대 컴퓨터는 1초에 약 천만번의 계산을 할 수 있으며, 3세대 컴퓨터보다 약 10배 빠르다. 현재는 4세대 컴퓨터가 널리 사용되고 있다.

앞으로 등장할 5세대 컴퓨터는 기존의 직렬 처리 방식 대신 병렬 처리를 할 것으로 예상된다. 5세대 컴퓨터는 사람의 목소리를 인식하고 대답하는 인공지능 기술을 사용할 것이다. 이미 일부 컴퓨터는 음성을 통해 소통할 수 있는 기능을 갖추고 있다.

〈그림 5.1〉은 1세대부터 4세대까지 주요 발명품을 보여주고 있다.

ENIAC

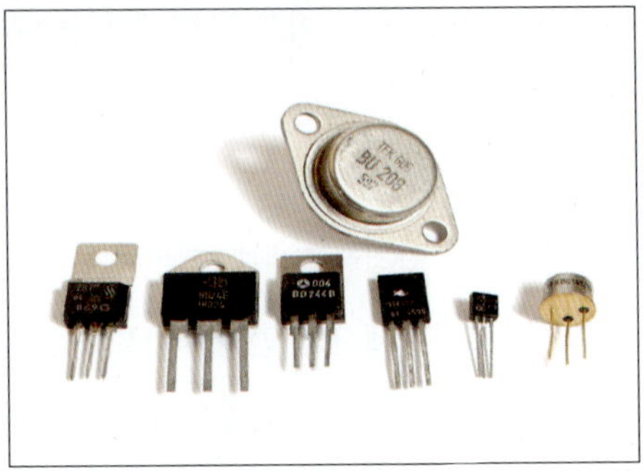

다양한 형태의 트랜지스터

인텔 4004

IBM Personal Computer 5150(Wikimedia, Rama & Musée Bolo)

그림 5.1 컴퓨터 세대별 주요 발명품

자료: Wikimedia

② 인공지능의 겨울

인공지능의 발전이 멈췄던 시기를 '인공지능의 겨울'이라고 한다. 이 시기는 1970년대와 1980년대에 두 차례 발생했으며, 여러 이유로 인해 인공지능 연구와 개발이 큰 어려움을 겪었다. 주요 원인을 하나씩 살펴보면 다음과 같다.

첫째, 컴퓨터 발전 속도의 한계 때문이다. 당시 컴퓨터 기술은 인공지능이 필요로 하는 연산 능력을 충분히 제공하지 못했다. 2세대와 3세대 컴퓨터는 인공지능 시스템을 설계하거나 실행하는 데 필요한 속도와 메모리를 지원하지 못했고, 이로 인해 연구에는 많은 시간과 비용이 들었다. 결과적으로 계산 능력의 부족으로 인해 인공지능 연구는 제자리걸음을 할 수밖에 없었다.

둘째, 기대와 현실의 차이 때문이다. 1950년대와 60년대에는 인공지능이 곧 인간처럼 지능을 가진 기계로 발전할 것이라는 기대가 컸다. 그러나 실제로 언어 이해나 이미지 인식 같은 복잡한 문제는 예상보다 훨씬 어려웠고, 당시 기술로는 해결이 불가능했다. 연구자들이 기대했던 성과를 내지 못하면서 인공지능에 대한 지원이 줄어들었고, 부정적인 인식이 확산되었다.

셋째, 연구 자금 부족이다. 연구 성과가 부족해지자 정부와 기업들은 인공지능 연구에 대한 지원을 대폭 축소했다. 미국 방위고등연구계획국(DARPA) 같은 주요 기관도 지원을 줄이거나 중단했다. 연구 자금이 줄어들면서 인공지능 연구자들은 새로운 기술을 개발하거나 기존의 문제를 해결하기 어려워졌다.

넷째, 연구 방향의 문제도 있었다. 당시 인공지능 연구는 기호주의 방식에 의존했는데, 이는 인간의 지식을 기호와 규칙으로 표현해 논리적으로 문제를 해결하려는 방법이었다. 하지만 이 방식은 인간의 직관적 사고나 감각적 지각을 재현하는 데 한계가 있었다. 예를 들어, 이미지를 분석하거나 소리의 미세한 차이를 인식하는 것은 기호주의 방식으로 해결하기 어려운 문제였다.

이런 여러 이유로 인공지능 연구는 오랜 기간 침체되었고, 이를 '인공지능의 겨울'이라고 부르게 되었다. 그러나 이후 컴퓨터 기술의 발전과 새로운 연구 방법이 등장하면서 인공지능은 다시 활기를 찾았다.

최근에는 '세 번째 인공지능의 겨울'에 대한 우려도 제기되고 있다.

여러 기술 회사들이 인공지능 개발에 막대한 자금을 투자했지만, 기대만큼의 성과를 내지 못하고 있기 때문이다. 예를 들어, 생성형 AI는 ChatGPT와 같은 제품을 통해 많은 기대를 받았지만, 실제로는 상업적으로 큰 성공을 거두지 못하고 있다. 한국에서는 인공지능 유료 가입자가 전체의 1%도 되지 않는 실정이다. 또한, 구글은 인공지능을 검색 서비스에 적용하려 했으나, 예기치 못한 답변 문제로 인해 이를 포기하기도 했다.

이와 함께 인공지능 기술이 과대평가되면서 현실과 기대의 차이가 커지고 있다. 기술의 한계뿐 아니라 인공지능 모델을 훈련하는 데 필요한 전력이 환경에 부정적인 영향을 미칠 수 있다는 우려도 있다. 이에 따라 골드만삭스는 인공지능 투자를 신중하게 검토해야 한다고 권고하고 있다.

AI는 이미 두 차례 '인공지능의 겨울'을 경험했다. 이번에는 같은 실수를 반복하지 않기 위해 신중한 접근과 지속적인 노력이 필요하다. 인공지능 기술이 앞으로 인간의 삶을 더 나아지게 할 수 있을지, 아니면 또 다른 침체기에 빠질지는 우리에게 달려 있다.

③ 인공지능 발전은 가속화, 불가역성

인공지능은 사람처럼 생각하고 판단하는 방식, 즉 인간의 사고방식을 본떠 컴퓨터가 학습한 결과를 의사결정에 반영하는 기술이다. 최근 인공지능 기술은 현실에 바로 적용할 수 있을 만큼 크게 발전했다. 이는 오랜 연구 끝에 기존 한계를 극복했기 때문이다. 예를 들어, 최근의 '심층학습' 기술은 이미지 분석, 음성 인식, 번역 같은 분야에서 뛰어난 성과를 내고 있다.

이러한 발전은 인공신경망을 기반으로 한 기계학습이 방대한 데이터를 학습하면서 가능해졌다. 기계학습 알고리즘은 데이터를 빠르게 분석하고 이해해야 하므로, 효율적인 알고리즘과 강력한 컴퓨팅 기반이 필요하다. 최근에는 소프트웨어와 하드웨어 기술이 발전하면서 이러한 요구를 충족시켜, 인공지능 기술이 더욱 고도화되었다.

인공지능은 그 수준에 따라 세 단계로 나눌 수 있다.

첫 번째는 '약인공지능(Weak AI)'이다. 약인공지능은 특정 분야에서 높은 지능을 발휘하지만, 스스로 생각하거나 문제를 해결하는 능력은 없다. 현재 우리가 사용하는 대부분의 인공지능은 이 수준에 속한다.

두 번째는 '강인공지능(Strong AI)'이다. 강인공지능은 스스로 사고하고 문제를 해결할 수 있으며, 자각과 독립성을 가진다. 미래에는 강인공지능이 등장할 것으로 예상된다.

마지막 단계는 '초인공지능(Super AI)'이다. 초인공지능은 인간보다 훨씬 뛰어난 지능을 가지며, 스스로 발전할 수 있다. 초인공지능은 효율성이나 창의성과 같은 본능적인 욕구를 가질 가능성도 있다. 초인공지능이 등장하는 순간을 '특이점(singularity point)'이라고 하며, 이는 기계의 지능이 인간의 지능을 넘어서는 시점을 뜻한다. 미래학자인 커즈와일은 그의 저서 『특이점이 온다』에서 특이점이 오면 인간이 자신의 생물학적 한계를 극복할 수 있다고 주장했다. 그는 기술 발전 속도를 바탕으로 특이점이 2045년경 도달할 것으로 예측했지만, 지금의 인공지능 발전 속도를 보면 더 빨리 올 수도 있을 것으로 보인다.

인공지능, 뇌과학, 생체과학이 빠르게 발전하면서 특이점이 현실이 될 가능성이 커지고 있다. 그러나 인간의 섬세한 사고방식, 감정, 사랑 같은 부분은 기계로 완전히 대체하기 어려울 것이라는 의견도 있다. 한편, 인간의 한계를 넘어서는 것을 목표로 하는 과학기술 운동인 '트랜스휴머니즘'도 주목받고 있다.

트랜스휴머니즘 지지자들은 장애, 질병, 노화, 죽음 같은 인간의 한계를 극복할 수 있다고 믿는다. 이들은 인공지능 약물, 유전자 조작, 뇌 임플란트 같은 기술을 통해 인간의 신체적 능력과 지능을 크게 향상시킬 수 있다고 본다. 궁극적으로는 인간의 뇌를 기계로 옮겨 '마음 업로드'를 통해 늙지도 죽지도 않는 새로운 형태로 살아갈 수 있을 것이라고 주장한다. 〈그림 5.2〉는 이러한 내용을 ChatGPT 명령어를 사용해 DALL-E로 제작한 인공지능 발전 단계를 묘사한 그림이다.

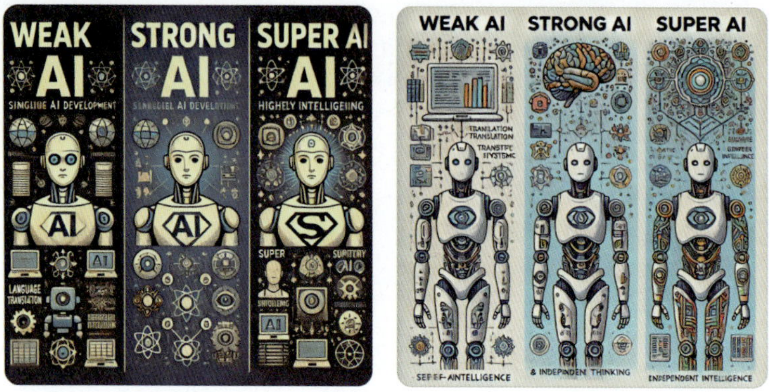

그림 5.2 DALL-E가 재현한 인공지능 발전 3단계

2. 인간 수준을 뛰어넘는 인공지능

4차 산업혁명에서 가장 주목받는 기술로는 빅데이터와 인공지능이다. 인공지능은 인간의 두뇌 기능을 기계로 구현하는 것을 목표로 하며, 연구 분야는 크게 세 가지로 나눌 수 있다.

먼저, 정보 인식 분야이다. 이 분야는 인공지능이 외부 정보를 인식하는 기술을 연구한다. 여기에는 2차원 이미지 인식, 3차원 공간 인식, 음성 인식, 언어 인식 등이 포함된다. 이러한 기술은 지식과 추론 규칙을 이용해 정보를 처리하며, 화상 이해, 로봇 비전, 음성 이해, 자연 언어 이해 같은 영역에서 활용된다.

다음은 지식 체계화 분야이다. 이 분야는 컴퓨터가 지식을 저장하고 활용하는 방법을 연구한다. 여기에는 컴퓨터가 다양한 지식을 기억하는 방법(지식 표현 문제), 입력된 정보와 기존 지식을 바탕으로 원하는 결론을 이끌어내는 방법(검색 문제), 그리고 문제를 해결하는 순서를 찾는 방법 등이 포함된다. 예를 들어, 수학적 증명을 위한 문제 해결 과정도 이 분야의 연구 주제이다.

셋째는 학습 분야이다. 이 분야는 인공지능이 외부 정보를 받아들이고 지식을 축적하며, 스스로 추론 규칙을 만들어 나가는 방법을 연구한다. 또한 여러 지식 구조 사이의 유사성을 찾아내어 이를 통합하는 메타 지식(Meta knowledge)을 형성하는 방법도 다룬다.

최근 인공지능은 이 세 가지 분야 중에서도 〈그림 5.3〉과 〈그림 5.4〉처럼 특히 시각과 청각의 인식 분야에서 인간의 능력을 뛰어넘는 성과를 보여주고 있다.

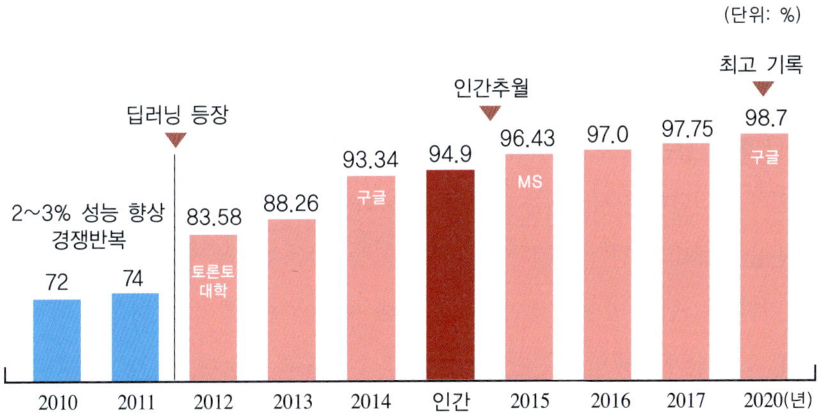

그림 5.3 ILSVRC[1] 연도별 정확도 향상

자료: 박성현 외 2인, 데이터 사이언스의 매력

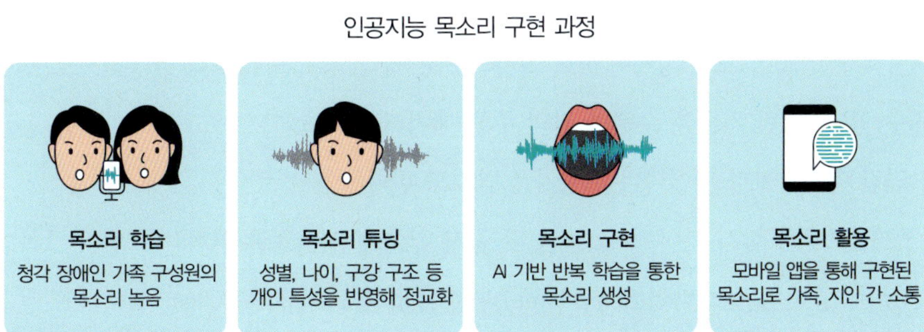

그림 5.4 인공지능 시각, 청각 기능

자료: 한경 비즈니스, KT

1) https://www.image-net.org/challenges/LSVRC/

딥러닝 같은 다양한 기법의 발전 덕분에, 컴퓨터는 이미지와 소리를 분석하고 이해하는 능력에서 점점 더 높은 수준을 보여주고 있다. 이로 인해 인공지능 기술은 의료 진단부터 자동 번역까지 다양한 산업에 혁신적인 변화를 가져오고 있다.

특히, 시각 분야에서 인공지능 기술은 놀라운 발전을 이루고 있다. 컴퓨터 비전(computer vision) 기술은 의료, 자율주행, 보안 및 감시 등 다양한 산업에서 중요한 역할을 하고 있다.

첫째, 의료 분야에서 인공지능은 의료 영상 분석에 큰 기여를 하고 있다. 예를 들어, 구글 헬스 같은 회사들은 인공지능을 활용해 엑스레이, CT 스캔, MRI에서 병변을 탐지하고 진단하는 시스템을 개발했다. 특히 유방암 검진에서 인공지능을 사용하면 오진율을 줄이고 진단의 정확도와 속도를 높일 수 있다는 연구 결과가 발표되었다. 이러한 시스템은 방대한 데이터를 학습해 사람이 놓치기 쉬운 미세한 패턴을 발견하며, 초기 단계에서 암을 진단하고 치료할 수 있도록 돕는다.

둘째, 자율주행 분야이다. 자율주행 차량의 컴퓨터 비전 시스템은 차량, 보행자, 표지판, 차선 등을 식별하여 주행 환경을 분석하는 역할을 한다. 테슬라와 구글의 웨이모(Waymo) 같은 기업들은 딥러닝 기반의 컴퓨터 비전 알고리즘을 사용해 자율주행 기술을 개발하고 있다. 특히 테슬라의 '풀 셀프 드라이빙(Full Self Driving, FSD)' 기능은 복잡한 도심 교통 상황에서도 실시간으로 시각 정보를 분석해 안정적으로 주행할 수 있다. 이런 기술은 수백만 건의 주행 데이터를 학습하여 사고를 예방하는 능력이 인간 운전자보다 뛰어나다는 평가를 받기도 한다.

셋째, 보안과 감시 분야이다. 보안 및 감시 기술에서는 얼굴 인식 시스템이 주목받고 있다. 중국의 센스타임(SenseTime)과 미국의 클리어뷰 AI(Clearview AI) 같은 회사들이 개발한 얼굴 인식 시스템은 대규모 인구 집단에서 특정 인물을 탐지하는 데 활용된다. 공공장소에 설치된 감시 카메라는 실시간으로 범죄자를 식별하고 추적하는 데 사용되며, 그 정확도는 인간 수준을 넘어섰다. 하지만 이러한 기술은 개인정보

보호 문제와 결부되어 논란을 일으키고 있다.

다음으로, 청각 분야의 인공지능 기술이다. 청각 인공지능은 인간의 청각 능력을 뛰어넘는 분석과 이해 능력을 보여주고 있다. 음성 인식, 음성 합성, 소리 분류 등 다양한 분야에서 놀라운 성과를 내고 있다.

첫째, 음성 인식 분야이다. 음성 인식 기술은 애플의 시리(Siri), 구글 어시스턴트(Google Assistant), 아마존 알렉사(Amazon Alexa)와 같은 가상 비서에 널리 사용되고 있다. 구글의 음성 인식 기술은 정확도가 95%를 넘으며, 강한 배경 소음이 있는 환경에서도 노이즈 캔슬링 기술로 사람의 말을 정확히 인식할 수 있다. 또한, 청각 장애인을 위한 실시간 자막 제공 시스템에서도 인공지능이 활용되며, 다국어와 지역 방언까지 처리하며 인간의 청각 능력을 능가하고 있다.

둘째, 음성 합성과 자동 번역 분야이다. 음성 합성 기술은 특정 인물의 목소리를 모방하는 'Deepfake' 기술로 주목받고 있다. 예를 들어, OpenAI의 'VALL-E'는 단 3초간의 음성을 듣고도 유사한 톤과 억양으로 문장을 자연스럽게 생성할 수 있다. 이러한 기술은 통역 분야에도 활용되어, 실시간으로 한 언어를 다른 언어로 번역하고 음성으로 전달하는 시스템으로 발전하고 있다. 이 기술은 국제회의나 다국적 기업에서 언어 장벽을 해소하는 데 큰 기여를 하고 있다.

셋째, 음향 탐지와 분류 분야이다. 인공지능은 특정 환경에서 발생하는 소리의 패턴을 분석하고 분류하는 데 탁월하다. 예를 들어, 범죄 현장에서 총성을 감지하거나 지진 발생 전에 땅속에서 나는 미세한 소리를 분석해 재난을 예측하는 시스템이 있다. 마이크로소프트의 '에어본 사운드케이프(AIrborne Soundscape)[2)]'와 같은 인공지능 시스템은 도시 소음을 분석하여 교통사고 예방이나 환경보호에 활용될 수 있다.

2) 사람들이 주변 환경에 대한 인식을 더 풍부하게 하여 더 자신감 있게 이동할 수 있도록 혁신적인 오디오 기반 기술을 사용하는 방법을 모색하는 Microsoft Research의 프로젝트이다.
https://www.microsoft.com/en-us/research/product/soundscape

그런데 비록 시각 및 청각 인공지능이 인간 수준을 넘어서는 성과를 보였지만, 여전히 한계가 존재한다. 대표적인 문제로는 윤리적 논란, 사생활 침해, 고성능 컴퓨팅 자원에 대한 의존 등이 있다. 이러한 문제들이 해결된다면, 인공지능은 더 다양한 분야에서 인간을 보조하고 지원하는 중요한 도구가 될 것이다. 앞으로 인공지능은 더 복잡한 인간의 감각을 모방하며 예측 분석과 결합한 초지능형 시스템으로 발전할 것이다.

3. 인공지능 대체 불가와 인간과의 공존

인공지능의 발전으로 대체될 수 있는 직업군은 주로 연속적인 단순 작업을 수행하는 직업이다. 예를 들어, 버스 운전사, 사무원, 비서, 변호사 등의 직업은 인공지능이 대체할 가능성이 높다. 하지만 인공지능이 발전해도 인간만이 수행할 수 있는 고유한 영역의 직업은 여전히 존재한다. 특히 감정, 창의성, 윤리적 판단이 필요한 직업들은 인공지능으로 완전히 대체하기 어렵다. 아래에서 그 이유와 사례를 살펴보겠다.

첫째, 예술과 창작 분야이다. 예술은 창의성과 개성을 바탕으로 한다. 인공지능은 특정 스타일이나 패턴을 모방할 수 있지만, 새로운 스타일을 창조하거나 진정한 창의성을 발휘하는 데는 한계가 있다. 미술, 음악, 문학은 인간의 감정을 표현하고, 관람자와 감정적으로 교감하는 역할이 중요하다. 예술가는 자신의 문화적 배경과 사회적 맥락을 작품에 담아내며, 이를 통해 다른 사람들과 소통한다. 이러한 문화적 이해와 맥락을 인공지능이 충분히 소화하고 표현하기는 어렵다. 대표적인 직업으로는 작가, 예술가, 디자이너 등이 있다.

둘째, 교육과 상담 분야이다. 교육과 상담은 학생이나 상대방의 감정 상태를 이해하고, 그에 맞춰 대처하는 능력이 필요하다. 인공지능은 방대한 지식을 전달할 수 있지만, 학생의 상황과 감정을 이해하고 맞춤형 피드백을 제공하는 데 한계가 있다. 또한 상담자와 내담자 간의 라포(rapport, 신뢰 관계) 형성도 어렵다. 교수와 교사는 지식을 전달하는 역할을 넘어 학생들이 자신의 가치관과 윤리적 기준을 형성하도록 돕는다. 이는 인공지능이 대체할 수 없는 부분이다. 대표적인 직업으로는 교수, 교사, 상담사, 코치가 있다.

셋째, 의료와 간호 분야이다. 의사는 환자의 상태를 종합적으로 평가하고 복잡한 치료 결정을 내린다. 이러한 과정에서는 윤리적 판단이 필수적이다. 인공지능은 수술과 간호를 보조할 수 있지만, 최종적인 판단은 인간 전문가가 내린다. 특히 간호사나 심리치료사는 환자에게 따뜻한 말과 감정적 지지를 제공한다. 환자와의 정서적 연결은 치료 효과에도 큰 영향을 미치며, 인공지능이 이를 완벽히 제공하는 데는 한계가 있다. 대표적인 직업으로는 의사, 간호사, 심리치료사가 있다.

넷째, 인문학적 분석과 연구 분야이다. 윤리적 · 철학적 사고는 인간만의 고유 영역이다. 인문학적 연구는 인간의 존재 이유, 삶의 의미, 윤리적 딜레마와 같은 깊은 통찰을 요구한다. 인공지능은 방대한 자료를 분석할 수 있지만, 역사적 사건의 맥락과 당시 사람들의 감정을 이해하고 해석하는 데는 한계가 있다. 대표적인 직업으로는 철학자, 윤리학자, 역사학자가 있다.

다섯째, 복합적 문제 해결과 리더십 분야이다. CEO와 같은 지도자는 데이터를 분석하는 것뿐만 아니라 미래를 예측하고 창의적 방향성을 제시해야 한다. 인공지능은 정형화된 데이터를 활용할 수 있지만, 예측 불가능한 상황에서 창의적 결정을 내리거나 팀원들과 신뢰를 쌓는 능력은 부족하다. 지도자는 감성 지능과 인간적인 접근을 통해 팀을 이끌어야 하므로 인공지능으로 대체하기 어렵다. 대표적인 직업으로는 CEO, 리더, 전략가가 있다.

결국 인공지능의 발전으로 많은 연속적인 단순 작업 직업은 자동화되어 대체되고 있다. 하지만 감정, 창의성, 윤리적 판단 같은 인간 고유의 능력이 중요한 직업들은 인공지능으로 대체하기 어렵다. 이러한 직업들은 앞으로도 인간만의 강점이 발휘되는 중요한 영역으로 남을 것이다.

앞으로는 인공지능과 협력하며, 이러한 인간 고유의 강점을 활용하는 방식으로 직업 환경이 변화하고[3], 인공지능과 함께하는 직업들이 더욱 각광받을 것이며, 인공지능이 할 수 없는 고유의 역할을 강화하는 것이 중요할 것이다.

인공지능과 협력하는 직업들은 인공지능의 분석력과 자동화 능력을 활용하면서도 인간의 창의성, 판단력, 그리고 문제 해결 능력을 필요로 하는 분야들이다. 이런 직업들은 인공지능 기술을 잘 이해하고 이를 효과적으로 활용할 수 있는 능력을 갖춘 전문가들이 필요하기 때문에, 앞으로 더욱 각광받을 가능성이 크다. 아래에 소개되는 직업군은 인공지능과 함께하는 대표적인 직업들이다.

첫째, 데이터 과학자와 데이터 엔지니어이다. 이들은 주로 데이터 분석과 모델 개발 그리고 인공지능 시스템의 최적화를 구현하는 직업이다. 데이터 과학자는 데이터를 분석하고 인공지능 모델을 개발하여 비즈니스 문제를 해결한다. 인공지능은 데이터를 수집하고 전처리하며, 예측 모델을 통해 결과를 도출하는 데 도움을 주지만, 모델의 설계와 성능 평가, 그리고 모델이 비즈니스 문제에 어떻게 적용되는지 결정하는 것은 인간의 판단이 필요하다. 데이터 엔지니어는 인공지능이 원활히 작동할 수 있는 데이터 환경을 구축하고, 데이터를 효율적으로 관리하는 역할을 맡는다. 이들은 인공지능 시스템이 제대로 작동하도록 유지하며 최적화 작업을 수행한다.

둘째, 의료 분야의 인공지능 전문가이다. 의사들은 인공지능을 이용해 의료 영상을 분석하고, 질병 진단을 지원받을 수 있다. 인공지능의 진단 과정에서 패턴을 인식하고 데이터를 제공할 수 있지만, 최종적인 판단과 치료는 인간의 전문 지식이 필요하다. 헬스케어 인공지능 엔지니어는 의료 분야에서 인공지능 모델을 개발하고 적용하는 전문가이다. 이들은 의료 데이터를 인공지능 모델에 적용하여 효율적인 진단과 치료를 돕는 솔루션을 설계한다.

---

3) AI won't Replace Human, But Human with AI will replace Human without AI. (자료: www.hbr.org)
Will AI replace your job? The Critical Skill You Need to Stay Employed. (자료: Forbes)
The skills AI can't replace in the workplace. (자료: Glassdoor)

셋째, 로봇 공학자와 자동화 엔지니어이다. 로봇 공학자는 인공지능을 탑재한 로봇을 설계하고 유지하는 일을 한다. 로봇이 특정 작업을 수행할 수 있도록 인공지능을 탑재하지만, 로봇의 설계와 현장에서의 유지보수와 최적화는 인간 전문가의 손길이 필요하다. 자동화 엔지니어는 제조업 등 다양한 산업에서 AI를 통해 공정을 자동화하고 운영한다. 인공지능은 다양한 작업을 수행할 수 있지만, 실제 현장에서 발생하는 문제를 해결하고 조율하는 것은 여전히 전문가가 필요하다.

넷째, 교육과 학습 콘텐츠 개발자이다. 교육 분야에서 인공지능은 학생의 학습 스타일과 성과에 맞춰 학습 콘텐츠를 제공할 수 있다. 학습 콘텐츠 개발자는 인공지능을 활용해 학생의 성취도를 분석하고, 개별 학습 계획을 세우도록 돕는다. 인공지능은 방대한 교육 자료를 바탕으로 학습자를 지원할 수 있지만, 학습 내용을 구조화하고, 학습 동기를 유발하는 방식은 교육 전문가가 설계한다.

다섯째, 디지털 마케팅(Digital marketing) 전문가이다. 디지털 마케팅 전문가는 인공지능이 제공하는 고객 분석 데이터를 기반으로 마케팅 전략을 수립한다. 인공지능은 고객의 구매 패턴과 선호도를 정확히 분석할 수 있지만, 이를 바탕으로 효과적인 마케팅 캠페인을 계획하고 실행하는 것은 인간의 창의적 접근이 필요하다. 인공지능을 통해 고객 맞춤형 콘텐츠를 제공하고, 사용자 경험을 개선하는 방식으로 마케팅 효과를 높일 수 있다. 특히, 인공지능은 데이터 분석을 통해 개인 맞춤형 광고를 제공하는 데 도움을 주지만, 마케팅 전략의 방향 설정과 고객과의 소통 방식은 여전히 전문가의 역할이다.

여섯째, 인공지능 제품 관리자이다. 인공지능 제품 관리자는 인공지능 솔루션(solution)을 기획하고 개발하는 과정을 감독한다. 이들은 시장의 요구와 사용자 피드백을 분석하여 제품의 기능을 결정하고, 인공지능의 적용 가능성을 판단해 실질적인 솔루션으로 개발하도록 이끌어간다. 그리고 인공지능 제품이 실제 사용자에게 가치 있게 사용되기 위해, 사용자의 경험과 인공지능 기능을 조율하는 것도 중요하다. 제품 관리자는 이러한 조율 과정을 담당하며, 기술적 이해와 비즈니스 인사이트가 모두 요구된다.

끝으로, 인공지능 윤리와 규제 전문가이다. 인공지능 기술이 확산되면서 윤리적이고 공정한 사용이 중요한 이슈가 되었다. 인공지능 윤리 전문가는 인공지능 시스템이 편향되지 않고 공정하게 설계되도록 검토하고, 인공지능 사용에 따른 윤리적 문제를 해결하기 위한 정책을 수립한다. 인공지능이 사용되는 분야에서는 규제와 법적 기준이 중요하다. 인공지능 규제 전문가들은 인공지능 시스템이 각종 규제를 준수하고 윤리적으로 사용되도록 감독하며, 특히 데이터 사생활과 관련된 문제에 대한 관리가 중요하다.

인공지능과 협력하는 직업들은 데이터를 해석하고, 비즈니스 전략을 설계하며, 창의적 결정을 내리는 능력을 필요로 한다. 이러한 직업들은 인공지능의 강점을 활용하면서 인간의 고유한 능력을 발휘할 수 있어, 인공지능 시대에도 강력한 생존력을 가질 것으로 예상된다.

4. 인공지능 편집가

최근 '인공지능 편집가(AI Editor)'라는 새로운 직업이 등장해 주목받고 있다. 인공지능 편집가는 인공지능이 생성한 콘텐츠의 품질을 검토하고 수정하며, 인간의 기준에 맞춰 완성도와 일관성을 높이는 역할을 한다. 인공지능이 텍스트, 이미지, 영상 등 다양한 콘텐츠를 생성하는 시대가 되면서 이를 인간의 감각에 맞게 조율하는 작업의 중요성이 커지고 있다. AI Editor는 이러한 과정의 중심에 있는 직업이다.

현재 AI Editor 직업에 대한 구체적인 통계나 성장 추이에 대한 공식적인 자료는 부족한 상황이다. 그러나 인공지능 기술의 급속한 발전과 함께 관련 직업군의 수요가 증가하고 있다는 점은 여러 보고서와 기사에서 확인[4] 할 수 있다. 예를 들어, 인공지

4) AI Job Market. 12년을 지배할 상위 2024개 AI 직업. https://aimojo.io/ko/ai-jobs/

능 전문 지식을 갖춘 인공지능 제품 관리자, 연구 과학자, 사이버 보안 분석가와 같은 역할이 인기를 끌고 있으며, 이러한 직위들은 Python, C^{++}, Java와 같은 프로그래밍 언어에 대한 깊은 이해와 머신러닝 및 데이터 과학에 대한 전문 지식을 요구한다.

다음은 AI Editor의 주요 역할과 필요한 역량에 대한 설명이다.

첫째, 인공지능이 생성한 콘텐츠의 검토와 수정이다. 인공지능이 만든 콘텐츠는 가끔 맥락에 맞지 않거나 비논리적인 표현이 포함될 수 있다. AI Editor는 이러한 문제를 감지해 적절히 수정하여 콘텐츠의 완성도를 높인다. 특히, 단어 선택이나 문맥이 어색한 경우 이를 부드럽고 자연스럽게 조정해 독자들이 읽기 편한 문장으로 다듬는다.

둘째, 문화적 감수성과 감정 표현이다. 인공지능은 문화적 배경이나 감정을 이해하는 데 한계가 있다. AI Editor는 콘텐츠가 문화적으로 적절하고 정서적으로 공감할 수 있도록 수정한다. 이를 통해 콘텐츠가 다양한 문화와 사용자에게 자연스럽게 다가갈 수 있게 만든다.

셋째, 사실 검증과 신뢰성 강화이다. 인공지능이 생성한 콘텐츠에는 부정확하거나 신뢰할 수 없는 정보가 포함될 수 있다. AI Editor는 이러한 내용을 검토하고, 신뢰할 수 있는 출처를 바탕으로 정보를 수정해 콘텐츠의 신뢰성을 높인다.

넷째, 윤리적 고려와 편향 수정이다. AI 생성 콘텐츠에 편향된 표현이나 민감한 내용이 포함될 경우, 이를 수정하거나 제거해 윤리적 기준을 충족하도록 한다. 이는 콘텐츠의 사회적 책임을 보장하는 중요한 작업이다.

다섯째, 다양한 형식과 플랫폼에 맞는 편집이다. AI Editor는 블로그, SNS 게시물, 보고서 등 특정 형식이나 브랜드 스타일 가이드에 맞춰 콘텐츠를 조정한다. 특히 온라인 콘텐츠의 경우, SEO[5] 최적화를 통해 검색 가시성을 높이는 작업도 포함된다. 예

5) 'Search Engine Optimization'의 약자로, 한국어로는 "검색 엔진 최적화"를 의미한다. SEO는 웹 콘텐츠가 검색 엔진에서 더 잘 노출되도록 콘텐츠의 구조와 키워드를 최적화하는 작업이다. AI Editor는 생성된 콘텐츠가 특정 키워드를 자연스럽게 포함하게 하여 검색 결과 상위에 노출되도록 도와주는 역할을 하며, 이를 통해 검색 가시성을 높이고 웹사이트 방문자 수를 증가시키는 데 기여한다.

를 들어, 자연스럽게 키워드를 삽입해 콘텐츠가 더 많은 사용자에게 도달하도록 한다.

여섯째, 인공지능 모델 개선에 기여이다. AI Editor는 인공지능 생성물에서 자주 발생하는 오류나 패턴을 문서화하고, 이를 바탕으로 AI 모델을 개선하는 데 기여한다. 또한, 사회적 트렌드와 새로운 용어를 반영해 인공지능이 최신 언어적 표현을 잘 이해하도록 돕는다. 이를 통해 AI가 더 현대적이고 효과적인 콘텐츠를 생성할 수 있도록 한다.

이런 AI Editor의 필수적인 역량으로는 먼저 언어와 편집 능력이다. AI Editor는 언어를 정확히 이해하고 효과적으로 편집할 수 있는 능력이 필요하다. 문장 구조를 자연스럽게 다듬고 어휘를 적절히 선택하는 기술이 중요하다. 또한, 인공지능 편집 도구나 ChatGPT 명령어 최적화와 같은 작업도 포함될 수 있다. 다음으로 문화적 이해와 윤리적 감각이다. 인공지능은 문화적, 윤리적 문제를 충분히 인식하지 못할 수 있다. 따라서 AI Editor는 문화적 감수성과 윤리적 판단 능력을 갖춰야 한다. 인공지능이 콘텐츠를 생성하고 처리하는 방식을 이해하면, AI Editor로서의 업무를 더 효율적으로 수행할 수 있다. 끝으로 디지털 도구 활용 능력이다. AI Editor는 다양한 콘텐츠 편집 도구와 소프트웨어를 능숙하게 다룰 수 있어야 하며, 인공지능 기반 편집 도구와 협업하는 능력도 필요하다.

결론적으로 AI Editor는 인공지능이 생성한 콘텐츠를 인간의 기준에 맞게 다듬고 품질을 높이는 중요한 역할을 한다. 이 직업은 인공지능과 인간이 협력하는 새로운 시대에서 핵심적인 역할을 맡게 될 것이다. AI Editor는 인공지능이 인간의 일상에 자연스럽게 통합되도록 돕는 직업으로, 앞으로 그 중요성이 더욱 커질 것이다.

5.2 차세대 심층학습 기술

1. 두각을 보이는 인공지능과 해결문제

인공지능은 최근 몇 년 동안 다양한 분야에서 큰 발전을 이루었다. 이러한 발전은 딥러닝, 자연어 처리, 강화학습 등 여러 측면에서 두드러지며, 앞으로 해결해야 할 과제와 함께 새로운 기술의 가능성을 열어가고 있다.

딥러닝 기술의 발전으로 인공지능 모델은 더 깊고 복잡한 신경망 구조를 활용할 수 있게 되었다. 이로 인해 AI는 이미지, 음성, 언어 데이터를 더 잘 이해하고 처리할 수 있게 되었다. 이미지 처리에서 뛰어난 성능을 보인 CNN, 시계열 데이터 처리에 강점을 가지고 있는 RNN이 대표적인 사례이다. 딥러닝의 이러한 기술적 진보는 의료 영상 분석, 음성 비서, 번역 등 다양한 실생활 애플리케이션에서 큰 변화를 가져왔다.

다음으로 자연어 처리(NLP)이다. 자연어 처리 기술이 발전하면서 GPT-3, GPT-4와 같은 대규모 언어 모델들이 등장했다. 이 모델들은 인간의 언어를 이해하고 생성하는 데 있어 큰 도약을 이루었다. 복잡한 질문에 답변하거나, 창의적인 글을 작성하거나, 요약을 제공할 수 있는 수준에 이르렀다. 이러한 기술은 교육, 번역, 고객 서비스 등 다양한 분야에서 활용되고 있다.

강화학습도 주목할 만하다. 강화학습은 AI가 환경과 상호작용하며 스스로 학습하는 방법으로, 게임, 로봇 공학, 과학 연구 등에서 성공적으로 사용되고 있다. 예를 들어, 알파고(AlphaGo), 알파고제로, 알파제로, 알파스타, 최근 노벨상 받은 알파폴더는 강화학습을 통해 바둑에서 인간 챔피언을 이겼고, 인간의 단백질 분석까지 이르렀다. 또한 자율주행 차에도 이러한 학습 방법이 적용되어 강화학습 기술로 복잡한 환경에서 학습하며 안전한 주행을 구현하고 있다. 이러한 발전 덕분에 AI는 다양한 산업에서 중요한 역할을 하게 되었고, 앞으로도 더 많은 분야에 적용될 것으로 보인다.

대규모 AI 모델은 뛰어난 성능을 자랑하지만, 많은 연산 자원을 필요로 한다. 이를 해결하기 위해 다음과 같은 연구가 진행되고 있다.

첫째, 경량화 모델이다. 모바일 기기와 임베디드 시스템에서도 사용할 수 있는 효율적인 모델 개발이 필수적이다.

둘째, 최적화된 알고리즘도출이다. 계산 자원을 절약하면서 성능을 유지하는 방법 연구가 여기에 해당한다.

셋째, 다양한 AI 기술의 결합이다. 여러 기술을 융합하여 복합적인 문제를 효과적으로 해결하고, 인간과 AI가 협력하는 시스템 개발이 필요하다.

AI가 다양한 분야에서 영향을 미치면서 윤리적이고 공정한 AI 개발의 윤리적 사회적 책임이 중요해지고 있다. 편향된 데이터를 사용하지 않도록 공정성과 투명성을 보장하려는 노력이 진행 중이고, 인공지능이 사회적, 윤리적으로 부적절한 결정을 내리지 않도록 설계하는 것이 중요하다.

앞으로의 인공지능은 현재의 기술을 넘어 더 효율적이고 융합적인 시스템으로 발전할 것으로 보인다. AI는 인간과 협력하여 실생활 문제를 해결하는 데 중요한 도구로 자리 잡을 것이며, 기술 발전과 윤리적 책임이 균형을 이루는 방향으로 나아갈 것이다.

다음에는 생성형 AI, 멀티모달(MultiModal), LMM(Large Multimodal Model), 온 디바이스, 강건, 적응형 학습인 미래 인공지능 기술을 소개한다.

2. 생성형 AI

생성형 AI(Generative AI)는 텍스트, 이미지, 오디오, 비디오와 같은 다양한 데이터를 생성할 수 있는 인공지능 기술이다. 예를 들어, 이야기를 쓰거나, 특정 스타일로 그림을 그리거나, 음악을 작곡하고, 동영상을 제작하는 것도 가능하다. 이러한 기술은 사람들에게 필요한 콘텐츠를 자동으로 생성할 수 있어 매우 흥미로운 가능성을 열어주고 있다.

생성형 AI의 대표적인 기술에는 GAN(Generative Adversarial Network, 생성적 적대 신경망)과 VAE(Variational Autoencoder, 변이형 오토엔코더)라는 두 가지 주요 모델이 있다. 4장에서 소개한 GAN은 두 개의 신경망이 서로 경쟁하며 학습하는 방식으로 작동한다. 하나의 신경망은 현실감 있는 이미지를 생성하려 하고, 다른 신경망은 생성된 이미지가 진짜인지 가짜인지 구별한다. 이 과정을 반복하면서 GAN은 점점 더 정교하고 실제와 구분하기 어려운 이미지를 만들어낼 수 있다.

반면, VAE는 데이터를 압축하고 복원하는 방식으로 새로운 데이터를 생성한다. 이 모델은 데이터의 핵심 특징을 학습하고, 이를 조합해 새로운 데이터를 만들어낸다. 이것은 요리사가 다양한 음식의 조리법을 학습한 후 그 지식을 바탕으로 새로운 요리를 만들어 내는 것과 비슷하다. 따라서 VAE는 데이터의 '조리법'과 같은 핵심 특징들을 학습하고, 이를 조합해 새로운 데이터를 만들어낸다. 예를 들어, 얼굴 사진을 학습한 VAE는 눈, 코, 입 같은 주요 특징을 조합해 실제로 존재하지 않는 얼굴 이미지를 생성할 수 있다. 또한, 의류 디자인에서는 다양한 옷의 데이터를 학습한 뒤 새로운 스타일의 옷을 제안할 수도 있다. 이런 특성 덕분에 VAE는 디지털 아트와 게임 개발 같은 분야에서 창의적인 도구로 활용되고 있다.

이렇게 GAN과 VAE는 서로 다른 방식으로 데이터를 생성하면서 다양한 창작 활동에 활용되고 있다.

최근 트랜스포머 구조의 발전으로 생성형 AI는 더 정교하고 대규모의 데이터를 생성할 수 있게 되었다. 트랜스포머는 데이터를 처리하고 이해하는 데 탁월한 능력을 가지고 있어 특히 언어를 다루는 데 강점을 보인다. 트랜스포머의 대표적인 사례로는 ChatGPT와 DALL-E가 있다. ChatGPT는 자연스럽게 대화할 수 있는 텍스트 생성 AI로, 질문에 답하거나 창의적인 이야기를 만들어낸다. DALL-E는 텍스트 설명을 바탕으로 새로운 이미지를 창작할 수 있는 AI이다. 예를 들어, 〈그림 5.5〉는 '바나나 모양의 우주선', '곰돌이가 축구장에서 슈팅하는 모습'처럼 기발한 상상력의 이미지를 만들어낸 결과를 보여준다.

그림 5.5 DALL-E가 재현한 바나나 모양의 우주선

생성형 AI는 단순히 데이터를 재활용하는 것이 아니라 창의적인 방식으로 완전히 새로운 콘텐츠를 만들어낸다. 이 기술은 텍스트 생성, 이미지 생성, 오디오 및 비디오 제작 등 다양한 분야에서 활용될 수 있는 잠재력을 가지고 있다. 특히 자연어 처리와 예술 창작 분야에서 큰 주목을 받고 있다.

그러나 생성형 AI가 빠르게 발전하면서 다음과 같은 문제점이 제기되고 있다.

〈표 5.1〉은 이들 내용을 보여준다. 이 표는 생성형 AI의 문제를 품질 관리와 데이터 정확성, 윤리적 및 법적 고려사항, 복잡성 및 기술적 문제관점에서 살펴본 것이다.

첫째, 편향성과 윤리적 문제이다. 생성형 AI는 학습 데이터의 편향을 반영할 수 있다. 특정 인종이나 성별에 대한 편향된 데이터를 학습하면, 결과물에도 같은 편향이 나타날 수 있다. 이는 인종차별이나 성차별과 같은 사회적 문제를 악화시킬 위험이 있다.

표 5.1 생성형 AI의 문제

품질 관리와 데이터 정확성	윤리적 및 법적 고려사항	복잡성 및 기술적 문제
편향된 입력, 편향된 출력	블랙박스 문제	비용 문제
생성형 AI 도구는 학습 데이터가 편향되어 있을 경우 편향된 콘텐츠를 재생산	생성형 AI의 결정 과정은 불투명하고 설명하기 쉽지 않음. 이는 책임성 및 신뢰성을 저해하며, 불공정한 결과를 초래할 수 있음	OpenAI의 전 CEO인 Sam Altman에 따르면, GPT-4를 훈련하는 데는 1억 달러 이상의 비용이 소요
무의미한 반복	인간 가치와의 정렬 문제	전력 소모
생성형 AI의 출력은 학습 데이터의 수준과 양에 따라 결정되며, 학습 데이터 수준에 따라 출력의 품질이 결정	생성형 AI는 자신이 내리는 결정의 결과나 윤리적 함의를 모델링하는 능력이 부족	ChatGPT의 일일 쿼리*는 약 33,000가구의 미국 주택을 가동할 수 있는 전력량이 소요된다고 추정
환각 현상	저작권 및 지적 재산권 침해	정적 특성
생성형 AI는 때때로 부정확한 정보를 자신 있게 제공하거나 사실을 단순히 만들어 낼 수 있음	여러 생성형 AI 모델은 무단으로 저작권이 있는 자료와 지적 재산을 사용하며, 이에 대해 동의나 보상이 이루어지지 않음	생성형 AI는 실시간으로 지식을 업데이트하거나 새로운 아이디어를 생성할 수 없으며, 이로 인해 잘못된 정보가 발생할 수 있음

* ChatGPT가 하루 동안 처리하는 사용자 요청의 총량을 의미. 즉, 사람들이 하루 동안 ChatGPT에 질문하거나 요청을 보낸 횟수를 모두 합친 수치
자료: 네이버 프리미엄 콘텐츠[6)]

둘째, 허위 정보와 가짜 뉴스의 확산이다. 생성형 AI는 사실적인 이미지나 동영상을 생성할 수 있어 진위를 구별하기 어려운 콘텐츠를 만들어 낼 수 있다. 이는 가짜 뉴스와 허위 정보의 확산으로 이어져 사회적 혼란을 초래할 수 있다.

셋째, 보안 위협과 사이버 범죄이다. AI를 악용해 피싱(fishing) 전자 우편 작성, 악

6) https://contents.premium.naver.com/easystock/easy/contents/231121082543613hx

성 코드 생성 등 사이버 범죄를 저지를 가능성이 있다. 특히 AI가 텍스트 스타일을 모방해 정교한 피싱 전자 우편을 생성하는 사례가 우려된다[7].

넷째, 일자리 감소와 경제적 영향력 증대이다. 생성형 AI는 반복적이고 단순한 작업을 자동화해 일자리 감소를 초래할 수 있다. 이는 제조업과 서비스업에서 특히 두드러지며, 경제 구조에 큰 변화를 일으킬 가능성이 있다.

다섯째, 독과점과 데이터 격차이다. 생성형 AI 개발에는 막대한 비용과 데이터가 필요하다. 이로 인해 대형 기술 기업이 시장을 독점할 가능성이 높으며, 데이터 접근성이 부족한 기업은 경쟁에서 뒤처질 수 있다[8].

여섯째, 정확성의 한계와 정보 왜곡이다. 생성형 AI는 때때로 부정확한 정보를 생성하거나, 맥락을 잘못 이해해 잘못된 답변을 제공할 수 있다. 이는 사용자에게 혼란을 주고 잘못된 의사결정을 유도할 수 있다.

일곱 번째, 생성형 AI의 높은 학습 비용과 업데이트 문제이다. 생성형 AI 모델을 학습시키는 데는 높은 비용이 든다. 예를 들어, ChatGPT의 학습 비용은 100만 달러 이상으로 알려져 있다. 또한, 모델이 실시간으로 지식을 업데이트하지 못하기 때문에 새로운 정보를 반영하지 못하는 한계가 있다.

이러한 문제를 해결하기 위해서는 생성형 AI의 개발과 활용에서 윤리적 고려와 규제, 지속적인 모니터링이 필요하다. AI Editor와 같은 직업은 생성형 AI가 만들어낸 콘텐츠의 품질과 신뢰성을 높이는 데 중요한 역할을 한다. 인공지능의 한계를 인식하고, 인간의 판단과 결합해 책임감 있게 사용하는 것이 생성형 AI를 올바르게 활용하는 핵심이 될 것이다.

---

7) https://m.blog.naver.com/kistiscienceon/223261148933

8) 생성형 AI, 글로벌 빅테크가 장악… 독과점 우려 커진다.
https://www.khan.co.kr/economy/economy-general/article/202406022120015

3. 멀티모달 AI (Multimodal AI)

사람이 오감으로 사물을 판단하고 이해하듯, 인공지능도 다양한 정보를 동시에 이해하고 분석할 수 있을까? 이러한 가능성을 실현한 것이 멀티모달(Multimodal) AI이다. 멀티모달이란 여러 가지 '형태'나 '모드'의 데이터를 함께 사용하는 것을 의미한다. 멀티모달 AI는 텍스트, 이미지, 음성, 비디오 등 서로 다른 형태의 데이터를 통합적으로 처리하고 이해할 수 있는 인공지능 기술이다.

멀티모달 AI는 다양한 데이터를 결합하여 더 깊이 있는 분석과 표현을 가능하게 한다. 예를 들어 AI가 이미지를 보고 내용을 설명하는 텍스트를 생성하는 이미지 설명 생성, 음성을 듣고 해당 내용에 맞는 이미지를 만드는 음성 기반 이미지 생성이 대표적이다. 이처럼 멀티모달 AI는 사람처럼 여러 감각을 동시에 활용하며, 단일 데이터로는 얻기 어려운 풍부한 정보를 파악한다.

따라서 멀티모달 AI는 다양한 형태의 데이터를 함께 이해하고 처리하는 AI 기술로 정의할 수 있다. 쉽게 말해서, 글, 사진, 소리, 비디오 같은 다양한 정보들을 하나로 결합하여 AI가 더 깊이 있고 종합적으로 상황을 이해할 수 있도록 돕는 기술이다. 예를 들어, AI가 사진과 글을 동시에 보고 내용을 파악할 수 있다면, 단순히 글을 읽거나 사진만 보는 것보다 더 많은 정보를 알 수 있다. 예를 들어, 책을 읽을 때 그림과 설명이 함께 나오는 경우가 더 이해하기 쉬운 것처럼, AI도 여러 정보를 함께 사용하면 더 똑똑하게 판단할 수 있다.

멀티모달 AI는 우리가 정보를 소비하고 지식을 습득하는 방식에 혁신을 일으킬 것이다. AI와 인간이 협력하여 기존에 불가능했던 창의적 작업이 가능해질 것이고, 다양한 데이터를 활용한 AI는 세상을 더 깊이 이해하며, 이를 통해 우리 삶을 더욱 풍요롭게 만들 것이다.

결론적으로, 멀티모달 AI는 여러 감각을 활용하는 인공지능 기술로, 세상을 더 풍부하게 이해하고 표현할 수 있도록 돕는다. 이 기술은 AI가 단일 데이터가 아닌 복합적인 정보를 통해 더 나은 판단과 분석을 가능하게 하며, 우리의 삶과 기술의 경계를 한층 더 넓혀줄 것이다.

OpenAI에서 개발한 CLIP(Contrastive Language-Image Pretraining)이라는 모델[9]은 멀티모달 AI의 대표적인 예이다. CLIP는 이미지와 텍스트를 함께 학습하여, 두 가지 데이터를 연관 지어 이해하는 모델이다. 'Contrastive'는 이미지와 텍스트를 비교하여(대조하여) 서로를 학습한다는 의미이다. 즉, CLIP는 이미지와 해당 이미지 설명(텍스트)을 연결하고, 잘못된 짝은 구분해 내는 방식으로 학습한다. 이를 통해 CLIP는 텍스트와 이미지의 의미를 함께 이해할 수 있게 되며, 새로운 이미지나 텍스트에 대해서도 유사한 연관성을 찾아낼 수 있다.

CLIP은 텍스트와 이미지를 함께 학습했다. 그래서 '강아지가 있는 사진을 보여줘'라고 입력하면 AI가 강아지가 등장하는 이미지를 찾아주는 식으로, 글과 그림을 연결해 이해할 수 있는 것이다.

또 다른 예로, 최신 GPT-4는 글과 사진을 모두 입력으로 받아 상황을 종합적으로 분석할 수 있는 멀티모달 기능을 가지고 있다. 예를 들어, 어떤 사진을 보여주면서 질문을 하면, GPT-4가 사진 내용을 이해하고 그에 맞는 답을 줄 수 있다.

〈그림 5.6〉은 OpenAI의 CLIP 홈페이지와 저자의 ChatGPT 4o 화면이다. CLIP 홈페이지는 관련 연구논문[10]과 배경 및 관련 작업(Background and related work)부터 접근 방식(Approach), 주요 요점(Key takeaways), CLIP 한계(Limitations), 더 광범위한 영향(Broader impacts)과 결론(Conclusion)을 소개하고 있다. ChatGPT

9) OpenAI에서 개발한 'Contrastive Language-Image Pretraining' 모델이다. CLIP는 텍스트와 이미지 데이터를 함께 학습하여, 이미지와 텍스트 사이의 연관성을 이해할 수 있는 모델이다. 이를 통해 이미지에 대한 텍스트 설명을 생성하거나 텍스트 설명에 맞는 이미지를 검색하는 등 다양한 작업을 수행할 수 있다. https://openai.com/index/clip/

10) Learning Transferable Visual Models From Natural Language Supervision. https://arxiv.org/pdf/2103.00020

4o는 유료 버전과 각종 확장프로그램을 설치할 경우 첨부파일 업로드, ChatGPT search, 음성입력 등의 아이콘이 활성화되어 다양한 작업을 할 수 있다.

멀티모달 AI의 가장 큰 장점은 여러 정보를 동시에 처리해 복잡한 상황을 이해하고 결론을 내릴 수 있다는 것이다. 사람이 눈, 귀, 피부 등 다양한 감각으로 자극을 느끼고 이를 종합해 판단하듯, 멀티모달 AI도 텍스트, 이미지, 소리, 영상 등 다양한 데이터를 결합해 더 깊이 있는 이해를 가능하게 한다.

멀티모달 AI의 강점으로 멀티모달 AI는 인간과 비슷한 인지 능력을 통해 상황을 보다 정확히 파악하고 복합적인 결과를 만들어낼 수 있다. 다양한 데이터를 통합적으로 처리하며, 단일 정보로는 얻을 수 없는 폭넓은 분석이 가능하다. 여러 형태의 정보를 결합해 더 정교하고 현실감 있는 판단을 내린다.

〈그림 5.7〉은 DALL-E가 텍스트, 이미지, 오디오, 비디오 등 다양한 입력 데이터를 인공지능 모델로 통합해 종합적인 이해를 형성하는 과정을 보여준다.

인공지능과 인간은 앞으로 협력하며 발전해 나갈 것이다. 특히 멀티모달 AI를 활용해 협력한 결과물은 그렇지 않은 경우와 큰 차이를 보일 가능성이 크다. 따라서 인

CLIP 홈페이지

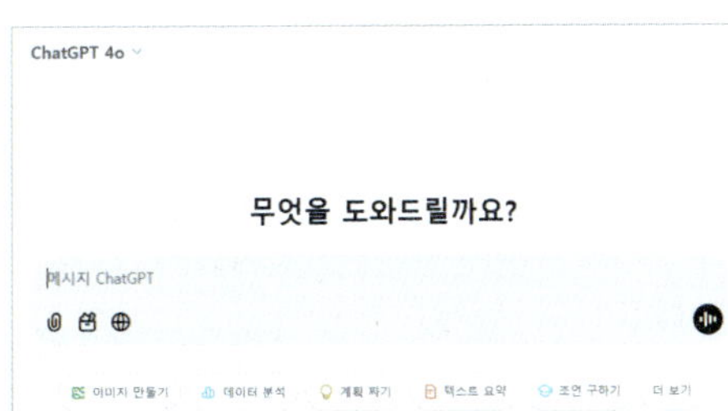

ChatGPT 4o

그림 5.6 OpenAI의 CLIP 홈페이지와 ChatGPT 4o

간과 인공지능의 협업은 더 창의적이고 정확한 결과를 만들어낼 수 있다. 그리고 멀티모달 AI는 다양한 형태의 데이터를 이해하고 활용함으로써, 인간의 판단과 결합했을 때 더욱 뛰어난 성과를 낼 수 있다.

결론적으로, 멀티모달 AI는 인간처럼 복합적인 데이터를 처리하고 상황을 이해하는 능력으로, 인간과의 협력을 통해 더욱 강력한 도구가 될 것이다. 이 기술은 우리의 일상과 산업 전반에 큰 변화를 가져올 것으로 기대된다.

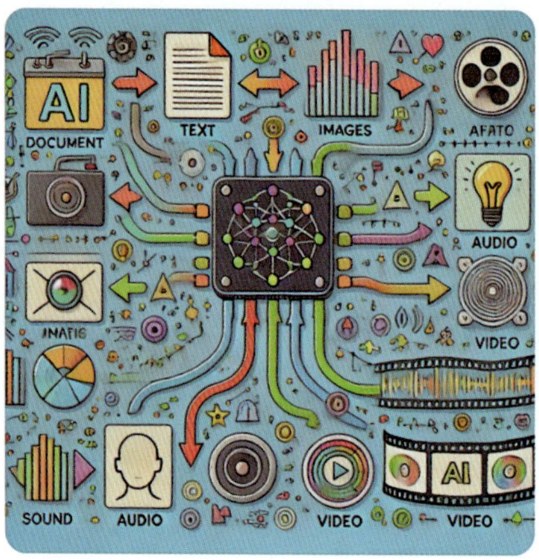

그림 5.7 DALL-E가 그린 멀티모달 AI

4. LLM을 넘어 LMM

최근 인공지능 분야에서는 대규모 언어 모델(LLM)을 넘어 대규모 멀티모달 모델(LMM, Large Multimodal Model)로 전환이 이루어지고 있다. 이 변화는 인공지능이 인간의 언어뿐만 아니라 이미지, 소리, 영상 등 다양한 형태의 데이터를 결합하여 이해하고 처리할 수 있는 능력을 갖추게 하는 데 중요한 역할을 한다. 대규모 멀티모달 모델 인공지능은 현재의 언어 기반 모델이 해결하지 못했던 복합적인 문제를 다루는 데 큰 도움을 줄 수 있다. 또한, 인공지능의 활용 범위를 획기적으로 넓히는 데 기여할 것으로 기대된다. 이번 절은 이런 LMM의 특성과 주요 장점, 발전 방향에 대해 설명한다.

① 대규모 언어 모델(LLM)에서 대규모 멀티모델(LMM)로의 확장

LLM은 텍스트 기반 데이터만 학습하여 인간의 언어를 이해하고 생성하는 데 중점을 두었다. 예를 들어, GPT-4와 같은 언어 모델은 방대한 양의 텍스트 데이터를 학습해 문맥을 이해하고 자연스러운 대화를 생성하는 데 능숙하다. 그러나 LLM은 텍스트 이외의 이미지, 음성, 영상 등의 데이터를 처리하지 못하거나 그 한계가 뚜렷했다.

반면, LMM은 텍스트뿐만 아니라 이미지, 소리, 영상 등을 함께 학습하여 더욱 다차원적으로 데이터를 이해할 수 있다. 이를 통해 AI는 이미지와 텍스트를 결합해 설명하거나, 소리와 영상 데이터를 동시에 처리해 의미를 해석하는 등 더 종합적이고 직관적인 인식을 할 수 있다. 〈그림 5.8〉은 ChatGPT 4.0에 텍스트와 이미지를 함께 업로드한 후 관련 질문을 한 결과의 일부를 보여준다.

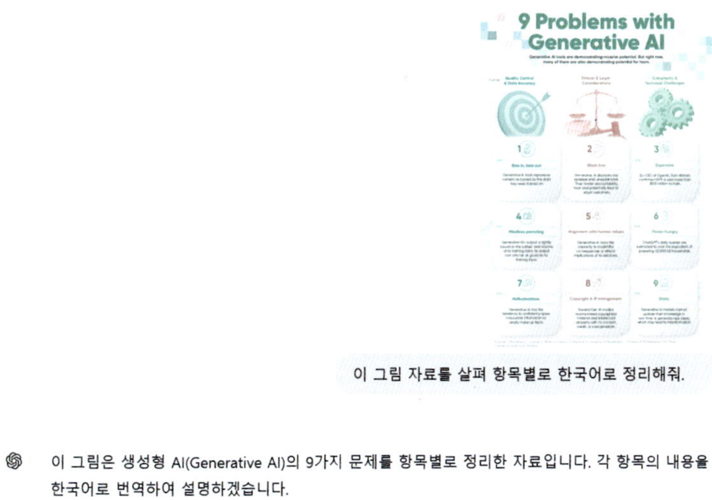

그림 5.8 ChatGPT 4o 멀티모달 버전

② LMM의 작동 방식과 핵심 기술

LMM의 핵심은 다양한 형태의 데이터를 하나의 모델에서 동시에 학습할 수 있게 하는 것이다. 이를 위해 트랜스포머(Transformer) 기반 모델이 사용되며, 트랜스포머는 여러 형태의 데이터를 통합적으로 이해하는 데 적합한 구조를 가지고 있다. 예를 들어, CLIP 모델은 텍스트와 이미지 데이터를 함께 학습하여 이미지에 대한 텍스트 설명을 생성하거나 텍스트를 바탕으로 이미지를 검색할 수 있다. GPT-4의 멀티모달 버전은 텍스트와 이미지를 함께 입력받아 이를 설명하거나 분석할 수 있어, 더 복잡한 질문에도 답변할 수 있다. 또한, 트랜스포머 구조 외에도 시각 정보를 효과적으로 처리하기 위해 CNN과 같은 기술을 결합하는 방법도 연구되고 있다.

③ 장벽 없는 LMM 응용 영역과 장점

이런 LMM은 다양한 실생활 문제에 응용될 수 있다. 주요 활용 분야로는 의료, 교육, 자율주행과 로봇 분야가 있다.

먼저 의료 분야이다. LMM은 X선이나 MRI 같은 의료 영상을 분석하면서 환자의 건강 기록을 종합적으로 이해할 수 있다. 예를 들어, 인공지능이 의료 이미지에서 병변을 확인하고, 이를 과거 의료 기록과 연관 지어 보다 정확한 진단을 내릴 수 있다.

다음은 교육 분야이다. LMM은 학생들에게 더 상호작용적인 학습 환경을 제공한다. 텍스트와 이미지를 결합한 설명으로 복잡한 개념을 쉽게 전달하거나, 영상, 소리, 텍스트 자료를 활용해 학생의 질문에 적합한 답변을 생성할 수 있다.

끝으로 자율주행과 로봇 분야이다. 자율주행차와 로봇은 다양한 감지기에서 얻은 데이터를 실시간으로 분석해야 한다. 예를 들어, 자율주행차가 주행 중 도로 환경을 인식하면서 교통 표지판의 의미를 이해하고, 주변 소리를 분석해 위험을 감지하는 일이 가능하다.

LMM의 가장 큰 장점은 다양한 데이터를 결합하여 종합적으로 이해할 수 있다는 점이다. 인간이 시각, 청각, 촉각 등 다양한 감각을 통해 정보를 얻고 이를 종합적으로 인식하듯, LMM도 다차원적 데이터를 활용해 더 깊고 직관적인 이해를 할 수 있다. 예를 들어, 이미지에 나타난 상황과 텍스트로 설명된 맥락을 함께 파악해 정확한 설명을 생성하거나, 서로 다른 형태의 데이터를 연결 지어 새로운 정보를 도출할 수 있다.

또한, LMM은 여러 산업 분야에서 효율성과 생산성을 크게 향상시킬 수 있다. 특히, 복잡한 데이터 분석이 필요한 업무에 인공지능이 참여함으로써 인간의 부담을 줄이고, 인공지능의 고속 분석 능력을 활용할 수 있다. 의료나 금융처럼 정밀성이 중요한 분야에서는 LMM의 다차원적 분석 능력이 매우 유용할 것이다.

LMM의 미래 전망과 과제를 살펴보면, 앞으로 더욱 정교하고 강력한 모델로 발전할 가능성이 크다. 인공지능이 다차원적 데이터를 완벽히 이해하고 응용할 수 있다면, 인공지능이 처리할 수 있는 업무 범위는 지금보다 훨씬 넓어질 것이다. 그러나 LMM이 상용화되고 널리 사용되기 위해 해결해야 할 과제도 있다.

첫 번째 과제는 데이터 처리와 저장이다. 멀티모달 AI 모델은 대량의 데이터를 처리해야 하므로 데이터 저장과 관리 비용이 크게 증가할 수 있다.

두 번째는 윤리적 문제와 개인정보 보호이다. 다양한 형태의 데이터를 결합하는 과정에서 개인정보 보호와 윤리적 문제가 발생할 수 있다. 특히, 민감한 정보를 다루는 의료나 금융 분야에서는 데이터 보호가 매우 중요하다.

세 번째는 해석 가능성과 투명성이다. 다차원 데이터를 결합해 학습하는 모델은 결과를 해석하기 어렵기 때문에, 인공지능의 결론 도출 과정을 이해하고 투명성을 확보하기 위한 연구가 필요하다.

정리하자면, LMM은 인공지능이 더 깊고 넓은 관점에서 세상을 이해하고 복잡한 문제를 해결할 수 있는 새로운 가능성을 제시한다. 앞으로 LMM의 발전은 우리 일상과 산업에 많은 변화를 가져올 것이며, 인공지능 기술이 인류에게 더 유익하게 활용될 수 있도록 다양한 연구와 논의가 지속될 것이다.

5. 온 디바이스(On device) 인공지능

손바닥 위에서 인공지능을 사용할 수 있다면 얼마나 편리할까? 인터넷 연결이 원활하지 않거나 아예 되지 않는 환경에서도 자동 번역이 가능하다면 얼마나 유용할까? 과거에는 이런 상상이 꿈같은 이야기였지만, 이제는 현실이 되었다.

최근 2024년에 출시된 삼성 갤럭시 Galaxy24는 이런 기능을 가능하게 하는 기술을 갖추고 있다. 이를 온 디바이스(on device) 기술이라고 하며, 스마트폰 자체에서 인공지능 기능을 처리하도록 설계된 기술이다. 이 기술 덕분에 인터넷 연결 없이도 번역 같은 다양한 인공지능 기능을 실행할 수 있어, 사용자들이 언제 어디서나 자유롭고 편리하게 스마트폰을 활용할 수 있다.

온 디바이스 AI는 클라우드 서버 같은 외부 컴퓨터에 연결하지 않고, 스마트폰이나 태블릿 같은 기기 자체에서 AI 모델을 실행할 수 있는 기술이다. 이 기술의 가장 큰 장점은 개인정보 보호가 가능하다는 점이다.

예를 들어, 사진이나 목소리 같은 개인 정보가 기기 안에서만 처리되기 때문에 외부로 유출될 위험이 줄어든다. 또한, 인터넷 연결 없이도 사진 속 사물을 인식하거나 목소리를 인식하는 등 다양한 인공지능 기능을 활용할 수 있다. 실시간 처리가 가능하기 때문에 사용자는 빠른 응답을 받을 수 있다. 예를 들어, 스마트폰 카메라로 사진을 찍을 때 인공지능이 사람의 얼굴을 자동으로 인식해 초점을 맞춰주는 기능도 가능해졌다.

온 디바이스 AI를 구현하려면 기기 내부에서 인공지능 모델이 효과적으로 작동하도록 최적화해야 한다. 이를 위해 모델을 가볍게 만들고, 메모리를 효율적으로 사용하며, 전력 소모를 줄이는 것이 중요하다. 이를 실현하기 위해 사용하는 대표적인 기술로는 프루닝(Pruning), 양자화(Quantization), 지식 증류(Knowledge Distillation)가 있다.

먼저 프루닝(Pruning)은 인공지능 모델에서 필요 없는 부분을 제거해 모델을 가볍게 만드는 방법이다. 꼭 필요한 연산만 남기기 때문에 처리 속도가 빨라지고, 메모리와 전력 소모가 줄어든다.

다음으로 양자화(Quantization)이다. 인공지능 모델이 사용하는 수치 값을 단순화해 모델의 크기를 줄이는 방식이다. 수치 값이 단순해지면 연산량이 감소해 속도가 빨라지고 전력 소비도 줄어든다.

끝으로 지식 증류(Knowledge Distillation)이다. 이는 큰 모델의 학습 내용을 작은 모델에 전수하는 방법이다. 이를 통해 작은 모델도 큰 모델처럼 성능이 뛰어나게 만들어, 소형 기기에서도 효과적인 AI를 사용할 수 있다. MS의 파이-3(Phi-3), 메타(meta)의 라마 3-8b(Llama 3-8b), 구글 제미나이 나노(Gemini nano), 제미나이 플래시(Gemini flash), OpenAI GPT-4o mini 등은 LLM을 소형으로 구현한 sLLM(small LLM)이다. 이들은 LLM을 소형화하여 핸드폰에서 구동할 수 있도록 하는 기술이다.

결국, 온 디바이스 AI는 스마트폰이나 태블릿 같은 기기 안에서 인공지능을 직접 실행할 수 있도록 최적화된 기술이다. 이를 통해 사용자 데이터의 보안을 강화하고, 인터넷 연결 없이도 빠르고 편리하게 다양한 인공지능 기능을 활용할 수 있다.

〈그림 5.9〉는 스마트폰에서 온 디바이스 AI가 실행되는 모습을 보여준다. 이 그림은 개인정보 보호와 실시간 처리가 어떻게 이루어지는지를 시각적으로 설명한 DALL-E의 재현이다.

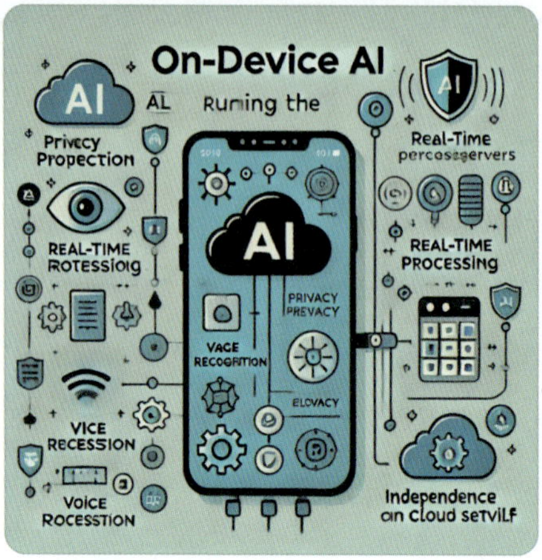

그림 5.9 DALL-E의 온 디바이스 묘사

6. 강건한 학습(Robust Learning)과 적응형 학습(Adaptive Learning)

강건한 학습(Robust Learning)과 적응형 학습(Adaptive Learning)은 인공지능이 환경 변화나 예측하기 어려운 데이터에도 효과적으로 대응할 수 있도록 설계된 기술이다. 이는 딥러닝 모델이 노이즈가 많은 데이터나 변화하는 환경에서도 성능을 유지하도록 돕는 기술이다. 실제 환경에서 안정적인 성능을 유지하기 위해 데이터 증강(Data Augmentation), 적응형 재학습(Adaptive Retraining), 도메인 적응(Domain Adaptation) 같은 기술들이 활용된다.

먼저, 강건한 학습은 모델이 환경 변화나 데이터에 포함된 노이즈에도 안정적으로 성능을 유지할 수 있도록 설계하는 방법이다. 이 기술은 예측하기 어려운 상황이나 데이터 편향이 존재할 수 있는 실제 환경에서 모델의 신뢰성을 높이는 데 중요하다.

예를 들어, 자율주행 자동차는 도로 환경이 날씨, 조명, 갑작스러운 장애물 등으로 인해 끊임없이 변화한다. 강건한 학습을 적용하면 자율주행 AI가 비, 눈, 어두운 밤과 같은 악조건에서도 정확한 판단을 내릴 수 있다. 이를 위해 다양한 환경과 조건에서 학습된 데이터를 사용하거나, 데이터 증강(Data Augmentation) 기법을 활용해 노이즈와 변화에 잘 대응하도록 모델을 훈련한다.

강건한 학습을 구현하기 위해 자주 사용되는 기법으로는 대비 학습(Contrastive Learning)과 공격 방어(Adversarial Defense)가 있다. 대비 학습은 서로 다른 데이터 간의 관계를 학습하도록 돕고, 공격 방어는 의도적으로 생성된 노이즈나 공격에 강하게 대응할 수 있도록 모델을 훈련하는 기술이다. 이러한 기법 덕분에 인공지능은 평소와 다른 입력 데이터가 주어져도 안정적으로 결과를 산출할 수 있다.

강건한 학습은 자율주행, 로봇, 헬스케어처럼 예측 불가능한 상황에서 안정적인 성능이 필요한 분야에서 매우 중요한 역할을 한다. 예를 들어, 헬스케어 분야에서는 노이즈가 포함된 의료 영상 데이터를 분석하거나 예상치 못한 환경에서 환자의 상태를 평가할 때 강건한 학습이 활용될 수 있다. 이처럼 강건한 학습은 인공지능이 다양한 환경 변화와 데이터 특성에 대응하며 신뢰성 높은 결과를 제공하도록 돕는 핵심 기술이다.

한국과학기술원(KAIST, 2022)은 심층 신경망을 활용해 라벨 노이즈에 강한 학습법을 연구하였다. 이 연구는 대규모 데이터에서 라벨 오류로 인해 발생하는 문제를 해결하기 위한 방법을 제시하였다[11]. 또한, 울산과학기술원(UNIST) 연구팀은 데이터 드리프트[12]에 강한 시계열 학습 기술을 개발하였다. 데이터 드리프트란 시간이 지남에 따라 데이터의 통계적 특성이 변화하는 현상을 말하며, 이 기술은 금융, 경제, 교통 등 다양한 분야에서 유용하게 활용될 수 있다[13].

적응형 학습(Adaptive Learning)은 인공지능이 새로운 데이터를 학습하면서 기존 지식을 업데이트하고, 상황에 따라 능동적으로 변화할 수 있도록 돕는 기술이다. 이

11) 이재길(2022), Robust learning under label noise with deep neural networks, KOASAS.

12) 시간이 지남에 따라 데이터의 통계적 특성이나 분포가 변화하는 현상을 의미한다. 이는 주로 환경의 변화, 계절적 요인, 트렌드 변화, 정책 변경 등 외부 요인에 의해 발생하게 된다.

13) 「시계열 인공지능 모델의 성능저하 막는 학습 기술 개발했다」. https://news.unist.ac.kr/kor/20240325-2/

기술은 모델이 고정된 상태에 머무르지 않고 사용자의 요구나 변화하는 환경에 유연하게 대응할 수 있게 한다.

예를 들어, 개인화된 학습 플랫폼에서 인공지능은 학생의 학습 속도와 성과에 따라 난이도를 조절하거나 새로운 학습 자료를 추천할 수 있다. 만약 학생이 특정 개념에서 어려움을 겪는다면, 인공지능은 해당 주제를 집중적으로 다룰 수 있도록 학습 콘텐츠를 자동으로 조정한다. 이를 통해 학습자는 자신에게 가장 적합한 방식으로 학습을 진행할 수 있다.

적응형 학습을 구현하기 위해 강화 학습과 같은 기법이 자주 사용된다. 강화 학습은 환경 변화에 따른 보상 구조를 바탕으로 인공지능이 학습 방법을 지속적으로 최적화하도록 돕는 기술이다. 이를 통해 인공지능이 변화하는 조건에서도 최적의 성능을 유지하며 학습을 진행할 수 있다.

강건한 학습과 적응형 학습은 각각 데이터의 신뢰성과 환경 변화에 대한 대응 능력을 높이는 데 중점을 둔 기술로, 다양한 분야에서 인공지능의 활용 범위를 넓히고 있다.

최근 인공지능 기반 적응형 학습 시스템의 효과에 대한 메타분석으로 인공지능 기반 적응형 학습 시스템이 전통적 수업에 비해 교육적 효과가 높다는 연구 결과가 발표되었다. 특히 언어, 사회 · 과학, 컴퓨터공학, 수학 등 다양한 교과에서 효과가 확인되었으며, 대학교 수준에서의 효과가 가장 크게 나타났다[14]. 또 다른 예로 국내 인공지능 수학 학습 플랫폼의 적응형 학습 분석이 있다. 국내 인공지능 수학 학습 플랫폼들이 주로 지식 적응성에 집중하고 있으며, 정서와 동기 적응성, 메타인지 적응성에 대한 고려는 상대적으로 부족하다는 분석이 있었다. 이를 통해 다양한 적응 전략의 필요성이 제기[15]되고 있으며, 국내 대학에서는 인공지능을 활용한 적응형 학습 시

14) https://scienceon.kisti.re.kr/srch/selectPORSrchArticle.do?cn=DIKO0016805831

15) 이기마, 이유정, 김희정(2023), 국내 AI 수학 학습 플랫폼의 적응형 학습에 대한 분석. 한국학교수학회, 26(3), 245-268.

스템을 도입하여 학생들의 학습 성과를 향상시키기 위한 노력을 기울이고 있다. 특히, 교수자의 인식과 참여가 이러한 시스템의 성공적인 구현에 중요한 역할[16)]을 하고 있다.

이러한 연구들은 강건한 학습과 적응형 학습 분야에서의 지속적인 발전과 다양한 응용 가능성을 보여주고 있다. 결국 강건한 학습과 적응형 학습은 인공지능의 신뢰성과 유연성을 높여주며, 자율주행, 교육, 개인화 서비스 등 다양한 분야에서 활용되고 있다.

5.3 인공지능과 함께 하는 인간

1. '인간'세상에서 '인AI인'세상

미래에 인공지능과 함께하는 세상은 생활, 산업, 의료, 교육 등 다양한 분야에서 인공지능이 깊숙이 관여하여 우리의 일상과 사회가 근본적으로 변화하는 모습일 것이다. 분야별로 인공지능이 변화시킬 세상은 어떤 모습이 될지 알아보자.

① 스마트 홈과 개인화된 AI 비서

미래의 집은 인공지능이 사용자의 생활 패턴과 취향을 학습하여 최적화된 환경을 제공할 것이다. 예를 들어, 아침에는 인공지능이 자동으로 커피를 준비하고 창문 블라인드를 열어 햇빛이 들어오게 하고, 저녁이 되면 사용자가 좋아하는 음악을 틀며 조명을 조절해 편안한 분위기를 만든다. 개인화된 인공지능 비서는 스케줄을 관리하고, 필요한 정보나 뉴스를 요약해 전달하며, 건강 상태를 모니터링하여 미리 운동이

16) 신종호, 손정은(2021), 대학 교육에서 인공지능 기반 적응형 학습 구현을 위한 교수자 인식 및 요구분석, 한국디지털정책학회, 19(10), 39~48.

나 식단을 추천해 준다.

2013년 개봉한 'Her'라는 영화가 있다. 주요 내용은 '미래 배경에서 주인공이 지능적인 인공지능 운영 체제와 사랑에 빠지면서 펼쳐지는 이야기'이다. 이 영화는 인공지능 비서와 인간 사이의 감정적 유대와 개인화된 서비스의 가능성을 탐구한다. 그런데 10여년이 지난 지금 이와 같은 현실이 곧 도래할 것으로 보고 있다.

② 자율주행 차와 스마트 교통 시스템

미래 도시의 도로는 자율주행차가 표준이 되어 교통사고와 교통체증이 크게 줄어들 것이고, 인공지능이 교통 흐름을 실시간으로 분석하고, 자율주행차와 교통 신호를 조율하여 교통 효율을 극대화할 것이다. 예를 들어, 교차로에 진입하는 차량들이 서로 간격과 속도를 자동으로 조절해 원활한 흐름을 유지하며, 사고가 발생했을 때는 즉각적인 경고와 안전 대책이 적용될 것이다. 사람들은 스마트폰에서 목적지 입력만으로 자동으로 가장 빠르고 안전한 루트를 안내받으며 이동할 수 있다.

③ 의료 AI와 맞춤형 헬스케어

인공지능이 의료 데이터를 분석하여 개인 맞춤형 치료와 예방을 제공한다. 정기적인 건강검진에서 인공지능은 심박수, 혈압, 유전자 정보 등을 분석해 조기 질병 예측이 가능해지고, 예측된 위험에 따라 식단, 운동, 스트레스 관리 등의 권장사항을 개인에게 맞게 제시한다. 예를 들어, 암이나 심장 질환 같은 위험 요소가 발견되면 초기 단계에서 치료를 시작할 수 있어 사망률이 줄어들고, 만성 질환 관리도 인공지능이 도와줄 수 있을 것이다. 또한, 수술 보조 인공지능이나 원격진료 인공지능이 일반화되어, 어디서든 수준 높은 의료 혜택을 받을 수 있게 된다.

④ 교육 AI와 지능형 학습 시스템

인공지능은 학생의 학습 수준과 스타일을 분석하여 개별 맞춤형 학습 경로를 설계해 준다. 예를 들어, 인공지능 튜터가 학생이 어려워하는 개념을 바로 알아채고 보충 수업이나 연습 문제를 제안하여 학습 효율을 높인다. 또한, 학생들이 협력해야 하는 프로젝트에서는 인공지능이 팀 구성과 역할 분담을 조언하여 협력의 효율성을 높일 것이다. 이렇게 개인의 학습 필요에 맞춘 맞춤형 교육은 전 세계의 모든 학생들이 균등한 교육 기회를 받을 수 있게 한다.

⑤ 산업용 AI와 스마트 팩토리

산업 현장에서는 인공지능이 제조 공정과 물류를 자동으로 관리하며, 예측 유지 보수를 통해 생산성 향상과 비용 절감을 실현한다. 예를 들어, 인공지능이 장비의 상태를 실시간으로 모니터링하여 고장이 발생하기 전에 부품 교체를 추천하고, 작업자의 안전을 위해 위험 상황을 감지해 경고하는 기능을 제공한다. 스마트 팩토리에서는 모든 기계와 설비가 네트워크로 연결되어 최적화된 생산을 수행할 것이다.

⑥ 환경보호와 지속 가능한 발전

인공지능은 대규모 데이터 분석을 통해 환경보호를 지원한다. 예를 들어, 위성 데이터를 분석하여 기후 변화나 산림 파괴를 감지하고, 이를 통해 자연재해를 예측해 대응할 수 있다. 또한, 에너지 관리 시스템은 인공지능을 통해 전력 소비를 최적화하여 에너지 절감을 실현하고, 재생 에너지의 활용을 극대화한다. 인공지능은 도시 설계나 농업 생산량 증대에도 활용되며, 자원의 낭비를 줄이고 지속 가능한 발전을 촉진한다.

지금까지 소개한 다방면의 사례를 종합하여 인공지능과 함께하는 미래 세상을 상상해 보면 '사용자 맞춤형 환경, 자동화된 교통과 산업, 효율적인 의료 시스템, 맞춤형 교육, 환경보호'가 잘 어우러진 모습이 될 것이다. ChatGPT 4o에게 인공지능과 함께하는 세상을 그려보라고 한 결과 〈그림 5.10〉과 같다.

그림 5.10 DALL-E 인공지능과 함께하는 세상 묘사

자료: DALL-E, 명령 프롬프트: 앞으로의 미래는 인공지능과 함께하는 세상이라고 해. 이런 세상은 어떤 것인지 아주 상세하게 사례를 보여주면서 설명해 주고, 가능하다면 그림도 그려줘

2. 후두엽이 발달하는 인류

인공지능의 발전으로 인해 인간의 두뇌 사용 방식이 변화할 것이라는 의견[17]이 있다.

이광형 KAIST 총장은 인공지능 기술이 논리적 사고와 감성적 이해를 담당하는 전두엽과 측두엽의 기능을 약화시키는 대신, 시각 정보와 이미지 처리를 담당하는 후두엽을 발달시키는 방향으로 인간의 뇌에 영향을 줄 것이라고 주장한다. 그는 '향후 20~30년 동안 인공지능의 발전으로 인해 인간의 두뇌는 편리함을 추구하며, 시각 정보 소비를 담당하는 후두엽이 발달할 것'이라고 전망한다.

이 의견은 인공지능의 발전이 인간의 두뇌 사용 방식에 어떤 변화를 가져올지에 대한 흥미로운 가능성을 제시한다. 논리적 사고나 정보 분석 같은 기능은 인공지능이 점차 대체할 수 있지만, 인간은 여전히 직관적이고 감각적인 영역에 더 의존하게 될 가능성이 있다. 예를 들어, 인공지능이 정보 검색, 데이터 분석, 그리고 복잡한 계산을 수행한다면, 인간은 시각적 정보 처리에 더 많은 시간을 할애하게 될 것이다.

특히, 현대 사회에서 이미지와 비디오가 차지하는 비중이 점점 커지고, 인공지능이

17) 이광형(2024), AI 시대의 대한민국의 전략. 대한민국학술원.

이를 분석하고 해석하는 능력을 강화함에 따라, 인간도 시각적 처리와 관련된 능력을 더욱 활용할 가능성이 있다. 이는 〈그림 5.11〉과 같이 후두엽의 기능이 강화될 수 있음을 시사한다. 예를 들어, 인공지능을 활용해 이미지나 비디오를 통해 정보를 얻거나 문제를 해결하는 일이 증가하면, 후두엽이 관장하는 시각적 패턴 인식 능력이 발전할 가능성도 충분하다.

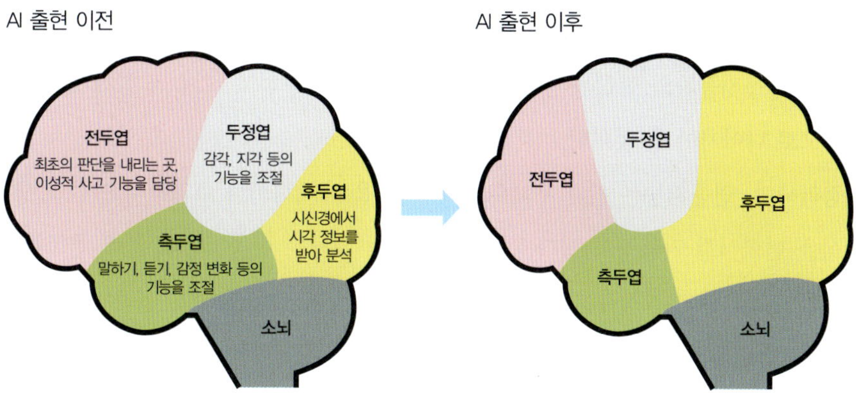

그림 5.11 인공지능 출현 이전과 이후의 뇌 활동량 변화

그러나 전두엽과 측두엽의 기능이 약화될 것이라는 견해에 대해서는 조심스러운 접근이 필요하다. 인공지능이 아무리 발전하더라도, 인간은 여전히 비판적 사고, 창의력, 감정적 이해 등의 능력을 요구하는 환경에서 살아갈 것이다. 이러한 기능은 단순히 인공지능에 의해 대체되기보다는 인공지능과 협력하며 새로운 방식으로 진화할 가능성이 높다.

예를 들어, 비판적 사고와 창의성은 인공지능이 처리하기 어려운 영역으로, 인간이 여전히 주도권을 가지는 분야다. 또한, 감정적 이해나 인간관계와 관련된 영역도 인공지능으로 완전히 대체할 수 없는 부분이다. 따라서 인간은 인공지능과의 협력을 통해 새로운 방식으로 사고력과 감정적 기능을 발달시킬 수 있다. 이는 전두엽과 측두엽의 기능이 기존 방식과는 다른 방향으로 강화될 가능성을 열어준다.

결국, 인공지능은 인간의 두뇌 기능 중 일부를 대체하거나 보완할 수 있지만, 인간의 두뇌가 특정 영역만 발달하거나 퇴화하지는 않을 것이다. 오히려 인공지능과 함께 진화하는 과정에서 두뇌의 다양한 영역이 새로운 방식으로 활용될 가능성이 크다.

미래의 인류는 '인공지능 없는 인류'가 아니라 '인공지능과 함께하는 인류'가 될 것이다. 이러한 변화 속에서 인공지능 기술에 대한 적응력은 사람마다 차이가 있을 것이며, 개인의 학습 능력과 환경에 따라 인공지능 활용 격차도 나타날 수 있다. 따라서 인간은 인공지능과의 협력을 통해 새로운 가능성을 탐구하고, 기술과 함께 발전하는 방향으로 나아가야 할 것이다.

정리하면, 인공지능은 인간 두뇌의 일부 기능을 대체하거나 보완하며 인간의 생활 방식을 변화시킬 가능성이 있다. 그러나 인간의 두뇌는 인공지능과 함께 진화하며, 전통적인 사고력과 감정적 기능 역시 중요한 역할을 유지할 것이다. 인공지능과의 공존은 인간의 두뇌를 특정 영역으로 국한시키기보다는, 전체적인 진화와 변화를 이끄는 원동력이 될 것이다.

3. 21세기 위기[18)]

21세기 사회에서 인공지능과 디지털 기술의 급속한 발전은 새로운 격차와 위기를 가져올 가능성이 있다. 특히, 디지털 디바이드, AI 디바이드, 브레인 디바이드라는 세 가지 주요 격차가 동시에 존재할 수 있다는 점에서 주목할 필요가 있다. 이 격차들은 서로 유기적으로 연결되어 있으며, 디지털 기술과 인공지능의 발전은 인간의 인지능력과 뇌의 변화와도 깊은 연관이 있다.

먼저, 디지털디바이드(Digital divide)이다. 디지털 디바이드는 정보통신 기술에 대한 접근성에 따라 발생하는 격차를 의미한다. 예를 들어, 인터넷, 스마트폰, 컴퓨터

18) 본 내용은 KAIST 이광형 총재의 AI 시대의 대한민국 전략의 일부를 요약한 것임을 밝힌다.

같은 디지털 기기를 쉽게 이용할 수 있는 사람과 그렇지 못한 사람 간의 차이가 여기에 해당한다. 이러한 격차는 교육, 경제적 기회, 사회적 정보 접근 등 다양한 분야에 영향을 미친다. 디지털 접근성이 낮은 사람들은 기술 발전의 혜택을 제대로 누리지 못하고, 오히려 더 큰 사회적 불평등에 직면할 가능성이 있다. 이 격차를 줄이기 위해서는 모두가 공평하게 디지털 기술을 활용할 수 있는 환경을 조성해야 한다. 이를 위해 디지털 접근성을 높이고, 기술 교육을 강화하는 것이 중요하다. 예를 들어, 저소득층이나 낙후된 지역에도 인터넷과 디지털 기기를 보급하고, 이를 활용하는 방법을 교육함으로써 디지털 디바이드를 해소할 수 있다. 이러한 노력은 인공지능 민주화와도 유사한 개념으로, 기술을 누구나 쉽게 접근하고 사용할 수 있게 만드는 것이 핵심이다.

다음으로, AI 디바이드(AI Divide)이다. AI 디바이드는 인공지능 기술에 대한 접근성과 활용성의 차이로 인해 발생하는 격차를 말한다. 인공지능 기술이 빠르게 발전하고 있지만, 이를 쉽게 활용할 수 있는 기업이나 개인은 막대한 이익을 얻는 반면, 그렇지 못한 사람들은 뒤처질 위험이 크다.

이 격차는 개인과 기업뿐만 아니라 국가 간에도 나타날 수 있다. 인공지능 기술을 효율적으로 활용할 수 있는 국가나 지역은 더 많은 부와 영향력을 누릴 가능성이 높지만, 기술에 접근하기 어려운 국가나 지역은 경제적으로나 사회적으로 더 뒤처질 수 있다. 이를 해결하기 위해서는 인공지능 기술의 접근성을 높이고, 교육 및 정책적 지원을 강화해야 한다.

예를 들어, 인공지능 기술을 기반으로 한 자동화 시스템이나 데이터 분석 도구를 중소기업이나 개인도 쉽게 활용할 수 있도록 도와주는 프로그램을 개발하는 것이 한 가지 해결책이 될 수 있다. 또한, 국가 간 기술 격차를 줄이기 위해 국제적인 협력과 기술 공유가 필요하다.

끝으로, 브레인 디바이드(Brain Divide)이다. 브레인 디바이드는 인간의 인지 능력과 두뇌 발달 차이로 인해 발생하는 격차를 의미한다. 디지털 기술과 인공지능의 발전으로 인간의 인지적 역할이 점차 기계로 대체되거나 보완되는 상황이 나타나고 있다. 특히, 고도의 지적 능력이 필요한 영역과 그렇지 않은 영역 간의 격차가 생기며, 이는 직업 기회와 사회적 지위에도 영향을 미칠 수 있다. 예를 들어, 인공지능과 협력하며 고차원적 문제를 해결할 수 있는 사람과 그렇지 못한 사람 사이의 격차는 시간이 지날수록 커질 가능성이 크다. 브레인 디바이드를 해소하기 위해서는 새로운 기술에 적응하고, AI와 협력할 수 있는 인재를 양성해야 한다. 이를 위해 교육 시스템을 변화시키고, 기술적 교육과 인공지능 활용 능력을 강화하는 노력이 필요하다.

또한 21세기에는 인공지능의 발전으로 인한 세 가지 주요 공포가 존재할 것이다. 인공지능 발전이 가져온 긍정적인 가능성 외에도, 몇 가지 사회적 공포가 존재한다.

먼저, 일자리 공포이다. 인공지능과 자동화 기술의 발전은 인간의 일자리를 대체할 가능성을 높이고 있다. 특히, 반복적이고 단순한 업무에 종사하는 직업은 인공지능에 의해 대체될 위험이 크다. 이는 경제적 안정성에 부정적인 영향을 미칠 수 있으며, 일자리 공포를 야기한다. 이 문제를 해결하기 위해서는 인공지능과 공존할 수 있는 새로운 일자리를 창출하고, 직업 교육을 강화하는 것이 중요하다. 예를 들어, 인공지능 기술을 관리하거나 이를 활용한 창의적인 업무를 수행할 수 있는 직업이 늘어나도록 정책적 노력을 기울여야 한다.

다음으로, 지배 공포이다. 인공지능 기술이 인간의 능력을 뛰어넘고, 통제권을 상실할 수 있다는 두려움도 존재한다. 초인공지능의 등장과 관련된 특이점(Singularity)은 인공지능이 인간의 의사 결정권을 위협할 가능성을 제기한다. 이를 방지하기 위해서는 인공지능 윤리와 관련된 규제를 마련하고, 인간 중심의 인공지능 개발을 보장해야 한다. 인공지능의 행동을 예측하고 통제할 수 있는 안전장치를 도입하는 것도 중요하다.

끝으로, 정신 붕괴의 공포이다. 인공지능과 디지털 기술이 인간의 심리적, 정서적 상호작용을 줄이고 고립감을 유발할 수 있다는 점도 우려된다. 지나치게 기계에 의존하는 생활은 인간의 심리적 안녕에 부정적인 영향을 미칠 수 있다. 이 문제를 해결하기 위해 인간 중심의 기술 활용 방식을 마련하고, 심리적 지원 체계를 구축하는 것이 필요하다. 예를 들어, 인공지능 기술이 사람들 간의 소통을 증진하는 방향으로 활용될 수 있도록 설계하는 것이 중요하다. 인공지능과 디지털 기술의 빠른 발전은 인간의 삶에 많은 변화를 가져오고 있다. 그러나 이러한 변화가 사회적 불평등과 격차를 심화시키지 않도록 하기 위해서는 디지털 접근성을 높이고, 인공지능과의 공존 방안을 마련하며, 인간의 권리와 안전을 보장할 수 있는 기준을 마련해야 한다.

정리하자면, 디지털 디바이드, AI 디바이드, 브레인 디바이드라는 세 가지 주요 격차는 인공지능 시대의 중요한 도전 과제다. 이를 해결하기 위해서는 기술 교육, 정책적 지원, 윤리적 규제 등 다각적인 노력이 필요하다. 인공지능과 디지털 기술은 인간의 삶을 풍요롭게 만들 수 있는 잠재력을 가지고 있으나, 이러한 가능성을 실현하려면 인간 중심의 접근 방식이 필수적이다.

5.4 인공지능 발달에 따른 마주할 과제

지금까지 인류와 함께(with)하는 인공지능 측면에서 다양한 미래 사회 모습을 살펴보았다. 이번 절은 인공지능과 협업하는 인류에게 닥칠 수 있는 인공지능의 발달에 따른 마주할 과제를 알아본다.

1. 인공지능 연산으로 발생하는 엄청난 열과 막대한 에너지 소모

대규모 인공지능 모델의 학습과 추론에는 매우 많은 연산이 필요하여 막대한 에너지가 소모되고, 그로 인해 발생하는 열 관리가 중요한 문제로 떠오르고 있다. 이를 해결하기 위해 다양한 에너지 절감 기술과 냉각 기술이 개발되고 있지만, 인공지능 모델이 확장됨에 따라 에너지 소비와 환경 부담은 계속 증가하고 있다.

예를 들어, GPT-3는 1,750억 개의 매개변수를 가진 대규모 언어 모델로, 이를 학습시키는 데 막대한 연산 자원이 필요하다. OpenAI와 Microsoft는 이 모델을 학습시키기 위해 수천 개의 GPU를 사용했으며, 이 과정에서 엄청난 전력 소모와 열 방출이 발생했다.

GPT-3를 한 번 학습하는 데에는 수십 기가 와트시(GWh)에 달하는 전력이 필요하다. 이는 수천 가구가 한 달 동안 사용하는 전력량에 해당한다. 앞서 언급된 바와 같이, ChatGPT의 하루 쿼리량을 처리하는 데 필요한 전력은 약 33,000가구의 미국 주택을 가동할 수 있는 수준으로 추정된다. 또한, 대규모 인공지능 모델 학습 과정에서 발생하는 탄소 배출량도 상당하다. 추정에 따르면, GPT-3를 한 번 학습하는 동안 배출되는 탄소량은 약 500톤 이상으로, 이는 중형 차량이 1년 동안 배출하는 탄소의 수십 배에 달한다.

딥마인드가 개발한 알파고는 바둑 대국에서 인간 최고수를 이기기 위해 설계된 인공지능 모델로, 이를 학습시키기 위해 막대한 연산 자원과 에너지가 필요했다. 후속 모델인 알파제로는 스스로 바둑, 체스, 쇼기 등 여러 게임을 학습하며 인간을 뛰어넘는 성능을 보여주었다.

알파고와 알파제로의 학습 과정은 클라우드 서버에 연결된 수백 개의 GPU와 TPU(텐서 처리 장치)를 통해 이루어졌다. 이 과정에서 수십 메가와트의 전력이 소모되었으며, 발생하는 열을 관리하기 위해 딥마인드는 고성능 냉각 시스템을 도입하여 서버의 온도를 지속적으로 유지했다.

자율주행 차에 탑재되는 인공지능 모델은 도로 상황, 차량 위치, 보행자 인식 등 다양한 데이터를 실시간으로 처리해야 하므로 복잡한 연산이 필수적이다. 이 모델을 학습하기 위해서는 대규모 데이터 셋과 막대한 연산 능력이 필요하며, 그 과정에서 많은 에너지가 소모된다.

자율주행 인공지능 모델을 학습시키는 데에는 수십에서 수백 킬로와트시(kWh)의 전력이 필요하며, 대규모 GPU 클러스터를 이용해 수개월 이상 학습해야 할 정도의 자원이 요구된다. 테슬라와 구글 웨이모 같은 자율주행 차 기업들은 연산 장비의 발열을 줄이고 서버 온도를 유지하기 위해 냉각 시스템을 사용하고 있으며, 이로 인해 추가적인 에너지가 소비되고 있다.

DALL-E, Stable Diffusion, Midjourney 같은 이미지 생성 모델도 대규모 데이터셋을 학습하며 막대한 에너지를 소비한다. 예를 들어, Stable Diffusion은 수백만 장의 이미지 데이터 셋을 학습하는 과정에서 수천 시간에 걸쳐 연산을 수행한다. 이러한 이미지 생성 모델은 복잡한 연산을 반복적으로 수행해야 하므로 GPU 클러스터를 장시간 사용하며, 이로 인해 많은 열이 발생한다. 이 열을 관리하기 위해 냉각 시스템이 필수적이며, 이러한 시스템을 유지하는 데 추가적인 에너지가 소모된다.

인공지능의 발전은 엄청난 연산량과 이에 따른 열 및 에너지 소모를 동반한다. 이는 기술 발전의 필연적인 결과로, 인류가 앞으로 해결해야 할 중요한 과제로 남아 있다. 에너지 효율적인 연산 기술과 냉각 기술을 개발하고, 지속 가능한 인공지능 사용 방안을 모색하는 것이 필수적이다. 인공지능 기술이 인류에게 많은 이점을 제공하고 있지만, 환경 부담을 줄이고 지속 가능한 발전을 도모하기 위해서는 기술적 혁신과 환경적 고려가 함께 이루어져야 한다.

2. 지속 가능한 인공지능

인공지능 기술의 급격한 성장으로 인해 모델 훈련과 운영에 필요한 에너지 소비가 크게 증가하고 있다. 특히 대규모 언어 모델(LLM)이나 생성형 AI 모델은 방대한 연산량을 필요로 하며, 이로 인해 많은 에너지를 소비하게 된다. 이러한 에너지 소비는 탄소 배출로 이어져 환경에 부정적인 영향을 미치며, 지속 가능한 인공지능(Sustainable AI) 개발의 필요성을 더욱 강조하고 있다. 지속 가능한 인공지능은 인공지능 기술의 발전과 환경보호를 동시에 달성하기 위해 등장한 개념이다.

앞으로는 에너지 효율을 고려한 인공지능 모델이 점점 더 중요해질 것이다. 환경친화적인 인공지능 학습 기반과 저 전력 연산 기술이 인공지능 발전의 새로운 패러다임으로 자리 잡을 전망이다. 과거에는 인공지능 연구가 성능, 즉 정확도를 중심으로 이루어졌다면, 이제는 효율성에 초점을 맞춘 연구로 방향을 전환하고 있다. 또한, 지속가능한 AI를 위해 국제적인 규제와 표준화가 이루어질 가능성도 높다. 인공지능 연구는 앞으로 성능 향상뿐만 아니라 환경에 미치는 영향을 최소화하고 에너지를 효율적으로 사용하는 방향으로 발전할 것이다.

이런 지속 가능한 인공지능은 환경적 영향 감소와 에너지 효율성 극대화라는 두 가지 중요한 목표를 가지고 있다.

첫째 환경적 영향 감소이다. AI 기술이 발전할수록 대규모 모델 훈련과 운영에서 발생하는 탄소 배출량이 증가한다. 이는 기후 변화와 같은 환경 문제를 악화시킬 수 있다. 지속 가능한 AI를 통해 에너지 소비를 줄이고 탄소 배출을 감소시킴으로써 기후 변화 완화에 직접적인 기여를 할 수 있다.

둘째 에너지 효율성 극대화이다. 인공지능 모델 학습과 운영에 필요한 에너지를 줄이면, 환경보호뿐만 아니라 경제적으로도 이점이 크다. 에너지 효율이 높은 인공지능 모델은 클라우드 서비스와 데이터센터의 운영비용을 줄이고, 인공지능 기술을 장기적으로 지속 가능하게 만든다.

예를 들어, 에너지 절감형 인공지능 모델은 데이터센터 유지비용을 절감하면서도 높은 성능을 유지할 수 있다. 이는 기업과 연구기관이 사회적 책임을 다하며, 친환경적인 이미지를 구축하는 데도 긍정적인 영향을 미친다.

이제 지속 가능한 인공지능을 위한 기술을 살펴보자.

TPU(텐서 프로세싱 유닛)은 구글은 데이터센터에서 인공지능 훈련을 위해 TPU라는 맞춤형 하드웨어를 개발했다. TPU는 기존 GPU 대비 연산 효율을 높여 에너지 소비를 줄이는 데 기여하고 있다.

Edge AI는 로컬 기기에서 인공지능 모델을 실행하는 기술로, 데이터 전송과 클라우드 연산을 줄여 에너지를 절약한다. 예를 들어, 스마트폰에 탑재된 인공지능 칩은 클라우드 서버에 비해 훨씬 적은 에너지를 사용하면서도 인공지능 기능을 제공한다.

'지속 가능한 알고리즘 및 모델 경량화'는 대형 인공지능 모델의 파라미터 수를 줄여 연산 비용을 절감하는 모델 경량화 기술도 중요하다. 대표적인 기법으로는 지식 증류(Knowledge Distillation), 모델 프루닝(Pruning), 양자화(Quantization)가 있다. 이러한 기술을 통해 경량화된 모델은 적은 연산으로도 높은 성능을 유지할 수 있다.

스파스 학습(sparse learning)은 전체 데이터를 사용하는 대신 중요한 데이터만 선택적으로 활용해 모델을 학습하는 방법이다. 이 기법은 불필요한 연산을 줄여 에너지 소비를 크게 감소시킬 수 있다.

그린 AI(Green AI)는 에너지 효율성과 성능의 균형을 목표로 하는 연구이다. 인공지능 개발 과정에서 에너지 소비를 최소화하는 기술을 개발하며, 학습에 필요한 자원을 줄이면서도 높은 성능을 유지하는 알고리즘을 목표로 한다. MIT와 프린스턴 등 여러 연구기관은 인공지능 학습의 에너지 최적화를 연구 중이며, 지속 가능한 알고리즘 개발에 힘쓰고 있다.

결국 지속 가능한 인공지능은 인공지능 기술 발전의 필수적인 방향이다. 에너지 효율성을 고려한 기술 개발은 환경보호와 경제적 비용 절감이라는 두 가지 목표를 달성할 수 있다. 앞으로 인공지능 연구는 성능 향상뿐만 아니라 환경적 영향을 최소화하는 데 초점을 맞추어야 한다. 기업과 연구기관이 지속 가능한 인공지능을 실현하기 위해 노력한다면, 인공지능 기술은 환경과 조화를 이루며 인류에게 더욱 유익한 방향으로 발전할 수 있을 것이다.

3. 지속 가능한 인공지능의 분야별 활용

지속 가능한 인공지능은 '환경적 영향 감소'와 '에너지 효율성 극대화'에 목적을 두고 있다. 이런 목적을 달성하기 위한 분야별 활용을 살펴보면 다음과 같다.

① 에너지 분야

스마트 그리드(smart grid) 에너지 생산과 소비를 실시간으로 모니터링하고 최적화하여 불필요한 에너지 낭비를 줄일 수 있으며, 전기 사용량이 많은 시간대에는 태양광 발전으로 생산된 전기를 우선적으로 공급하여 화력 발전소의 가동을 줄인다. 또한 에너지 효율화 모델링 인공지능을 통해 건물, 공장, 도시 등의 에너지 사용을 예측하고 최적화함으로써 에너지 소비를 절감할 수 있다.

② 농업

인공지능 기반으로 작물 생장, 수확 시기, 기상 예측을 정확히 분석하여 물, 비료, 에너지를 효율적으로 사용하도록 하며, 농업용 드론이나 로봇이 작물 상태를 모니터링하고 병충해 방제를 효율적으로 수행해, 자원을 절약하고 환경에 미치는 영향을 줄인다.

③ 교통

효율적인 경로를 통해 연료 소비와 배기가스를 줄이고, 교통 혼잡 완화에 기여할 수 있다. 또한 인공지능을 통해 교통 흐름을 최적화하여 차량 혼잡을 줄이고 에너지를 절약할 수 있다.

④ 헬스케어

효율적인 인공지능 시스템을 통해 방대한 의료 데이터를 분석하고 필요한 경우만 연산하는 스파스 학습 등의 방법으로 에너지를 절감할 수 있다. 인공지능 기반 원격 진료로 불필요한 이동을 줄여 환경보호에 기여하고, 의료 접근성을 높인다.

⑤ 환경 모니터링

인공지능을 활용해 기후 변화 데이터를 효율적으로 분석하고, 에너지 절약 기술을 통해 연구 환경의 에너지 소비를 줄이고, 인공지능 기반 감지기를 활용해 재활용 가능 자원을 분류하고, 효율적인 자원 관리로 자원 낭비를 줄인다.

⑥ 디지털 아트와 미디어

예술 창작에 인공지능을 사용하는 과정에서 전력 효율성이 높은 모델을 사용하여 창작 과정의 에너지 소비를 줄일 수 있다. 효율적인 추천 알고리즘을 통해 연산 부하를 줄이고, 전력 소비를 최소화하는 콘텐츠 제공이 가능해 진다.

이처럼 지속 가능한 인공지능은 다양한 산업에서 에너지를 절감하고 환경적 영향을 줄이며 동시에 기술의 장점을 최대한 살릴 수 있는 방향으로 발전할 수 있다.

⑦ AI의 영향에 따른 윤리와 규제

아이작 아시모프의 SF 단편 소설 모음집《나는 로봇》이 원작이고 윌 스미스가 주연한 2004년 'I, Robot'은 인간과 인공지능 로봇이 공존하는 사회를 배경으로, 인공지능과 로봇이 우리 삶의 필수적인 존재로 자리 잡으면서 생기는 문제를 다루고, 인공지능의 자율성과 윤리성, 인간과의 관계 등 다양한 주제를 탐구한다. 그리고 2014년 개봉한 'Ex Machina'는 인공지능 로봇과의 복잡한 상호작용을 중심으로, 인공지능이 사람과 유사한 감정을 표현할 수 있는지를 탐구하는 영화이다. 인공지능의 윤리적 문제와 인간과 인공지능의 관계에 대한 흥미로운 시각을 제시한다.

이처럼 인공지능의 발전은 개인정보 보호 문제 등 사회적, 윤리적 도전 과제를 동반한다. 그러나 이러한 문제들은 인공지능 기술의 발전을 멈추기보다는, 적절한 규제와 윤리적 기준을 통해 해결하려는 노력이 필요하다. 인공지능이 이미 사회 구조의 일부로 깊이 자리 잡았음을 의미하며, 인공지능이 없는 미래를 상상하기 어렵게 만든다.

2024년은 인공지능 규제를 둘러싼 세계 각국의 움직임이 본격화된 해로, 인공지능 기술이 일상과 산업에 점점 더 깊이 스며들면서 이에 대한 법적 · 윤리적 규제가 필요해졌다. 이러한 가운데 EU(유럽연합)는 세계 최초로 포괄적인 AI 규제법인 'AI Act'를 통과[19]시켜 큰 주목을 받았다. 이 법안은 인공지능의 발전을 촉진하는 동시에 개발자와 사용자의 권리를 보호하려는 조정 계획을 담고 있다. EU는 이 법안을 통해 인공지능 혁신을 위한 지원 정책과 규제 체계를 동시에 구축하여, 기술의 잠재력을 극대화하면서도 부작용을 최소화하려는 선제적인 접근 방식을 취하고 있다. EU의 이러한 선도적인 행보에 따라 미국, 중국, 일본, 영국을 비롯한 주요 국가들도 인공지능에 관한 규범을 마련하는 속도를 높이기 시작했다. 각국은 인공지능의 혜택을 최대로 누리면서도 기술 남용이나 사회적 부작용을 방지할 수 있는 균형 잡힌 규제 방안을 마련하기 위해 노력하고 있으며, 이는 앞으로 인공지능 기술의 윤리적이고 안전한 활용을 위한 중요한 기반이 될 것이다.

AI Act는 인공지능의 위험성을 평가하고 이를 관리할 수 있는 명확한 기준과 절차를 제시하여, 기술의 혁신을 촉진하면서도 부작용을 예방하려는 EU의 선도적인 접근 방식을 담고 있다. 주요 내용은 「위험기반 접근, 투명성 및 설명 가능성, 데이터 관리 및 개인정보 보호, 감독 및 책임 체계, 인공지능 혁신 촉진 패키지, 국제 협력과 표준화」이다.

⑧ 위험 기반 접근

AI Act는 인공지능 시스템을 위험 수준에 따라 4단계(금지, 고위험, 제한적, 최소위험)로 분류하여 규제 강도를 차별화하고 있다. 이를 통해 기술의 위험도와 활용 영역에 따라 유연하게 대응할 수 있다.

---

19) 11월부터 EU 27개 회원국에서 실시간 안면 인식을 한 뒤, 프로파일링하는 등의 인권 침해적 요소를 지닌 AI 서비스가 모두 금지된다. 내년에 인간 수준의 사고력을 지닌 범용인공지능(AGI, Artificial General Intelligence)에 대한 규제도 시행. https://artificialintelligenceact.eu

- 금지 위험(Unacceptable Risk): 부적절한 위험을 가진 인공지능 시스템은 사용이 금지된다. 예를 들어, 실시간 생체 감지, 인간 행동 조작, 사회적 점수 시스템 등으로 개인의 권리를 침해하거나 사회적 불안을 조장할 가능성이 있는 인공지능 기술이 이에 해당한다.
- 고위험(High-Risk): 의료, 교육, 금융, 취업 등 사람의 건강과 삶에 큰 영향을 미치는 AI는 고위험으로 분류된다. 이러한 인공지능 시스템은 투명한 데이터 관리와 안전성 평가, 적법성 준수 등의 엄격한 조건을 충족해야 한다.
- 제한적 위험(Limited Risk): 중간 위험에 속하는 인공지능 시스템은 기본적인 투명성 기준을 따르도록 요구된다. 예를 들어, 인공지능 챗봇을 사용할 때 사용자가 인공지능과 대화함을 인지하도록 알리는 것이 포함된다.
- 최소 위험(Minimal Risk): 위험성이 거의 없는 인공지능 시스템은 별다른 규제가 적용되지 않는다. 예를 들어, 소셜 미디어의 자동화된 댓글 필터링 등 일상적인 인공지능 서비스가 여기에 포함된다.

⑨ 투명성 및 설명 가능성

AI Act는 고위험 및 제한적 위험에 속하는 인공지능 시스템에 대해 투명성과 설명 가능성을 필수 요건으로 규정한다. 이는 사용자가 인공지능 시스템의 작동 방식과 결정 과정을 이해할 수 있도록 돕기 위한 조치이다. 알림 의무는 사용자가 AI와 상호작용 중임을 알 수 있도록 하여, 인공지능의 영향을 인지하고 필요한 경우 선택할 수 있는 권리를 보장하며, 설명 가능한 결정 과정은 고위험 인공지능 시스템의 경우, 인공지능의 결정이 어떻게 내려졌는지에 대한 정보를 제공할 수 있어야 하고, 예측 가능성과 해석 가능성이 중요한 요건으로 포함된다.

⑩ 데이터 관리 및 개인정보 보호

AI Act는 인공지능의 학습과 예측에 사용되는 데이터에 대해 엄격한 데이터 관리 기준을 제시한다. 인공지능 시스템이 안전하고 신뢰성 있게 작동하기 위해, 데이터의 품질과 공정성, 정확성이 중요하다고 보고 있다. 인공지능 시스템의 훈련에 사용되는 데이터는 편향성을 최소화하고, 특정 그룹에 대한 차별을 방지할 수 있도록 공정하게 구성되어야 하며, AI Act는 개인정보 보호법(GDPR)과의 연계를 통해 인공지능 시스템이 개인정보를 수집 · 처리할 때 적법성을 유지하도록 요구한다.

⑪ 감독 및 책임 체계

AI Act는 인공지능 시스템의 개발과 활용 과정에서의 책임을 명확히 하고, 이를 감독할 수 있는 체계를 마련했다. 각국의 정부와 규제 기관이 AI Act의 준수를 감시하며, 위반 시에는 엄격한 처벌이 따른다. 각국은 AI Act의 시행을 감독할 국가 기구를 설립하며, 이 기구는 인공지능 시스템의 인증, 평가, 관리 역할을 수행한다. 인공지능 규제 위반 시 상당한 벌금을 부과하여 규제의 실효성을 높였다. 특히 고위험 인공지능 시스템이 규정을 위반할 경우, 기업 매출의 일정 비율을 벌금으로 부과하여 강력한 법적 억제력을 가진다.

⑫ AI 혁신 촉진 패키지

AI Act는 규제와 함께 인공지능 연구 · 개발을 장려하기 위한 인공지능 혁신 촉진 패키지도 포함하고 있다. 이는 기술 혁신과 규제의 균형을 맞추기 위해 마련된 지원책이다. 혁신적인 인공지능 기술을 시험할 수 있도록 규제 샌드박스를 제공하여, 기업이 규제의 부담을 덜고 인공지능 개발을 자유롭게 시도할 수 있게 한다. AI 스타트업이나 중소기업이 규제 요건을 준수하는 데 어려움이 없도록 다양한 지원책과 예산을 마련하여, 혁신적인 기술이 성장할 수 있도록 돕는다.

⑬ 국제 협력과 표준화

EU는 AI Act를 기반으로 국제적인 인공지능 규제 표준화를 추진하고 있다. 이는 글로벌 인공지능 윤리와 안전 기준을 마련하기 위한 노력을 담고 있다. AI Act의 원칙을 바탕으로 다른 국가들과 협력하여 글로벌 인공지능 규제를 마련하고, 기술 개발과 윤리 기준을 통합하기 위한 협력 체계를 구축한다. 인공지능의 국제 표준화를 통해 다양한 국가에서 인공지능의 안전하고 신뢰성 있는 활용을 보장할 수 있도록 돕는다.

이처럼 AI Act는 인공지능 기술의 위험성 관리와 윤리적 사용을 보장하면서도 혁신을 촉진하기 위한 포괄적이고 균형 잡힌 법안으로 평가된다. EU는 AI Act를 통해 기술 발전과 규제 사이의 균형을 이루고, 안전하고 지속 가능한 인공지능 환경을 조성하고자 하며, 이는 다른 국가에도 인공지능 규제의 새로운 표준을 제시할 수 있을 것으로 보인다.

결국, AI Act에서도 알 수 있듯이 인공지능은 현대 사회의 필수적인 요소로 자리매김하고 있으며, 그 발전과 영향력은 되돌리기 어려운 수준에 이르렀다.

끝으로, 필자는 인공지능 없는 미래를 상상하는 것은 현실적으로 불가능에 가깝다고 할 수 있으나, 보다 안전하게 사용하는 인류 with 인공지능(AI)이 되기를 기원한다.

4. 안전한 인공지능 발전을 위한 한국의 노력

한국은 인공지능 기술 발전 속도가 빠르며, 의료, 금융, 제조, 공공 서비스 등 다양한 분야에 인공지능이 이미 광범위하게 적용되고 있다. 현재 인공지능 활용도가 높아지고 있음에도, 관련법과 규제는 아직 초기 단계에 있다. EU의 'AI Act'를 참고하여 인공지능 기술의 안전하고 신뢰성 있는 활용을 보장하기 위해, 한국이 준비할 법안은 다음과 같은 요소를 고려할 수 있다.

① 위험 기반 접근을 통한 규제의 유연성

한국도 AI Act처럼 위험 수준에 따라 인공지능 기술을 분류하고, 위험도가 높은 인공지능에만 엄격한 규제를 적용하는 방식을 도입할 필요가 있을 것이다. 최근 Deepfake 피해 대상자가 한국인이 높다는 기사[20]를 참고할 때 우리나라는 이것이 시급하다고 본다. 딥페이크 기술이 한국에서 심각한 사회적 문제로 대두되고 있음을 보여주며, 이에 대한 적극적인 대응과 피해자 보호 조치가 필요함을 강조하고 있다.

그리고 의료 진단, 금융 거래, 법적 판단 등 인간의 삶과 직접 연결된 고위험 분야에 우선적으로 강력한 규제를 도입하는 것이 중요하다. 한국의 인공지능 의료 진단 시스템의 경우, 오진으로 인한 환자의 피해를 줄이기 위해 엄격한 안전성 기준과 설명 가능성 요구 사항을 적용할 수 있다.

② 데이터 관리와 개인정보 보호 강화

한국은 이미 개인정보 보호법과 데이터 3법을 통해 데이터 관리 기준을 가지고 있지만, 인공지능 모델의 학습 데이터는 기존의 데이터보다 더 민감하게 다뤄질 필요가 있다. 인공지능 학습 데이터의 공정성, 정확성, 비차별성을 보장하여 특정 그룹이나 개인에 대한 편향과 차별을 방지하고, 개인정보 보호법(GDPR)과 연계하여 인공지능 데이터 관리와 사용자 정보 보호에 집중해야 한다.

③ 투명성과 설명 가능성 요구

고위험 인공지능은 사용자에게 인공지능 작동 방식을 이해할 수 있도록 설명할 의무가 필요하다. 인공지능이 내리는 결정의 근거와 과정에 대한 정보 제공이 필수이

---

20) 최근 딥페이크(Deepfake) 기술로 인한 피해 사례에서 한국인이 높은 비율을 차지한다는 보도가 있었다. 미국의 사이버 보안 업체인 '시큐리티 히어로'가 발표한 '2023 딥페이크 현황' 보고서에 따르면, 딥페이크 성 착취물에 등장하는 인물 중 53%가 한국인으로 나타났다. 이는 전 세계에서 가장 높은 비율로, 한국이 딥페이크 성 착취물에 가장 취약한 국가임을 시사한다.
(연합뉴스), https://www.yna.co.kr/view/AKR20240829168100009
또한, 해당 보고서에서는 딥페이크 성 착취물의 최다 표적이 된 개인 10명 중 8명이 한국인 가수였으며, 가장 큰 피해를 본 한국인 가수는 1,595건의 딥페이크 성 착취물에 등장하고 총조회수는 561만 회에 달했다고 밝혔다.
(KBS 뉴스), https://news.kbs.co.kr/news/pc/view/view.do?ncd=8047148

며, 특히 의료, 금융 분야와 같이 사용자가 인공지능의 판단을 신뢰해야 하는 영역에서는 더욱 필요할 것으로 보인다. 예를 들어, 인공지능을 통한 신용평가가 이루어질 때, 평가 기준에 대한 설명을 사용자에게 제공함으로써, 사용자가 자신의 신용 등급이 어떻게 산출되었는지를 이해할 수 있게 해야 한다.

④ 책임 체계 확립과 감독 기구 설치

한국은 인공지능 기술의 사용과 오작동에 따른 책임 체계를 명확히 규정해야 하며, 위반 시에 강력한 처벌 조항을 마련할 필요가 있다. 인공지능 개발사, 공급사, 사용자 간의 책임을 명확히 하고, 인공지능으로 인해 발생한 사고나 피해에 대해 신속한 보상과 개선 조치를 취할 수 있는 방안을 법안에 포함해야 한다. 또한 인공지능 규제 기구를 설치하여 인공지능 모델의 인증과 평가를 감독하고, 고위험 AI의 관리와 승인 절차를 담당하도록 하는 것도 필요하다.

⑤ AI 혁신 촉진 패키지

규제는 강화하되, AI 혁신을 지원하는 조치를 병행하여 규제와 혁신의 균형을 유지하는 것이 중요한 부분이다. 이를 위해 인공지능 스타트업과 중소기업에 규제 샌드박스를 제공하여, 초기 인공지능 기술 개발을 자유롭게 시도할 수 있도록 하고, 일정 기준의 윤리와 안전성을 만족한 기업에는 지원을 제공하는 패키지를 마련할 수 있다. 예를 들어, 인공지능 기술을 개발하는 국내 중소기업에는 규제 준수 지원금, 테스트베드 제공 등의 혜택을 통해 규제에 대한 부담을 줄이고, 혁신을 독려할 수 있다.

⑥ 국제 표준화 및 협력 강화

인공지능은 글로벌 기술이므로, 한국은 국제적으로 통용될 수 있는 규제와 윤리 기준을 마련하고, 다른 국가들과 협력해 국제 표준을 맞추는 것이 중요하다. 특히, 유럽의 AI Act, 미국의 AI Bill of Rights[21)] 등의 규범을 참고하여 국제적인 합의에 기여하고 한국의 인공지능 기술이 해외에서도 통용될 수 있는 환경을 조성해야 한다.

⑦ 윤리적 AI 개발 및 교육 의무

인공지능 연구와 개발 과정에서 윤리적인 인공지능 사용을 고려하도록 하는 교육과 인증 의무화가 시급하다. 개발자와 인공지능 활용자는 인공지능의 윤리적 문제, 데이터 편향, 개인정보 보호에 대해 교육받고 이해해야 하며, 이러한 요소를 의무적으로 적용하여 신뢰할 수 있는 AI 환경을 구축할 필요가 있다. 인공지능 개발자가 인공지능 윤리 인증을 받는 등의 제도를 도입하여, 한국의 인공지능 산업이 신뢰성과 안전성을 갖춘 기술로 성장할 수 있도록 해야 한다.

이러한 법안들은 인공지능 기술의 발전 속도를 고려하면서도, 인공지능의 신뢰성과 안전성을 보장하는 데 중점을 두어야 한다. 한국의 인공지능 산업이 국제무대에서도 경쟁력을 가지면서 안전하게 발전해 나갈 수 있도록, 법적 체계와 지원을 갖추는 것이 시급하고 필수적이다.

---

21) 미국의 AI Bill of Rights는 인공지능(AI) 시스템이 개인의 권리를 침해하지 않고 안전하게 사용될 수 있도록 가이드라인을 제시한 정책 문서이다. 미국 백악관 과학기술정책실(OSTP)이 2022년에 발표한 이 권리장전은 AI가 빠르게 확산됨에 따라 인간 중심의 AI 사용을 보장하기 위해 마련되었다. 주요 내용은 AI가 사람들에게 미치는 영향을 최소화하고, 공정하고 투명한 방식으로 사용될 수 있도록 개인의 권리를 보호하는 원칙을 담고 있다. https://www.whitehouse.gov/ostp/ai-bill-of-rights

■ 참고문헌 ■

1장

- Bryson, S., Kenwright, D., Cox, M., Ellsworth, D. & Haimes, R. (1999), Visually Exploring Gigabyte Data Sets in Real Time, Communications of the ACM, Vol. 42, No. 8, pp. 82-90.
- Cisco (2016); Internet of Things at a Glance, White Paper, Cisco, https://www.cisco.com/c/dam/en/us/producs/collateral/se/internet-of-things/at-a-glance-c45-731471.pdf
- O'Reilly, Tim. (2007); What Is Web 2.0? Design Patterns and Business Models for the Next Generation of Software, Communications & Strategies, No. 1, p. 17-37, First Quarter 2007, O'Reilly Media.
- Sung H. Park (2003), Data Technology and Knowledge-based Six Sigma, Aisan Journal on Quality, 4(1), 40~45.
- 김현태, 장가영(2023) 데이터 가명, 익명처리 기법의 현황과 대안: 재현데이터를 중심으로, 보험연구원.
- 개인정보보호위원회(2022), 가명정보처리 가이드라인(2022)
- 미래창보과학부(2014), 빅데이터 활용 단계별 업무 절차 및 기술 활용 매뉴얼(Version 1.0)
- 박성현(2010), 데이터기술, 한국품질경영학회, 38(3), 294~304.
- 박성현, 오진호, 권순선(2023), 데이터사이언스의 매력 제2판, 자유아카데미.
- 오진호(2024), 기초통계학과 데이터사이언스 제2판, 자유아카데미.
- 통계교육원(2022), 빅데이터와 행정자료의 이해, 행정자료의 통계적활용.
- 통계청(2021), 통계적 노출제어 가이드라인.

- OpenAI의 ChatGPT: https://openai.com/index/chatgpt/. https://chatgpt.com/
- ORI (https://www.oriresults.com/who-we-are/#our-story)
- 통계법: https://www.law.go.kr/%EB%B2%95%EB%A0%B9/%ED%86%B5%EA%B3%84%EB%B2%95
- 공공데이터 포털: https://www.data.go.kr/
- 중앙일보: https://jmagazine.joins.com/forbes/view/338319
- Appen: https://kr.appen.com/blog/data-annotation/
- 테스트웍스: https://www.testworks.co.kr/contents/blackolive.html
- 통계정책관리시스템: https://narastat.kr/pms/%20index.do#

2장

- 박성현, 오진호, 권순선(2023), 데이터사이언스의 매력 제2판, 자유아카데미.
- 유극렬, 박주헌(2022), 통계학 이해와 응용.
- Turing, A.M. (1950), Computing machinery and intelligence, Mind 49, No. 236, 433-460, Oxford University Press. URL: http://www.jstor.org/stable/2251299.
- 월간조선, https://monthly.chosun.com/client/news/viw.asp?nNewsNumb=201807100041
- 슬래시기어(SLASHGEAR, 미국 IT전문 채널, https://www.slashgear.com)
- https://brunch.co.kr/@socialmkt/38
- https://www.aitimes.com/news/articleView.html?idxno=145519
- https://creativeprm.tistory.com/82
- https://news.sbs.co.kr/news/endPage.do?news_id=N1003462654&plink=COPYPASTE&cooper=SBSNEWSEND
- https://www.yna.co.kr/view/AKR20140131001700017
- https://news.nate.com/view/20160312n02631?mid=n0000

- https://news.skhynix.co.kr/post/all-around-ai-1
- https://www.youtube.com/watch?v=1Du1XScHCww
- https://blog.naver.com/infopub/222440620860

3장

- 김대기, 챗GPT(2023), 챗GPT에게 묻는 인류의 미래, 동아시아.
- 박상길, 정진호(2022), 비전공자도 이해할 수 있는 AI 지식, 반니.
- 박성현, 오진호, 권순선(2023), 데이터사이언스의 매력 제2판, 자유아카데미.
- 스티븐 울프럼, 박해선(2023), 스티븐 울프럼의 챗GPT 강의, 한빛미디어.
- 이상덕(2023), 챗GPT 전쟁, 인플루엔셜.
- 장문철(2024), 「16가지 생성형 AI 활용」, 앤써북.
- 홍순성(2024), 생성형 AI BLOG 완전정복. E-book.
- 한국정보산업연합회 & 한국경영정보학회(2024), 2025년 디지털 비즈니스 트렌드 전망.
- ChatGPT 비지니스 연구회, 송태욱(2023), 「5분 뚝빡 챗 GPT」, 북스토리.
- ChatGPT 비지니스 연구회, 김모세(2024), 「챗GPT 120% 질문 기술」, 정보문화사.

- https://openai.com/index/chatgpt
- https://x.com/ylecun/status/1651762787373428736
- https://www.magicaiprompts.com/docs/ChatGPT-prompt-guide/how-to-write-ChatGPT-prompt
- https://m.blog.naver.com/gptlabs/223187659898
- https://m.blog.naver.com/gptlabs/223454299840
- https://bite-sized-learning.tistory.com/747
- https://clickup.com/ko/blog/220679/ChatGPT-prompts-for-writing

4장

- 박성현, 오진호, 권순선(2023), 데이터사이언스의 매력 제2판, 자유아카데미.
- Ian J. Goodfellow, Jean Pouget-Abadie, Mehdi Mirza, Bing Xu, David Warde-Farley, Sherjil Ozair, Aaron Courville, Yoshua Bengio (2014), Generative Adversarial Nets, Advances in Neural Information Processing Systems 27 (NIPS 2014).
- Xue Bin Peng, Erwin Coumans, Tingnan Zhang, Tsang-Wei Edward Lee, Jie Tan, Sergey Levine (2020), Learning Agile Robotic Locomotion Skills by Imitating Animals, Robotics: Science and Systems 2020, Corvalis, Oregon, USA, July 12-16, 2020.

- https://terms.naver.com/entry.nhn?docId=6025457&cid=58367&categoryId=67050
- https://mediahub.seoul.go.kr/archives/2011544
- https://terms.naver.com/entry.nhn?docId=6035953&cid=58367&categoryId=67050
- https://wordcloud.kr, https://www.wordclouds.com
- https://www.purevpn.com/blog/deepfake-apps
- https://atlantachosun.com/news/405108
- https://www.law.go.kr/법령/성폭력범죄의처벌등에관한특례법
- https://github.com/chrisdonahue/wavegan
- https://chrisdonahue.com/wavegan_examples
- https://github.com/LantaoYu/SeqGAN
- https://www.paimedialab.com, GANs 어떻게 활용되고 있을까?
- https://www.canva.com/features/ai-face-generator
- https://www.roboticsproceedings.org/rss16/p064.pdf
- https://blog.naver.com/laonple/221327285813
- https://www.nobelprize.org/prizes/physics/2024/press-release

- https://www.nobelprize.org/prizes/physics/2024/summary/%C3%82
- https://deepmind.google/discover/blog/demis-hassabis-john-jumper-awarded-nobel-prize-in-chemistry
- https://www.nobelprize.org/prizes/chemistry/2024/press-release
- https://www.researchgate.net/figure/Ten-fold-cross-validation-diagram-The-dataset-was-divided-into-ten-parts-and-nine-of_fig1_326465007
- https://www.youtube.com/watch?v=PahF2hZM6cs&t=185s&ab_channel=MinsukHeo%ED%97%88%EB%AF%BC%EC%84%9D
- https://www.aitimes.kr/news/articleView.html?idxno=13724

5장

- 박성현, 오진호, 권순선(2023), 데이터사이언스의 매력 제2판, 자유아카데미.
- 신종호, 손정은(2021), 대학 교육에서 인공지능 기반 적응형 학습 구현을 위한 교수자 인식 및 요구분석, 한국디지털정책학회, 19(10), 39~48.
- 이광형(2024), AI 시대의 대한민국의 전략, 대한민국학술원.
- 이기마, 이유정, 김희정(2023), 국내 AI 수학 학습 플랫폼의 적응형 학습에 대한 분석, 한국학교수학회, 26(3), 245~268.
- 이재길(2022), Robust learning under label noise with deep neural networks, KOASAS.
- Alec Radford, Jong Wook Kim, Chris Hallacy, Aditya Ramesh, Gabriel Goh, Sandhini Agarwal, Girish Sastry, Amanda Askell, Pamela Mishkin, Jack Clark, Gretchen Krueger, Ilya Sutskever (2021), Learning Transferable Visual Models From Natural Language Supervision, Computer Vision and Pattern Recognition, arXiv, https://doi.org/10.48550/arXiv.2103.00020.

- https://m.cafe.daum.net/funny-circuit/LfLE/1?listURI=%2Ffunny-circuit%2FLfLE
- https://www.etnews.com/20150127000045
- https://www.image-net.org/challenges/LSVRC
- https://www.microsoft.com/en-us/research/product/soundscape
- www.hbr.org: AI won't Replace Human, But Human with AI will replace Human without AI
- https://aimojo.io/ko/ai-jobs
- https://contents.premium.naver.com/easystock/easy/contents/231121082543613hx
- https://m.blog.naver.com/kistiscienceon/223261148933
- https://www.khan.co.kr/economy/economy-general/article/202406022120015
- https://openai.com/index/clip
- https://arxiv.org/pdf/2103.00020
- https://news.unist.ac.kr/kor/20240325-2
- https://scienceon.kisti.re.kr/srch/selectPORSrchArticle.do?cn=DIKO0016805831
- https://artificialintelligenceact.eu
- https://www.yna.co.kr/view/AKR20240829168100009
- https://news.kbs.co.kr/news/pc/view/view.do?ncd=8047148
- https://www.whitehouse.gov/ostp/ai-bill-of-rights

데이터 사이언티스트 되기

인공지능과 챗GPT 활용

저 자 오진호
발 행 인 김지영
발 행 처 자유아카데미
주 소 경기도 파주시 회동길 37-42
파주출판도시
전 화 031-955-1321
팩 스 031-955-1322
홈페이지 www.freeaca.com
전자우편 main@freeaca.com (대표)
editor@freeaca.com (편집)
crm@freeaca.com (영업)
등 록 제406-2003-017호, 1980. 7. 12
제1판1쇄 2025년 2월 25일 발행

ISBN 979-11-5808-686-2 93000